Il ritorno di Nibiru: La Cospirazione Virale Declassificata

Melissa Stuart

AELIN PUBLISHERS

AELIN PUBLISHERS

Reach us on Instagram - @aelinpublishers

Email- aelinpublishers@gmail.com

ISBN: 978-81-953098-3-2

PROLOGO

Il medico osservò i soggetti del test che, inizialmente, avevano mostrato solamente un significativo declino cognitivo e una riduzione delle strutture di elaborazione mentale più elevate, che ora cominciavano ad avere attacchi di panico, sviluppando sintomi simili a quelli degli schizofrenici paranoici.

Aveva lavorato lui stesso a quel progetto, cercando di realizzare un agente biologico in grado di produrre ritardo mentale e cambiamento comportamentale nell'essere umano. Era riuscito a creare una sorta di spray inodore e invisibile, che avrebbe potuto essere diffuso nell'aria senza che nessuno potesse rendersi conto di essere stato esposto all'agente.

Quest'ultimo era stato testato dapprima in un "campo di addestramento" su due gruppi di persone provenienti da diverse estrazioni sociali e, una volta che l'agente "alfa" aveva prodotto un agente "beta", era stato trasferito in un'altra struttura di test per verificarne gli effetti finali.

I sintomi da schizofrenia paranoica non erano previsti, ma fu ben presto evidente che l'agente poteva avere altri effetti.

Dopo una settimana dal fenomeno schizofrenico, i corpi dei soggetti iniziarono a deteriorarsi rapidamente a causa di un sanguinamento interno massiccio: le pareti delle loro arterie si dissolsero, sanguinarono dai loro occhi e orifizi e il loro tessuto si disintegrò.

La morte sopraggiunse per insufficienza multipla degli organi, preceduta da giorni di grave agonia che non avrebbe potuto essere alleviata con dei semplici antidolorifici. La percentuale di mortalità dell'agente risultò essere pari al 100%.

Era fin troppo chiaro che il progetto era fallito a causa della sua elevata pericolosità.

A quel punto il medico coordinò le operazioni di routine: i corpi dei soggetti del test furono spruzzati con dei disinfettanti e rinchiusi in dei sacchi neri per essere poi trasportati lontano dalla struttura e sepolti in delle fosse comuni.

Non appena che tutti i corpi furono caricati su dei camion, il medico rientrò all'interno della struttura di test per procedere all'eliminazione delle fiale che contenevano l'agente biologico.

Non ci mise molto ad accorgersi che una delle fiale era sparita e sapeva perfettamente chi era il colpevole.

Tuttavia, nel vano tentativo di recuperarla, la fiala si ruppe nelle vicinanze della struttura di test.

L'incidente diede il via allo scoppio.

CAPITOLO I

«Il vostro corpo non è "voi", è un fantastico

computer biologico che "voi" state utilizzando per sperimentare questa realtà. E' un "veicolo", un mezzo, non un "voi" o un "io". Noi non siamo i nostri corpi, noi siamo "COSCIENZA INFINITA", tutto ciò che è, un invisibile campo di energia all'interno del quale esistono tutti i "mondi" e nessuno. La sola differenza tra tutte le cose è quanto siamo consapevoli di essere tutto ciò che è» esordì David Icke.

Karen si sistemò meglio sulla poltroncina, prese il blocco e la penna dalla sua borsa.

«Il sistema del corpo computer si basa sulla rete del Dna, il network genetico che tra le molte altre cose comunica le informazioni tra le cellule. Quando questa comunicazione funziona bene noi siamo in salute, perché le informazioni corrette raggiungono la cellula giusta nel momento giusto.»

Karen prese appunti.

«Noi non moriamo, perché "noi" non possiamo morire. Noi siamo "CONSAPEVOLEZZA INFINITA", non un corpo. Ciò che muore è il nostro computer, sia quando il suo sistema di comunicazione si guasta e non è più in grado di funzionare, sia quando la coscienza sceglie di allontanarsi da questa realtà e terminare l'esperienza. La coscienza è la forza motrice che anima il computer, che lo "collega" alla rete di alimentazione. Dunque "noi" non moriamo e "noi" non ci ammaliamo, è al corpo-computer che succede. Quest'ultimo possiede un "hard disk", una memoria virtuale, un circuit board e naturalmente, un "software-antivirus". Quando parlo di hard disk, mi riferisco al DNA e alle cellule. Queste ultime sono come i chip di un computer, mentre le catene a spirale del DNA nelle cellule vengono riconosciute come la "libreria genetica del corpo" che trasporta e "scarica", attraverso la procreazione, i codici delle nostre caratteristiche fisiche. Ma questa è solo una parte del ruolo del DNA. La scienza convenzionale conosce ben poco al riguardo: circa il 95/97% del DNA viene considerato "DNA SPAZZATURA", perché gli scienziati non hanno idea di quale sia la sua funzione.» David si interruppe un attimo e attese la reazione del pubblico.

Silenzio totale.

«Sapete qual è la funzione principale di questo "DNA SPAZZATURA"? Bene, è quella di connettersi con altre dimensioni della realtà, oltre i "cinque sensi" e di ricevere, comunicare e amplificare le informazioni, qualcosa di molto simile a un trasmettitore radio televisivo.»

Il cellulare di Karen prese a vibrare dentro la sua borsa, ma lei lo ignorò. Era troppo concentrata sulla conferenza di Icke per rispondere magari a qualche sciocchezza.

«Tutto ciò che vediamo e che abbia una forma apparentemente fisica, non è altro che un programma informatico e i quattro codici base del DNA, l'adenina, la guanina, la citosina e la timina, sono come codici informatici.» proseguì David.

«Le basi dell'antica arte curativa dell'agopuntura, sono costituite dal sistema dei meridiani che forma la scheda dei circuiti del corpo. Migliaia di anni fa i Cinesi conoscevano la rete di linee energetiche che passano tutto attorno e attraverso il corpo, che ora vengono definite "meridiani". Ora, più lentamente l'energia, il "qi" per i Cinesi, passa attraverso i meridiani, meno sana risulterà la persona presa in esame. Quando invece l'energia fluisce a velocità e bilanciamento ottimali, il soggetto godrà di ottima salute. Vi starete sicuramente chiedendo, come può essere? Il fatto è che l'energia, il "qi", è un'informazione che comprende dettagli che riguardano un problema o uno squilibrio, e le istruzioni su come reagire. Vi ho detto che i meridiani formano dei circuiti attorno al corpo, dunque una linea che passa attraverso la testa, passa anche attraverso la gamba e il piede. Un blocco in queste zone può causare disarmonia da qualche altra parte nel circuito, e quindi ripristinare il flusso nel punto corrispondente nel piede o nella gamba, permette di eliminare la pressione o qualche altro problema che sta causando il disagio.»

Karen aveva già sentito parlare delle tecniche di agopuntura e ne era rimasta affascinata. Decise che avrebbe approfondito il discorso.

«Questo sistema di meridiani è anche collegato a una serie di vortici che connettono il computer umano alla nostra "CONSAPEVOLEZZA INFINITA" o che almeno, dovrebbero. Di questi vortici ne esistono molti, e noi li conosciamo con il termine di "CHAKRA", una parola che deriva dal sanscrito, l'antica lingua indiana e che significa "RUOTE DI LUCE". Sappiamo che i "CHAKRA" principali sono sette:

Il primo è il Chakra di base, detto anche della "RADICE". Il secondo è quello "SACRALE", il terzo è quello del "PLESSO SOLARE", il quarto è quello del "CUORE", il quinto della "GOLA", il sesto quello del "TERZO OCCHIO", ed infine abbiamo il Chakra della "CORONA".»

Il cellulare di Karen riprese a vibrare. Provò ad ignorarlo, ma alla fine cedette alla sua insistenza e si alzò per andare a rispondere mentre Icke continuava il discorso. Uscì dalla sala e si avviò nella hall dell'albergo.

«Pronto?» sospirò Karen.

«Karen? Devi venire immediatamente in ospedale» la voce della dottoressa Liang appariva piuttosto agitata.

«Che succede Mei?» chiese allarmata.

«Ti spiegherò tutto quando sarai qui. Devo andare» la liquidò in fretta.

Karen parcheggiò la sua auto nei posti riservati al personale dell'ospedale centrale di Wuhan e si diresse al reparto di emergenza. Suonò e le aprì direttamente la dottoressa Liang.

«Indossa questi prima di entrare» le porse una mascherina, degli occhiali protettivi e dei guanti.

«Ok, ora vuoi dirmi che cosa è successo?» chiese dopo aver indossato le protezioni.

«Mi dispiace averti interrotta, so quanto ci tenevi alla conferenza di Icke. Vieni con me» rispose Mei.

In una delle camere di degenza, la dottoressa Liang sollevò il lenzuolo bianco che copriva un paziente.

La scena che si presentò agli occhi di Karen era piuttosto macabra.

Il paziente, una giovane donna, aveva il volto coperto di sangue che era evidentemente fuoriuscito dagli occhi, dalle orecchie e dal naso.

«Sto aspettando gli esami dal laboratorio» la precedette la dottoressa Liang.

«Quando è arrivata qui?» chiese Karen.

«Due ore fa. Aveva la febbre, ha vomitato e aveva anche la diarrea. All'inizio sembrava un normalissimo caso di infezione intestinale. La ragazza è deceduta dopo un'ora dall'arrivo.»

«Cosa sappiamo di lei?»

«Non molto. E' arrivata da sola, non so nemmeno come abbia fatto, viste le condizioni. Dai documenti risulta che si chiamava Xue Zhang e aveva diciannove anni.»

«Non sai se abbia fatto viaggi particolari ultimamente? Sei riuscita a parlarle?»

«Non ne ho avuto il tempo, le ho prescritto gli esami del sangue e dei farmaci per calmare la diarrea e i vomiti. Le sue condizioni sono degenerate all'improvviso, ha iniziato a sanguinare dalla bocca, poi dal naso e infine dagli occhi. Non sono riuscita a salvarla.»

Bussarono alla porta. Era un'infermiera che aveva portato i risultati delle analisi di Xue.

Mei aprì la busta con le mani che quasi le tremavano. Karen trattenne il fiato.

Nonostante fosse dicembre, la fronte della dottoressa Liang si imperlò di sudore. Non appena ebbe letto il referto, porse i fogli a Karen.

Lei non credette ai suoi occhi. Sui fogli c'era scritto: SARS-CORONAVIRUS. Xue era morta a causa di quel patogeno.

«Come diavolo è possibile?» sbottò Karen

«Dobbiamo avvisare i colleghi» Mei si alzò e uscì dalla stanza.

«Mi hanno messa a tacere» disse Mei.

«Per quale motivo?» chiese Karen mentre prendevano un caffè al bar dell'ospedale.

«Ieri ho inviato un messaggio a tutti i colleghi, dicendo di diffondere la notizia. Uno degli oculisti ha scritto un post sui social. Poi ieri sera, mi è stato mandato un messaggio sul telefono che diceva chiaramente di non diffondere notizie false per non creare panico tra la popolazione.»

«Stai scherzando? Tu hai fatto il tuo dovere di medico e sei stata rimproverata per questo?»

La loro conversazione fu interrotta dall'altoparlante dell'ospedale:

«La dottoressa Liang e la dottoressa Forsyth, sono attese con urgenza al pronto soccorso!»

Mei e Karen si alzarono di scatto e si avviarono all'ascensore.

Prima di entrare al pronto soccorso, Karen e Mei indossarono dei dispositivi di protezione. Dopo la morte di Xue, non era il caso di rischiare.

Il pronto soccorso era un vero caos: decine di persone affollavano i corridoi urlando e chiedendo di essere aiutate. Alcuni di loro lamentavano difficoltà respiratorie, altri vomitavano nei sacchetti che gli erano stati dati dalle infermiere. All'improvviso un uomo si accasciò sul pavimento.

Karen lo vide e chiamò un infermiere per aiutarla a soccorrerlo. Quando lo misero sulla barella, l'uomo aprì un istante gli occhi e le disse:

«La prego, dica a mia moglie e a mia figlia che le amo entrambe»

«Sarà lei stesso a dirglielo» rispose Karen. Un attimo dopo l'uomo morì.

Karen lo lasciò all'infermiere e passò ad occuparsi degli altri pazienti. Le si era stretto il cuore, ma non poteva lasciarsi andare ai sentimenti, non in quel momento, almeno.

Nelle ore che seguirono, le sembrò di vivere in uno scenario da film. Le immagini scorrevano davanti ai suoi occhi come se vedesse sè stessa da dietro le quinte di un palcoscenico. Le sue mani compirono gesti automatici mentre visitava i pazienti e intubava quelli con difficoltà respiratorie.

Aveva appena terminato di intubare una bambina, quando Mei la chiamò in disparte.

«Sono appena arrivati gli esami di tutti i pazienti» la informò in tono preoccupato.

«Fammi vedere» Karen lesse i referti. Dicevano tutti la stessa cosa: SARS-CORONAVIRUS

«Come sospettavo. C'è un focolaio in città, altrimenti non si spiegherebbero tutti questi casi insieme»

«Sono d'accordo. Dobbiamo dare l'allarme, prima che sia troppo tardi»

«Aspetta, Karen. Dobbiamo accertarci prima della causa di diffusione del patogeno»

«Interroghiamo i pazienti. Almeno quelli che sono in grado di rispondere».

Karen si avvicinò al letto di un paziente sulla cinquantina. L'uomo non presentava difficoltà respiratorie, ma lamentava forti dolori addominali.

«Signor Huang, le devo fare alcune domande» esordì Karen

«Mi dica» l'uomo piegò le labbra in una smorfia di dolore.

«Presto il medicinale le farà effetto» disse Karen regolandogli il flusso della flebo.

«Volevo sapere… Ha mangiato qualcosa in particolare negli ultimi giorni? O si è recato in qualche posto particolare? Intendo se ha viaggiato all'estero ultimamente»

«No, ho mangiato le solite cose. Pesce, carne, verdure.»

«Di che tipo?»

«Beh, solitamente mi reco al mercato di Huanan e compro il solito pesce. Ma che c'entra?»

«D'accordo. Consuma anche animali di tipo selvatico?»

«Quindici giorni fa ho comprato un pangolino malese al wet market»

«Bene, grazie signor Huang. Ora vedremo come risponderà alla terapia».

Karen salutò il paziente e ne interrogò una decina nell'ora successiva. Solo altri tre avevano avuto dei contatti con il mercato di Huanan, il famoso mercato del pesce della città, e solo un altro si era recato anche al mercato degli animali selvatici.

Raggiunse Mei nella saletta per la pausa caffè usata da tutto il personale medico.

«Bene, raccontami cosa hai scoperto» Mei le versò un'abbondante dose di caffè.

«Solo quattro persone hanno avuto contatti con il mercato del pesce e solo due di questi si sono recati anche al mercato degli animali selvatici.»

«Io ho interrogato sedici persone e solo tre hanno comprato del pesce al mercato di Huanan. Nessuno che abbia avuto contatti con animali selvatici tipo pipistrelli, pangolini, ecc.»

«E' questa la cosa strana. I referti presentano tutti lo stesso patogeno e sappiamo bene che i maggiori trasmettitori del coronavirus sono i pipistrelli, seguiti dai pangolini e da altri animali. Ma non tutti hanno avuto contatti con queste specie. Quindi…»

«Quindi dobbiamo ipotizzare che il patogeno a parte la caratteristica zoonotica, sia trasmissibile da uomo a uomo» concluse Karen

«Lo credo anch'io» annuì Mei

«Dovremmo avvisare le autorità sanitarie che evidentemente il virus si sta diffondendo tra la popolazione e che se non adottiamo delle misure al più presto, potrebbe diventare un grosso problema fermare quella che a mio parere è a tutti gli effetti un'epidemia.»

«Il problema è che mi hanno già fatto un richiamo disciplinare per aver diffuso notizie che a detta delle autorità, sono voci prive di fondamento e che porterebbero solo a creare panico nei cittadini»

«Ma ora con decine di referti che comprovano tutti la stessa cosa, non dovrebbero esserci problemi»

«Ci proveremo. Ma sono convinta che non sarà così semplice convincere chi di dovere»

«Potremmo andare incontro ad una situazione disastrosa, e tu lo sai perfettamente»

«Ne sono consapevole. Ma sia io che il collega oculista siamo stati redarguiti pesantemente solo per aver adempiuto al nostro dovere» sospirò la dottoressa Liang

«Io non mi arrendo così facilmente. Se la situazione dovesse peggiorare, farò il diavolo a quattro per farmi ascoltare. E poi, ci sono delle cose che non mi convincono affatto» ribattè Karen

«Ti riferisci alla povera Xue?»

«Si. Le condizioni in cui è morta, tutto quel sangue… A proposito, non mi hai ancora mostrato gli esiti dell'esame autoptico»

«Non c'è stato nessun esame autoptico. Hanno fatto cremare il cadavere e basta»

«Sono impazziti?»

«Karen, non possiamo fare niente. Ormai il caso è chiuso»

«Mei, non ti riconosco più. Mi stai dicendo che va bene così? Vuoi che te lo dica? Xue non può essere morta di Coronavirus. Il patogeno con cui abbiamo a che fare è molto più grave, mutevole, imprevedibile. Le somiglianze con il coronavirus sono veramente poche.» dichiarò Karen con estrema convinzione.

«Sia come sia, dobbiamo attendere che la situazione evolva. Non ci è permesso affrettare le cose»

« Ora non stai ragionando. Vado a vedere come stanno i pazienti»

«Vengo anch'io» Mei si alzò e la seguì.

Nelle settimane seguenti, sempre più persone affollarono le corsie dell'ospedale centrale di Wuhan e non solo. Il personale medico faticava a tenere testa a quella che si stava trasformando in una dilagante emergenza sanitaria. Ma ciò che preoccupava maggiormente Karen, era il fatto che il patogeno fosse resistente a qualsiasi tipo di terapia. Era fondamentale riuscire ad avere la sequenza genomica del virus, per poter adottare una cura specifica.

Mentre Karen era intenta a visitare un paziente, la chiamarono dal pronto soccorso.

Quando entrò vide il suo fidanzato, Jake, che stava entrando su una barella scortata da due infermieri che urlavano per farsi strada. Vomitava sangue ed era scosso da forti convulsioni.

«Jake!» il grido di Karen risuonò attraverso la tuta protettiva.

Non fece in tempo a raggiungerlo, che le porte automatiche della sala dove era entrata la barella, si richiusero, impedendole l'accesso.

Karen batte i pugni sui vetri, urlando perché la facessero entrare. Percepì una mano sulla spalla e una voce dietro di lei:

«Karen, calmati. Stanno già facendo il possibile per salvarlo. Non puoi fare niente che non stiano già tentando di fare.» le disse Mei.

«Devo salvarlo! E' il mio fidanzato!»

«Karen, sei troppo coinvolta e questo ti impedirebbe di pensare lucidamente là dentro. Lascia che se ne occupino i colleghi. Vieni con me»

«No, io resto qui!» sbraitò fuori di sé.

Rimase attaccata alle porte, osservando la scena. Furono attimi surreali. I medici e le infermiere erano tutti sopra Jake, che all'improvviso ebbe un arresto cardiaco. Karen avvertì le scariche del defibrillatore sul suo petto. I colleghi tentarono e ritentarono, ma ormai non c'era più nulla da fare. Il cuore di Jake non riprese il suo battito e i medici dichiararono il decesso. Le porte si aprirono e Karen si accasciò sul fidanzato singhiozzando convulsamente.

«Karen, ti accompagno a casa. Sei sotto shock ed è meglio che vai a riposare. Prenditi una pausa di almeno due giorni» le disse la dottoressa Liang.

«Non voglio andare a casa. Il mio fidanzato è morto, e io non so nemmeno il perché. Ti rendi conto?» ringhiò Karen.

«Ti prometto che lo scopriremo, ma adesso devi riposare. Non puoi rischiare di ammalarti.»

«No, Mei. Io resto qui fino a che non vedrò i risultati dell'autopsia di Jake.»

«Capisco il tuo dolore, Karen. Ma restare qui in ospedale non cambierà la situazione»

«La gente ci muore davanti agli occhi, Jake è morto e io dovrei andare a riposare? Mei, attiva il cervello!» disse Karen sprezzante. Le persone che erano entrate in ospedale nei giorni successivi al caso della povera Xue, erano quasi tutte morte. La percentuale dei decessi era del 98%.

«Karen, ci troviamo davanti ad un nuovo virus. Sappiamo solo che appartiene alla famiglia dei coronavirus, ma è molto diverso, anomalo, più resistente»

«Coronavirus! Io non credo affatto che si tratti di questo»

«Karen, hai visto i referti come me»

«Certo, ma non ho visto ancora nessun esame autoptico che attesti che la reale causa sia un ceppo di coronavirus» ribattè Karen.

«Ora parli così a causa del tuo profondo dolore.»

«No, parlo così perché questo maledetto virus, di qualunque cosa si tratti, si sta diffondendo velocemente e se non muoviamo il culo per capire che accidenti sta succedendo, i morti saranno sempre di più!»

«Karen, si sta già lavorando per capire il reale tipo di patogeno»

«Fuffa! E sai che odio la fuffa!»

«Karen, hai bisogno di dormirci su»

«No. Ho bisogno di sapere cosa c'è dietro a tutto»

«Ora esageri, perché sei sotto shock. Dai, ti accompagno a casa»

Karen si arrese e Mei la riportò nel suo appartamento vuoto. Quello stesso vuoto che Jake aveva lasciato nel suo cuore qualche ora prima e che sarebbe stato difficile da colmare.

L'esame autoptico su Jake dichiarò che il decesso era avvenuto a causa del patogeno della SARS.

Karen era sempre più scettica sul fatto che un nuovo ceppo di coronavirus stesse colpendo la popolazione di Wuhan e della provincia dell'Hubei.

Nel mese di gennaio, le autorità sanitarie proclamarono lo stato di emergenza nazionale e fu assegnato il nome al nuovo patogeno: SARS-COV2 o COVID19. Quest'ultimo dal fatto che il primo caso era apparso nel dicembre del 2019.

Nei mesi successivi l'emergenza si trasformò in una pandemia. In tutti gli Stati fu proclamato il lockdown di quasi tutte le attività e la chiusura fu imposta per limitare la diffusione della malattia. Il mondo e le autorità sanitarie avevano, ampiamente, sottovalutato l'emergenza con conseguenti ritardi nella gestione della stessa che avrebbero generato disastri per la salute della popolazione mondiale e per l'economia globale.

La città di Wuhan sembrava ormai una città fantasma e la popolazione, che non era stata ancora colpita dal patogeno, si era trasformata in automi senza volto e senza identità per via dell'uso di mascherine e di guanti imposto per prevenire il contagio.

Karen, Mei e tutto il personale medico lavoravano senza sosta e senza limiti d'orario per accudire il sempre crescente numero di casi che ogni giorno arrivava in ospedale.

Quest'ultimo assomigliava sempre di più ad un lazzaretto: le stanze di degenza erano invase dai letti che ospitavano le persone infette dal virus e, molte di queste, erano attaccate ai respiratori.

Karen non riusciva ad accettare la morte di Jake per il semplice fatto che non si sarebbe mai bevuta la storiella che la causa fosse una nuova tipologia di coronavirus.

La "malattia di Wuhan", come la chiamava lei, non era affatto un semplice ceppo del virus responsabile della SARS o della MERS. Era qualcosa di estremamente subdolo, pericoloso e letale al 100%.

Molte persone morivano per emorragie interne

massicce, proprio come era accaduto a Xue e Jake, altre per polmonite interstiziale bilaterale grave a cui spesso si sommava uno shock settico che portava il paziente alla morte in pochissimo tempo.

Stavano combattendo contro un nemico oscuro ed incomprensibile che resisteva a qualsiasi terapia conosciuta dagli scienziati.

Ciò che aveva rafforzato la sua convinzione era stato quando aveva letto dei certificati di degenza di alcuni pazienti che lei stessa aveva visitato al momento del loro arrivo in pronto soccorso e che mostravano dei sintomi tipici dell'influenza del periodo che, poi, erano stati dimessi con referti su cui c'era scritto che avevano sofferto di COVID19. Non aveva pensato, minimamente, che si era trattato di un semplice errore. E la cosa si era ripetuta, fino a diventare normale routine. Quella categoria rappresentava la percentuale dei "guariti" dal misterioso virus. L'indignazione di Karen aumentava di giorno in giorno.

Le persone che, realmente, avevano contratto il patogeno, morivano davanti ai suoi occhi e lei si sentiva sempre più impotente a riguardo. Non avrebbe mai potuto scordare il dolore che aveva letto un giorno negli occhi di un padre che aveva appena ritirato il certificato di morte della figlia di trentadue anni, o la vista di un uomo che stava talmente male da non riuscire a scendere dalla macchina per entrare in ospedale. Quest'ultimo era morto prima che lei potesse fare qualcosa. Il virus aveva trasformato la sua vita e quella della popolazione mondiale in un'immane tragedia.

Il senso di "perdita" che provava non l'avrebbe lasciata facilmente, così come la rabbia che minacciava di esplodere dal suo petto.

CAPITOLO II

«Pronto? Chi è?»

«Jonathan? Sono Karen» rispose lei. Jonathan era un suo amico d'infanzia che lavorava per i servizi segreti degli Stati Uniti. Era certa che lui avrebbe saputo dirle cosa stesse bollendo in pentola.

«Karen? Tutto ok?»

«Benone. Qui la gente muore come delle mosche. Il mio fidanzato è morto e io non so nemmeno di cosa. Hai un'altra domanda?» disse tagliente.

«Caspita, mi dispiace tanto. Non avevo idea.»

«Non importa. Ti ho chiamato per chiederti una cosa»

«Beh, dipende. Se posso, volentieri»

«Credo che tu possa. Vuoi dirmi che succede, o lo devo scoprire da sola?»

«Che succede? Spiegati meglio, Karen.»

«Bene, visto che vuoi giocare a nascondino, sarò più diretta. Vorrei sapere, se non ti spiace, da dove ha origine quello che chiamano COVID19»

«Karen, comprendo che tu stia soffrendo per la morte di Jake, ma stai farneticando. Sai meglio di me che si tratta di un nuovo coronavirus, più aggressivo certamente di quello responsabile dell'epidemia di SARS del 2002 e che ha un'origine zoonotica.»

«Non fare lo stupido, Jonathan. La popolazione di Wuhan sta morendo e io non posso fare nulla per salvarla, perché non so contro che cosa devo combattere. Oltretutto, la malattia si sta diffondendo a livello globale e se non troviamo una soluzione nell'immediato, ci ritroveremo con centinaia di migliaia di morti, forse milioni. Allora, che diavolo sta accadendo?»

«Karen, non immischiarti in faccende che non ti riguardano. Continua a svolgere il tuo lavoro e basta, fidati di me»

«Mi stai chiedendo di fidarmi di te? Per quale ragione, visto che è chiaro che non vuoi aiutarmi?»

«Karen, questa volta non posso»

« Come ti pare. Vuol dire che me la caverò da sola»

«Karen, non fare sciocchezze. Prenditi cura di te stessa, ne hai bisogno»

«Benissimo, Jonathan. Augurami buona fortuna»

«Karen, smettila di comportarti come se fossi una bambina»

«Vedremo chi è l'adulto tra noi due. Ciao, Jonathan»

«Karen…» ma non fece in tempo, perché lei chiuse la telefonata con un moto di stizza.

Era inviperita, a dir poco. Doveva sfogarsi in qualche maniera. Prese il suo smartphone e scrisse un post sui social:

- Diffondete il più possibile… Il virus che tutto il mondo sta affrontando non è affatto quello che si pensa che sia. Tutti lo conoscono ormai con il nome di COVID19, ma la realtà è che la gente muore in condizioni atroci, che non dipendono certamente da un semplice coronavirus. E' una malattia che aggredisce il fisico nella sua interezza e porta alla morte anche in pochissime ore dopo averlo contratto. E' subdolo, pericoloso, mutevole. Un nemico invisibile da cui per ora non possiamo fare nulla per difenderci. Non vi è possibilità di guarigione. Vi prego, parlatene con tutti. Dobbiamo fermare questa follia…

K.F. –

Ora che si era sfogata un po', si sentiva meglio.

Il laboratorio che aveva scoperto e diffuso la sequenza genomica del virus, venne chiuso il giorno dopo.

I tamponi che servivano per testare la positività al patogeno, iniziarono a scarseggiare. Karen era sempre più indignata, ma aveva comunque le mani legate. E questo la faceva arrabbiare ancora di più. Le sue giornate erano caratterizzate da una guerra senza senso che ogni sera la lasciava sfinita. Percepiva addosso un terribile disagio, come se l'avessero spogliata dei propri diritti di essere umano. La popolazione globale stava subendo lo stesso attacco. Tutto ciò che era accaduto e che stava accadendo, era una violenza all'essere umano e alle sue libertà fondamentali, tra cui prima di tutti, il diritto di vivere sano e felice.

Ogni tanto si concedeva il diritto di piangere, anche se non voleva mostrarsi debole, ma era pur sempre fatta di carne e di ossa e vedere tutti quei morti ogni giorno, minacciava com'era prevedibile, la sua stabilità.

Qualche giorno dopo che aveva parlato con Jonathan al telefono e aveva poi scritto il post sui social, le arrivò una lettera di trasferimento immediato, che però non specificava dove l'avrebbero mandata. Karen andò su tutte le furie. La stavano trasferendo e non capiva nemmeno il motivo di quella mossa inaspettata da parte dei vertici dell'ospedale, proprio in quel momento in cui la sua figura era ritenuta indispensabile, essendo una virologa specializzata in malattie infettive.

Ripensò alla telefonata con Jonathan e al conseguente sfogo sui social. Non poteva esserci un collegamento con quel trasferimento improvviso. O le due cose erano invece strettamente legate? Possibile che la volessero fuori dai piedi? La stavano mandando via perché era una piantagrane?

«Mi hanno traferita. O meglio, mi stanno cacciando via con una pedata nel sedere» disse Karen a Mei, mostrandole la lettera che aveva ricevuto poco prima.

«Sul serio? E per quale motivo, scusa?»

«Mi vogliono fuori dai giochi. Non c'è altra spiegazione a questa assurdità» ribattè Karen con una punta di veleno nella voce.

«E dove diavolo ti vogliono mandare? Con un'emergenza di tale portata è il colmo»

«Devo aver pestato i piedi a qualcuno. Mei, fare il proprio dovere di questi tempi si è trasformato in un'eccezione, non nella regola, e tu ne sei un esempio. C'è qualcosa che bolle in pentola e noi non ne siamo a conoscenza. Qualcosa di molto grosso, ne sono convinta. Nessuno me lo toglie dalla testa» affermò Karen con amarezza.

«Tutta la faccenda è molto strana, sono d'accordo. Per non parlare della percentuale dei morti. Non faccio altro che compilare certificati di persone decedute. E' una carneficina»

«Strana per usare un eufemismo. Qui si tratta di genocidio, ecco qual è la verità.» ribadì Karen.

«E adesso che farai?»

«Aspetterò che si degnino di comunicarmi la mia destinazione, sulla lettera non è specificato nulla. Fanno i misteriosi. Ma se pensano che io mi abbassi ad appoggiare i loro giochetti, hanno sbagliato i loro piani. Farò l'avvocato del diavolo, questo è poco ma sicuro»

«Quando andrai via?» si leggeva una nota di tristezza nel tono di Mei.

«Non lo so. Non c'è scritto un cavolo su quella dannata lettera, solamente che devo essere trasferita. Sono così arrabbiata che potrei farli a pezzi. Se entrassero da quella porta li fulminerei all'istante solo con lo sguardo» gli occhi azzurri di Karen scintillarono di furia repressa.

«Mi sento così depressa all'idea di dover perdere una collega e amica come te»

«Non mi perderai, né come amica, né come collega. Tornerò, stanne certa»

«Invidio la tua positività, davvero. Da quando è successo questo finimondo, mi sento mancare la terra sotto ai piedi. Vado avanti ad inerzia, come un automa»

«Beh, datti una mossa Mei, perché è proprio ciò che vogliono da noi, che ci trasformiamo in marionette così che sia più facile per loro manovrare i fili. Scrollati il torpore dalla mente, se vuoi un consiglio. Non dobbiamo permettergli di prendere il sopravvento. Stanno già mettendo in atto un piano di terrore globale per chi sa quali scopi, ma se ci arrendiamo adesso, il mondo intero ne subirà le conseguenze. E saranno apocalittiche, credimi. Ho una brutta sensazione riguardo a tutta questa faccenda della pandemia, e tu sai che io non sbaglio praticamente mai.»

«Beh, spero vivamente che tu stia sbagliando, stavolta. Mio Dio, Karen, non voglio pensare che tutto ciò sia l'inizio di una catastrofe mondiale.»

«La differenza sta nel fatto che noi non glielo lasceremo fare.»

«Ti prego, sono già abbastanza triste per il fatto che

te ne vai»

«Puntualizzo, non me ne vado. Mi stanno cacciando, semmai. E' lampante il fatto che mi vogliono fuori dai piedi.»

«Ora devo andare. Odio gli addii, perciò arrivederci presto, amica mia» Mei la salutò, grigia in volto.

«Tornerò presto. Stanne certa.» affermò convinta.

Karen si svegliò di soprassalto con il cuore che le martellava nel petto. Si mise semisdraiata sul letto per tentare di calmarsi. Attorno a sé percepiva come un'energia negativa, quasi maligna, a cui non sapeva dare una spiegazione. Aveva appena avuto un incubo, forse era stato quello a crearle quella sensazione che ora la stava stritolando. Nel sogno aveva visto una luce intensa che l'aveva accecata, poi la luce era sparita e aveva sentito piangere qualcuno, forse un bambino. Dopo il pianto, aveva visto Jake sanguinante che la implorava di salvarlo, aveva tentato di raggiungerlo ma lui era sparito e una figura argentea e splendente aveva preso il suo posto. L'immagine si era poi trasformata in un rettile che stava divorando un neonato. Karen aveva urlato, ma l'incubo era sparito improvvisamente e lei si era svegliata.

Era troppo scossa dalla morte di Jake, evidentemente. Non era riuscita ad elaborare il dolore, nemmeno la prima fase di quest'ultimo. L'incubo era solo una conseguenza dello stress accumulato. Anche l'idea di essere trasferita era pur sempre, uno shock nonostante lei avesse un carattere forte e indomabile, aveva pur sempre dei limiti.

Si alzò dal letto per andare in cucina a prepararsi un bicchiere di latte caldo che le avrebbe stimolato il sonno.

Stava aprendo il frigo quando sentì una mano premerle sulla bocca. Tentò di divincolarsi, ma svenne poco dopo.

I rapitori legarono Karen e le misero un cappuccio nero sulla testa, poi venne caricata su un furgone che si dileguò nel silenzio della notte.

Karen riprese i sensi mezz'ora dopo, ma questi erano intorpiditi dal narcotico che aveva respirato poco prima. Non riusciva a ricordare cosa stesse facendo prima di aver sentito una mano premerle sulla bocca. Si sforzò per mettere a fuoco la sequenza degli eventi, ma nulla, la sua mente aveva cancellato il ricordo. Provò a divincolarsi, ma uno dei rapitori se ne accorse e le iniettò una siringa nel braccio. Karen svenne nuovamente.

«Sogni d'oro, dolcezza!» sogghinò beffardo.

«Attento con quelle siringhe, rischi di ammazzarla, imbecille! Sono stati chiari, la vogliono viva!» lo rimproverò l'altro dal sedile di guida.

«Tranquillo, dormirà solo un pò. La fanciulla si stava agitando troppo per i miei gusti, bisognava calmarle i nervi. Avrà tutto il tempo per divincolarsi e urlare a piacimento, quando sarà a destinazione». Si difese.

«Si, sarebbe fantastico osservare la scena!»

Nel frattempo avevano raggiunto un campo deserto della città, dove un aereo, nero e privo di scritte, attendeva Karen.

I due ceffi la presero e la caricarono sull'aereo assicurandosi che fosse ancora ben legata.

«Non vi ha seguito nessuno?» chiese il pilota.

«E chi diavolo avrebbe dovuto farlo? La gente si è rintanata come se fosse un animale braccato. Che domanda stupida!» lo prese in giro. Il pilota sbuffò senza replicare.

«Fa buon viaggio, bellezza!» dissero in coro i due che l'avevano rapita.

L'aereo volò per quindici ore fino a che non raggiunse un aeroporto privato nel New Mexico. Un elicottero sempre nero e privo di scritte era parcheggiato poco distante dalla pista di atterraggio e attendeva Karen, che era ancora sotto l'effetto del potente narcotico che le avevano iniettato.

Un uomo scese dall'elicottero e salì sull'aereo per prelevarla e caricarla sull'elicottero. Quest'ultimo volò fino ad arrivare all'altezza dell'Archuleta Mesa.

Un portello si aprì dalle viscere della terra e il pilota atterrò all'interno di esso. Poi il portello venne richiuso e sparì dalla visuale.

Due militari in uniforme scaricarono Karen dall'elicottero e la slegarono dalle funi. La portarono in una delle sale della struttura e l'adagiarono su un tavolo. Un medico le misurò i parametri vitali e le fece un prelievo di sangue.

Karen aprì finalmente gli occhi e vide una luce accecante che la sovrastava. Aveva la mente annebbiata, gli arti intorpiditi e la gola secca. Poi vide un volto sopra di lei, ma faticò a focalizzare l'immagine. Era circondata da un'accozzaglia di suoni e di colori, che la rendevano ancora più confusa e stordita. Non riusciva a muoversi, era come paralizzata e l'unica cosa che riusciva a distinguere era un profondo senso di terrore inspiegabile che le opprimeva il petto, impedendole quasi di respirare.

«Si sta svegliando. Adesso le inietto un'altra dose» disse il medico al suo assistente.

«Non sarà rischioso? L'hanno drogata per diverso tempo» azzardò l'altro.

«Ho ricevuto ordini precisi sul fatto che la ragazza non deve restare vigile. Devono sottoporla al nuovo programma RHEA e la devono preparare, lo sai perfettamente.» il medico le infilò un'altra siringa che conteneva un alto dosaggio di prozac.

Quando Karen riprese i sensi si ritrovò completamente nuda e chiusa in una gabbia d'acciaio. Sentiva dolore in ogni parte del corpo come se l'avessero picchiata a morte. Non capiva dove si trovasse e cercò di guardarsi intorno, ma ogni minimo movimento le causava delle fitte lancinanti alla testa.

Si sentiva infinitamente stanca. Avrebbe voluto urlare, ma non riusciva a schiudere le labbra gonfie e violacee. Pensò di essere già morta e che il destino l'avesse ricacciata all'inferno.

Sentì dei rumori confusi intorno a lei che erano simili a dei pianti di un neonato, poi udì dei lamenti sommessi che però non sembravano appartenere a degli esseri umani. Si sforzò di concentrarsi e tentare di scrollarsi da dosso il torpore che non voleva saperne di abbandonarla. Anche la sua vista era appannata e questo non era certamente d'aiuto.

Due esseri altissimi, si avvicinarono alla cella di Karen per prelevarla. Erano due Rettoidi ricoperti di squame giganti sul dorso, gli occhi grandi e incandescenti con le pupille verticali rosso fuoco, la bocca tagliente simile a una fessura, le zampe con artigli corti e appuntiti.

I due mostri aprirono la cella e la fecero alzare. Karen era troppo stordita e perciò non oppose resistenza. Era come annientata, come se le avessero succhiato ogni linfa vitale, la sua anima si era staccata dal corpo, almeno per il momento.

Karen fu trasferita in un'altra sala dove era posizionata una specie di capsula.

«Quanti anni ha la ragazza?» chiese una donna vestita con una tuta argentea.

«E' molto giovane. Ha trent'anni.» rispose il medico che aveva visitato Karen quando era arrivata nella struttura.

«Perfetto. Allora il suo cuore reagirà perfettamente agli stimoli a cui la sottoporremo» replicò soddisfatta.

«La ragazza è ancora sotto gli effetti dei farmaci. Potrebbe morire a seconda di quello che le farete» avvertì il medico che qualche ora prima aveva redarguito il suo assistente per lo stesso motivo.

«Non è compito tuo decidere sulla questione» disse la donna fulminandolo con lo sguardo.

«Procedete» disse lei, dando l'ordine a due tecnici che attivarono dei pulsanti su degli apparecchi dotati di monitor.

Dentro la capsula si accesero delle luci psichedeliche che iniziarono a scorrere attorno a Karen. Dopo queste, vennero attivati dei suoni agghiaccianti per stimolare la sua reazione che non tardò ad arrivare.

Lei si alzò di scatto e mise le mani sulle orecchie, urlando per far sì che qualcuno la sentisse e facesse smettere quel rumore spaventoso.

Improvvisamente vide che le pareti attorno a lei erano diventate come gelatinose e da esse si innalzarono delle immagini mostruose.

Karen si mosse per combattere quella visione che sembrava volerla inghiottire e il suo cuore accelerò i battiti a livello esponenziale. Urlò ancora mentre la proiezione olografica cambiò e un treno in corsa sembrò andarle addosso. Lei lottò con tutte le sue forze, ma il suo cuore non avrebbe retto ad altri stimoli così forti.

«Spegnete la macchina!» ordinò un uomo che era appena entrato nella sala. I tecnici obbedirono al comando. Karen si accasciò dentro la capsula.

«Sei impazzito? Come osi interrompere l'esperimento?» lo aggredì la donna.

«Il tuo esperimento stava per lasciare questa dimensione, mia cara Rhea» ribattè tagliente l'uomo.

«Stai insultando la mia intelligenza, Sheran. La ragazza avrebbe retto benissimo ancora per un pò».

«Certo, altri cinque minuti e avresti detto addio al tuo progetto» rincarò la dose.

«Devi sempre rovinare il mio divertimento. Sei un guastafeste, ecco cosa sei» disse Rhea.

«Riportate la ragazza nella sua cella, ma prima assicuratevi che abbia tutti i parametri nella norma». Sheran diede l'ordine ignorandola.

Due Big Grey dagli occhi nerissimi e la pelle grigiastra simile a quella di un rettile, tolsero Karen dalla capsula e la portarono via.

«Che intenzioni hai con quella ragazza?» chiese lui

«Voglio sottoporla al nuovo progetto che porta il mio nome. Perché? Vorresti per te quel bocconcino? In effetti fareste proprio una bella coppia. Entrambi avete gli occhi azzurri e i capelli biondi. Sarebbe una combinazione perfetta di Dna.» lo prese in giro.

«E dimmi, che cosa hai intenzione di farla diventare? Una squilibrata serial killer ai tuoi ordini, una donna di potere in un qualche settore o una schiava sessuale?» indagò Sheran

«Vedremo in cosa sarà più adatta. Magari una combinazione di tutte e tre le cose» rispose Rhea.

Karen era visibilmente provata dall'esperienza appena vissuta e nella sua mente affiorarono pensieri suicidi. La sua volontà era come spezzata, avrebbe voluto che la uccidessero, così da porre fine a quelle torture.

Girò la testa per cercare di capire dove si trovasse, ma quel che vide la riempì di un terrore agghiacciante.

C'erano file interminabili di esseri umani rinchiusi in specie di sacche trasparenti che pendevano dal soffitto di roccia liscio come vetro, altri in gabbie d'acciaio come la sua che parevano intontiti o drogati, poi Karen vide delle vasche anch'esse in acciaio dove si infilavano dei tubi dove scorreva una sorta di liquido trasparente, notò anche che l'aria era impregnata di odore di formaldeide. Ma ciò che la spaventò maggiormente furono degli esseri ibridi umano – rettile e delle creature pelose che avevano delle mani come quelle umane che piangevano come bambini e che ogni tanto cercavano di pronunciare parole umane.

Poi c'erano degli ibridi spaventosi metà umani e metà polipi, topi, pesci, foche, uccelli di ogni sorta che però non sembravano per niente appartenere a quelle specie. Le vasche d'acciaio contenevano embrioni umani e non in varie fasi di sviluppo e le sacche altro non erano che delle celle frigorifero usate per esperimenti criogenici.

Karen vomitò, nonostante fosse abituata a certe situazioni per via del suo lavoro, ma questo era davvero troppo per la sua psiche indebolita.

Le venne in mente solo una parola per definire l'orrore intorno a sé: CIBO! Quel numero infinito di cavie umane e non, non poteva che costituire il sostentamento per la sopravvivenza di qualche specie.

Ma chi poteva essere capace di un'efferata crudeltà come quella che aveva appena scoperto?

Forse erano gli effetti delle droghe che le avevano iniettato e i traumi a cui era stata sottoposta a proiettarle quelle allucinazioni o si trattava di una dura realtà? Era ancora troppo confusa e troppo scossa per ragionare. Di una cosa era certa: doveva uscire da quell'incubo, viva o morta.

Un inserviente entrò nella sala e passò accanto alla gabbia di Karen, che si aggrappò alle sbarre:

«La prego, mi faccia uscire di qui» implorò con un filo di voce.

«Fai silenzio, Karen. Ti aiuterò, ma devi stare calma e fidarti di me». Sheran si era travestito da operaio addetto alle pulizie.

«Che volete da me?» riprese Karen

«Karen, ti porterò fuori da qui, ma devi prima di tutto seguire tutto ciò che ti dirò di fare» rispose Sheran.

«Io non so perché mi trovo qui. Io sono un medico, devo andare, i miei pazienti hanno bisogno di me»

«Ti prometto che sarai libera quando sarà il momento»

«Sono così stanca» sospirò Karen

«Lo so. E' per via delle droghe che ti hanno somministrato. Ora ti darò qualcosa per riprenderti.» Sheran le porse un bicchiere in cui aveva sciolto una polvere.

«Bevilo e vedrai che in poco tempo starai meglio»

«Come faccio a fidarmi di lei?»

«Non hai altra scelta. Bevi e giudica tu stessa»

Karen prese in mano il bicchiere con riluttanza e bevve la sostanza inodore e insapore tutta d'un fiato.

«Brava» disse Sheran

Dopo qualche minuto Karen si sentì benissimo, come se fosse rinata.

«Come ti senti, Karen?»

«Perfettamente. Ora vuoi spiegarmi dove mi trovo, chi sei e perché sono stata portata qui?»

«Il mio nome è Sheran e provengo dal comando interstellare Ashtar. Ti trovi nella base di Dulce per essere sottoposta ad un esperimento di controllo mentale» la informò e attese la sua reazione.

«Oh mio Dio!» Karen ripiombò nell'incertezza. Doveva essere ancora sotto l'effetto della droga e ciò che vedeva e sentiva doveva essere un'allucinazione, non c'era altra spiegazione. Non sarebbe mai uscita da quell'incubo. Preferiva la morte a quella tortura senza fine.

«Karen, non sei sotto l'effetto della droga. Io sono reale e sono qui per salvarti. Non sono assolutamente d'accordo con le cose che avvengono qua dentro e ho deciso di porre fine a tutto questo. Insieme ce la faremo»

«Tu non puoi essere vero, mi hai appena detto di essere un extraterrestre e poi, chi mi assicura che io non sia ancora sotto l'effetto dei narcotici?» Karen era sempre più confusa.

«Toccami» Sheran si avvicinò alla gabbia, le prese una mano e l'accostò al suo viso.

Le dita di Karen sfiorarono la sua pelle. Le parve setosa e così lucente che risplendeva sotto le luci soffuse della sala scavata nella roccia.

«Ora devo andare. Verrò da te domani, ti farò

uscire dalla cella e ti mostrerò alcune cose» disse Sheran.

«Ti supplico, non lasciarmi da sola»

«Non sei da sola. Ti prometto che domani tornerò da te, ma ora devo andare, altrimenti Rhea potrebbe sospettare qualcosa.»

«Chi è Rhea?»

«Domani ti spiegherò tutto» cercò di tranquillizzarla.

Sheran si allontanò e Karen si sedette nella cella. Dopo qualche minuto piombò in un sonno senza sogni.

«Karen, sono io Sheran, svegliati!» le sussurrò. Karen aprì gli occhi sbattendo le palpebre.

«Chi sei? Dove sono?» non ricordava nulla, ancora una volta la sua coscienza sembrava essersi dissociata dal resto del corpo.

«Sheran, non ricordi nulla?» chiese in tono preoccupato. Possibile che la mente di Karen avesse già creato dei compartimenti a causa dei traumi che aveva subito?

«Sheran?» un lampo attraversò il suo subconscio e i ricordi cominciarono ad affiorare. Cercò di mettere a fuoco la figura che aveva davanti. Sheran indossava una tuta argentea e dal suo collo pendeva un medaglione sulla cui superficie era incisa un'immagine che rappresentava un insieme di costellazioni.

«Karen, ora ti ricordi di me?»

«Si»

«Bene. Ora ti farò uscire da qui». Sheran aprì la cella disattivando il campo di forza magnetico con una specie di pistola.

«Riesci a reggerti sulle gambe?» le domandò, aiutandola a sollevarsi.

«Si, ce la faccio anche da sola» rispose, ma quando Sheran la lasciò, le ginocchia le cedettero a causa delle ore di inattività a cui era stata costretta.

«Vieni, ti aiuto io» Karen si aggrappò a Sheran.

«Grazie, ora provo da sola» disse staccandosi da lui.

«Sicura?»

«Certo»

« Prima di tutto, dovrai indossare questi indumenti.».

Karen sollevò lo sguardo e vide una tuta argentea uguale a quella indossata da Sheran, una cintura, un paio di stivali neri e una maschera. Quest'ultima era verde e rappresentava una testa di un essere lucertiforme.

«Devo indossare quella cosa?» chiese Karen disgustata.

«E' fondamentale che tu lo faccia se vuoi confonderti tra di loro.»

«Loro chi?» Karen non capiva dove volesse arrivare.

«Dobbiamo sbrigarci»

«D'accordo, ci proverò» sospirò Karen iniziando a vestirsi.

Quando indossò la maschera, provò un moto di repulsione nella bocca dello stomaco senza sapere il perché di quella sensazione. Era come se stesse rigettando un organo appena impiantato nel suo corpo.

« Prova a dire qualcosa» le ordinò Sheran

«Che dovrei dire?» la sua voce risuonò in un tono metallico. Karen ebbe un sussulto.»

«Perfetto, il dispositivo è a posto» dichiarò soddisfatto.

«E adesso, che devo fare?»

«Seguimi. Devo mostrarti alcune cose»

Uscirono dalla sala del livello n 6 e si avviarono per i corridoi delle gallerie. Un Grigio stava raschiando dello sporco inesistente dal pavimento e Sheran lo salutò con la mano. Karen camminava accanto a lui in silenzio, temendo di essere riconosciuta.

Entrarono in un ascensore e scesero nel settimo livello. Per avere l'accesso ad una delle sale, era necessario passare una serie di controlli davanti ad un computer ad alta tecnologia.

Sheran si fece avanti per primo e il computer misurò la temperatura corporea, analizzò i parametri facciali, il gruppo sanguigno e i dati biometrici di entrambe le mani. Lui digitò anche una password che conteneva diversi simboli in una lingua criptica. Ora era il turno di Karen, le cui mani tremavano.

Il computer le misurò gli stessi parametri, poi Sheran inserì un'altra password sempre nella stessa lingua sconosciuta e dopo che i dati furono elaborati, ebbero finalmente l'accesso alla sala.

Lo scenario che le si presentò davanti agli occhi era mille volte peggio di quello che aveva visto nel sesto livello di quella orrenda struttura sotterranea.

Anche quella sala conteneva file e file di umani e ibridi umani chiusi in sacche criogeniche e c'erano vasche piene di umanoidi in varie fasi di sviluppo. Vi erano anche esseri umani drogati e intontiti chiusi in gabbie d'acciao. Alcuni stavano in silenzio, mentre altri urlavano come pazzi chiedendo aiuto. Ma ciò che rendeva peggiore la situazione in quella sala, era il numero infinito di gabbie che contenevano dei bambini che erano stati drogati e stipati come bestie da macello.

«So bene quello che stai pensando» Sheran interruppe quel silenzio così pesante.

«Non credo che tu lo sappia. Ora vorrei sapere chi è

il criminale che ha potuto compiere azioni del genere. Non c'è un aggettivo che possa descrivere tutto questo»

«Il responsabile, lo conosci già. Questa è opera di Rhea, ed è solo una parte del suo progetto»

«Mio Dio, dimmi che non è vero.»

«Karen, capisco che sia difficile per te, ma se vogliamo mettere fine a tutto questo, devi essere messa al corrente di molte cose. Questo è solo l'inizio di ciò che intendo mostrarti».

«Difficile, eh? Tutte queste persone che qualcuno starà sicuramente cercando, possono essere solo una cosa: Cibo! Noi rappresentiamo la sopravvivenza per qualche specie. E' questo il progetto di Rhea?»

«In parte, ma non si tratta solo di procurare del cibo. C'è ben altro dietro e tutto risale a molte migliaia di anni fa»

«Che significa?» Karen sgranò gli occhi.

«Quello che ti ho detto. Ti spiegherò tutto sin dal principio, ma soprattutto lavoreremo in modo da porre fine al male. Non sono mai stato d'accordo con i progetti di Rhea e nemmeno la Confederazione condivide la sua idea.»

«Di quale Confederazione stai parlando?»

«La Confederazione stellare dell'Alleanza. Io provengo dal commando stellare di Ashtar. Si tratta di un'alleanza di pianeti che collaborano insieme per il bene dell'Universo».

«E Rhea? A che popolo appartiene? Mi sembra tutto tranne che umana»

«Non lo è, almeno non nel senso che intendi tu. Voi la definireste un'aliena, un'extraterrestre. In realtà il suo popolo può essere definito anche come intraterrestre. In antica lingua sumera vengono chiamati col nome di ANUNNAKI.»

«Anunnaki? Dove vuoi arrivare?» Karen si era incuriosita, nonostante l'ansia che non voleva saperne di abbandonarla.

«Continueremo il discorso domani, non vorrei che Rhea sospettasse qualcosa per la mia lunga assenza. Purtroppo devo riportarti nella cella fino a quando non verrò a riprenderti. Mi dispiace non poter fare di più, ma dobbiamo agire con prudenza se non vogliamo essere scoperti» rispose Sheran.

«Mio Dio, ti prego, fa che quest'incubo finisca presto!» esclamò Karen rabbrividendo all'idea di dover essere rinchiusa in quell'abominevole prigione.

«Sei una donna forte e coraggiosa, abbi fede e tutto andrà per il meglio»

«Lo spero vivamente».

Karen era distesa su uno strano tavolo operatorio che aveva una sola gamba svasata al centro. Era circondata da tre esseri Grigi altissimi che con le loro mani lunghissime la stavano operando. Le pareti della stanza erano piene di quelle sembravano essere delle bottiglie di vetro riempite da uno strano liquido trasparente e all'interno di ognuna di esse erano inseriti sia esseri alieni, sia esseri umani. Karen guardava sè stessa dall'alto, come se una parte si fosse staccata dal corpo e vedeva altre due copie di sé, una distesa sul lettino metallico, l'altra all'interno di uno dei cilindri di vetro.

«Chi sei?» chiese la parte di sé dall'alto a quella distesa sul lettino.

«Io non ho nome, ma so come si chiama quella che è dentro la bottiglia. Si chiama Karen. E' venuta per fare l'esperienza.»

«Definisciti, ho necessità di sapere chi sei» insistette la parte dall'alto.

«Io sono la vita, una matrice di punti di luce.» rispose la parte distesa.

«Sai cosa vogliono quegli esseri strani che ti stanno intorno?»

«Loro non vogliono il mio contenitore, anche quello, ma vogliono soprattutto me.»

«Perché?» chiese la parte dall'alto.

«Perché io sono la vita e loro non vogliono morire.»

«Non capisco. Devi spiegarti meglio».

«Loro non vogliono il mio corpo, vogliono quella parte di me senza tempo, l'energia immortale che essa possiede. Senza, morirebbero.»

«Di cosa parli?»

«Il corpo fisico è un involucro che vibra a bassa densità e ti permette di fare l'esperienza della vita nella terza dimensione della realtà. Quando poi il tuo "io" decide di terminare l'esperienza, abbandona l'involucro, ed esso muore. Ma la coscienza no, perché non possiede il tempo, essendo infinita.»

«Ma se ho una parte immortale, perché devo morire?»

«Perché l'esperienza deve essere duale, ci devono essere necessariamente un inizio e una fine. Solo così capirai che sei immortale, perché la morte è solo un'illusione creata dalla paura. Tutti torneremo ad essere l'UNO e la dualità scomparirà.»

«Quindi loro vogliono la mia anima e non vogliono fare l'esperienza della morte»

«Si, loro non hanno la coscienza, solo una mente ed un corpo e prendono da voi la parte che gli interessa»

«Io non voglio che loro mi facciano questo»

«Fino a quando glielo permetterete, loro continueranno ad agire in questo modo.»

«Ma io non voglio, non glielo permetto»

«Non è sufficiente che tu da sola non voglia. Per fare in modo che loro non facciano più ciò che vi stanno facendo da centinaia di migliaia di anni, è necessario un risveglio della coscienza universale»

«Come posso fare?»

«Voi esseri umani state per entrare nell'era dei tredicimila anni di luce. Fino ad ora siete vissuti nei tredicimila anni di oscurità. Il risveglio sta già avvenendo. Se vorrai, tu potrai solo accelerare questo processo»

«Ma io non so come potrei fare, devi aiutarmi»

«Troverai la strada, sei già sul suo cammino. Devi solo guardare dentro di te, ma non nella tua mente. Essa è stata imprigionata dall'inizio della vostra storia, dunque non potrai fidarti di ciò che ti dirà d'ora in poi. Lasciati trasportare dalle onde della conoscenza superiore, dall'energia che alcuni di voi chiama la Kundalini»

«Ti prego, devi aiutarmi»

«L'ho già fatto. Ti ho detto tutto ciò che dovevo comunicarti. Quello che rimane da sapere, lo capirai mentre seguirai la luce.»

«Per favore, non mi abbandonare».

CAPITOLO III

Era di nuovo nella sua cella e avvertiva dei dolori indicibili in tutto il corpo, oltre ad un senso di nausea persistente. Ma la cosa che la sconcertava maggiormente, era il fatto che Sheran non era ancora tornato da lei. Possibile che fosse stata tutta un'illusione? La sua mente non riusciva davvero più a riconoscere quale fosse la realtà e quale una mera illusione? L'avevano drogata a tal punto? O era solo un sogno da cui prima o poi si sarebbe svegliata? Non aveva più certezze, era imprigionata dagli orrori che stava vivendo e ciò le rendeva impossibile ragionare con lucidità. Quel vortice di domande senza risposte rischiava di portarla alla pazzia totale se non fosse riuscita a dare un senso alla follia che, inesorabilmente, stava prendendo il sopravvento.

«Karen, sono qui. Svegliati» Sheran le toccò la spalla. Lei si riscosse dal torpore in cui era sprofondata.

«Sheran?» chiese titubante.

«Si, sono io Karen. Non mi riconosci?» chiese lui.

«Si, no, è che per un istante ho pensato che fossi stato solo un sogno.» affermò con voce flebile.

«Sono vero, Karen. E sono qui perché voglio aiutarti ad uscire da questo incubo. Mi sembrava di avertelo già detto»

«Si. Mio Dio, è che mi sembra di impazzire a volte. Non so se tutto ciò sia frutto della mia immaginazione o la verità»

«Purtroppo è la realtà, Karen. Ma sia la Confederazione, sia io, vogliamo porre fine a tutto questo. E tu mi aiuterai.»

«Io non so cosa devo fare. E tutto così orribile, e io voglio soltanto uscire da quest'incubo.»

«Non sarà facile, ma ne usciremo. Ma prima dobbiamo distruggere i piani di Rhea e del suo popolo.»

«Va bene, anche se non so proprio di cosa tu stia parlando.»

«Ora sei solo confusa. Una parte del

programma l'hai già vista, ma c'è ancora molto che devi conoscere»

« Farò tutto ciò che mi dirai»

«Brava. Ora devi indossare lo stesso travestimento dell'altro giorno.» Sheran le porse la tuta, gli stivali e la maschera lucertiforme. Controvoglia, lei indossò il travestimento.

«Bene, ora seguimi» disse Sheran.

Scesero nel tredicesimo livello e dopo i consueti controlli, entrarono in una delle sale.

Karen trattenne il respiro, ma almeno in quella sala non erano presenti i mostruosi esperimenti genetici che occupavano il sesto e il settimo livello di quella struttura criminale.

Una delle pareti di roccia era occupata da un'enorme teca di cristallo dove al suo interno erano posizionate quindici tavolette color dello smeraldo su cui erano incise delle parole in una lingua antica ed incomprensibile.

«Cosa sono quelle?» chiese Karen incuriosita e spaventata allo stesso tempo.

«Molti le chiamano le Tavole di Smeraldo, ma in realtà sono le tavole del Grande Thoth»

«Perché mi hai portato qui?»

«Perché devi leggerle.»

«Ma sono scritte in un linguaggio incomprensibile» protestò lei.

«La luce è in te Karen, quindi avvicinati e leggi»

«D'accordo, se proprio devo» rispose scettica. Quelle tavole le incutevano timore e un profondo senso di rispetto riverenziale.

«Brava. Ora avvicinati ad esse»

Karen si accostò alla parete, ammirando il loro splendore e notando che esse erano fissate insieme con cerchi dorati. Poi cominciò a leggere:

_ TAVOLA 1: LA STORIA DI THOTH, L'ATLANTIDEO _

Io, THOTH, l'Atlantideo, Signore dei misteri, custode dei documenti, re possente, mago che vive di generazione in generazione, colui che passò nelle sale di Amenti e guida per coloro che sono da venire, questi i documenti della saggezza possente della Grande Atlantide.

Nella grande città di KEOR, sull'isola di UNDAL, in un tempo nel lontano passato, cominciai questa incarnazione. I possenti di Atlandide non vivono e muoiono come i piccoli uomini dell'età presente, ma piuttosto da eone a eone essi rinnovano la loro vita nelle Sale di Amenti dove il fiume dei flussi della vita scorre eternamente. Cento volte dieci sono disceso nel Mondo Scuro che conduce alla Luce, e altrettante volte sono asceso dall'oscurità nella Luce rinnovando la mia forza e potere.

Ora discendo solo una volta, e gli uomini di KHEM, l'antico Egitto, non mi conosceranno più. Ma in un tempo ancora da venire sorgerò di nuovo, possente e potente, richiedendo un resoconto di quello che ho lasciato prima di me. Quindi fate attenzione, uomini di Khem, se avete falsificato il mio insegnamento, perché vi getterò giù dalle vostre alte terre nell'oscurità delle caverne da donde voi veniste. Non rivelate il mio segreto agli uomini del Nord o agli uomini del Sud affinchè la mia maledizione non cada su di voi. Ricordatevi e tenete conto delle mie parole, perché certamente tornerò di nuovo e vi richiederò come avete sorvegliato i miei segreti.

Sì, tornerò anche da oltre il tempo e da oltre la volontà della morte, ricompenserò o punirò a seconda di come voi avete sorvegliato il mio segreto. Grande era il mio popolo nei giorni antichi, grande oltre la concezione delle piccole persone che ora mi sono intorno: conoscendo l'antica saggezza, cercando lontano nel cuore dell'infinita conoscenza che appartenne alla gioventù di Terra.

Noi eravamo saggi con la saggezza dei Figli della Luce che dimoravano fra noi. Forte era il nostro potere ricavato dal fuoco eterno. E di tutti questi, il più grande fra i figli degli uomini era mio padre, THOTME, custode del grande Tempio, collegamento tra i Figli della Luce che dimoravano nel Tempio e le razze degli uomini che occuparono le dieci isole.

Portavoce, dopo i TRE, dell'Abitante di UNAL, parlai ai Re con voce degna di rispetto che deve essere assecondata. Io crebbi là da bambino fino alla virilità, ricevendo da mio padre i più antichi misteri, fino a che crebbi nel fuoco della saggezza, fino a che bruciai in una fiamma che consuma. Niente desiderai se non il conseguimento della saggezza. Fino a che un grande giorno venne il comando dell'Abitante del Tempio davanti al quale venni portato.

Pochi v'erano fra i figli degli uomini che avevano guardato quella faccia possente ed erano vissuti, per questo i Figli della Luce non sono come i figli degli uomini, quando loro non sono incarnati in un corpo fisico. Io ero eletto fra i figli degli uomini, ricevetti dall'Abitante gli insegnamenti, così che i suoi scopi sarebbero stati adempiuti, scopi che ancora non erano stati concepiti nel grembo del tempo. Per lunghe ere abitai nel Tempio, imparando nient'altro che saggezza, finchè io mi avvicinai alla Luce del grande fuoco. Mi insegnò, il percorso per Amenti, il mondo sotterraneo dove il grande re siede sul suo trono di forza. Profondamente mi inchinai di fronte al Dio della vita e al Dio della Morte e ricevetti come dono la Chiave della Vita. Io ero libero dalle Sale di Amenti, non legato alla morte ma al cerchio della vita.

Lontano viaggiai fino alle stelle fino a che spazio e tempo si annullarono. Allora avendo bevuto nella profonda coppa della saggezza, guardai nei cuori degli uomini e là trovai i misteri più grandi. Perché solamente nella Ricerca della Verità, la mia Anima avrebbe potuto essere placata e la fiamma estinta.

Vissi attraverso le ere, guardando quelli che intorno a me assaggiavano la coppa della Morte e ritornavano nella Luce della Vita.

Gradualmente dai Regni di Atlantide passarono onde di coscienza che erano state uno con me, solamente per essere sostituite dalla nascita di una stella più piccola.

In obbedienza alla legge, la parola del Signore fiorì. Gradualmente discesero nell'oscurità i pensieri degli Atlantidei, fino a che finalmente nella collera sorse dal suo AGWANTI, ovvero dal suo stato di profondo distacco, l'Abitante pronunciando la Parola, chiamando il potere.

Dal profondo cuore della Terra, i figli di Amenti sentirono, e sentendo, direzionarono il cambiamento del fiore di fuoco che brucia eternamente, cambiando e spostandosi, usando la PAROLA, finchè quel grande fuoco cambiò la sua direzione. Sul mondo poi irruppero le grandi acque, affogando e affondando, cambiando l'equilibrio della Terra fino a che solamente il Tempio della Luce rimase in piedi sinistro sulla grande montagna di UNDAL che ancora sorge fuori dall'acqua; c'era ancora qualcuno che stava vivendo lì, salvato dall'irrompere delle acque.

Mi chiamò poi il Signore e disse: raduna insieme a te la mia gente. Sceglili a seconda delle arti che hanno imparato e portali lontano attraverso le acque, finchè arriveranno alla terra dei barbari pelosi che abitano le caverne del deserto. Esegui là il piano che sai.

Radunai quindi le persone e le imbarcai nella grande nave del Signore. Ci innalzammo nel mattino. Scuro sotto di noi giaceva il Tempio.

Improvvisamente su lui insorsero le acque.

Svanì dalla Terra, quando giunse il tempo, era il grande Tempio.

Noi fuggimmo veloci verso il sole del mattino, fino a che sotto di noi giungemmo alla terra dei figli di KHEM.

Andando su tutte le furie, loro vennero con clave e lance, alzate con la rabbia di chi cerca di uccidere e distruggere i Figli di Atlantide. Poi io mi alzai di persona e diressi un raggio di vibrazione colpendoli finchè si dispersero come frammenti di pietra della montagna.

Poi io parlai loro con parole pacate, parlandogli della forza di Atlantide, dicendo che noi eravamo i figli del Sole e i suoi messaggeri. Atterriti dalla mia esibizione di scienza magica giacquero proni ai miei piedi, fino a quando li rilasciai. Dimorammo a lungo nella terra di KHEM, molto e molto tempo ancora. Fino a che, rispettando i comandi del Signore, che mentre dorme ancora vive eternamente, inviai i Figli di Atlantide, li inviai in molte direzioni affinchè dal grembo del tempo la saggezza sorga di nuovo nei loro figli. Dimorai per molto tempo nella terra di KHEM, facendo grandi opere di saggezza.

I figli di KHEM crebbero verso la Luce della Conoscenza, irrorati dalle piogge della mia saggezza.

Quindi distrussi il sentiero per Amenti così che io possa trattenere i miei poteri e far vivere di età in età il Sole di Atlantide, tenendo la saggezza, preservando i ricordi.

Una piccola parte dei figli di KHEM, conquistarono le persone intorno a loro, crescendo lentamente, accrescendo la forza dell'Anima.

Ora per un certo periodo mi allontano da loro nelle sale scure di Amenti, profondamente nelle viscere della Terra, di fronte al Dio dei poteri, ancora una volta faccia a faccia con l'Abitante.

Scorsi alta sull'entrata, una via d'accesso, un ingresso che conduce in giù ad Amenti. Ci vorrebbe del coraggio per sfidarlo, il piccolo portale di passaggio allo scuro Amenti.

Alto sul passaggio, io, una piramide possente che usa il potere che supera la forza della Terra, la gravità.

In un luogo sempre più profondo io forzai l'ingresso alla camera; quindi aprii un passaggio circolare che arrivò pressochè alla sommità. Là nell'apice, io posi il cristallo, spedendo il raggio nello spazio-tempo, delineando il percorso della forza al di fuori dell'etere, concentrandola sull'ingresso ad Amenti.

Costruii altre camere e lasciai che tutto sembrasse apparente, ancora celate fra loro sono le chiavi di Amenti.

Colui che con coraggio oserà sfidare i reami

scuri, che sia prima purificato da un lungo digiuno.

Che giaccia nel sarcofago di pietra nella mia camera. Poi io gli rivelerò i grandi misteri.

Presto lui seguirà la via dove l'incontrerò, anche nell'oscurità della Terra, io Thoth, Signore di Saggezza, l'incontrerò e lo sorreggerò e abiterò per sempre con lui.

Io costruii la GRANDE PIRAMIDE, progettata secondo il modello di forza della Terra, che brucia eternamente così che, possa resistere attraverso i secoli.

In essa, io ho riposto la mia conoscenza della scienza magica, così che possa essere qui quando di nuovo tornerò da Amenti.

Sì mentre dormo nelle sale di Amenti, la mia Anima che erra libera si potrà incarnare, abitando fra gli uomini in questa forma o in un'altra. (HERMES, tre volte-nato).

Io sono l'Emissario sulla Terra dell'Abitante, adempiendo ai suoi comandi così che molti potrebbero essere sollevati.

Ora ritorno alle sale di Amenti, lasciando dietro di me parte della mia saggezza.

Preservando e portando il comando dell'Abitante: alza sempre i tuoi occhi verso la Luce.

Nel tempo certamente, sarai uno col Maestro, certamente sarai uno con la giustizia del maestro, certamente sarai uno col Tutto.

Ora, parto da te. Segui i miei comandamenti, tienili e conservali, e sarò con te, ti aiuterò e ti guiderò nella Luce.

Ora di fronte a me si apre il portale.

Io scendo nell'oscurità della notte.

«Bene, ora leggi anche la seconda» disse Sheran.

Karen riprese a leggere:

_ TAVOLA 2 SALA DI AMENTI _

Profonde nel cuore della Terra giacciono le Sale di Amenti, lontano sotto le isole della sommersa Atlantide, le Sale della Morte e le Sale della Vita, bagnate nel fuoco dell'infinito Tutto.

Lontano nel tempo passato, persi nello spazio – tempo, i Figli della Luce guardarono giù sul mondo. Vedendo i figli degli uomini nelle loro catene, limitati dalla forza che venne da fuori.

Loro sapevano che solamente liberandosi dalla servitù avrebbero potuto risorgere dalla terra al sole. Loro discesero e crearono corpi, prendendo la sembianza degli stessi uomini.

I Padroni del tutto dissero dopo la loro formazione:

Noi siamo coloro che furono formati dalla polvere dello spazio e partecipi della vita dell'infinito Tutto; vivendo nel mondo come figli degli uomini, simili e anche dissimili ai figli degli uomini.

Poi da un luogo abitato, lontano, "al di sotto della crosta della terra, nei grandi spazi forgiati dal loro potere, spazi lontani dai figli degli uomini".

Lì circondati dal potere delle forze, protetti dai disfacimenti delle Sale della Morte. Poco alla volta, essi si posero in altri spazi, li riempirono con la Vita e con la Luce dal di sopra. Poi costruirono le Sale di Amenti dove loro avrebbero potuto abitare eternamente con la vita fino alla fine dell'eternità.

Trenta e due erano là i figli, figli della Luce che erano venuti fra gli uomini e avevano cercato di liberare dalle catene dell'oscurità coloro che furono legati dalla forza che venne dal fuori.

Profondamente nelle Sale della Vita crebbe un fiore, fiammeggiando, espandendosi, conducendo indietro la notte. Posto nel centro, un raggio di grande potenza diede la Vita, diede la Luce riempiendo con il suo potere tutti quelli che gli si avvicinavano.

Attorno ad esso posero i loro troni, due e trenta, collocazioni per ognuno dei Figli della Luce in modo che fossero bagnati nella radianza, riempita con la Vita della Luce eterna.

Là tempo dopo tempo loro posero i loro primi corpi creati, così che loro poterono riempirsi con lo Spirito della Vita.

Cento anni ogni mille la fiamma di Luce che dà la Vita deve splendere davanti ai loro corpi.

Affrettando il risveglio dello Spirito della Vita.

Là nel cerchio di eone in eone, siedono i Grandi Signori vivendo una vita non conosciuta fra gli uomini.

Là nelle Sale della Vita loro giacciono dormendo; le loro Anime fluttuano libere attraverso i corpi degli uomini.

Tempo dopo tempo, mentre i loro corpi giacciono dormendo, loro si incarnano nei corpi degli uomini.

Insegnando e guidando oltre e verso l'alto, al di fuori dell'oscurità, nella luce.

Là nella Sala della Vita, riempita con la loro saggezza, sconosciuta dalle razze degli uomini, che vive per sempre al di sotto del fuoco freddo della vita, siedono i Figli della Luce.

C'è il tempo in cui loro risorgono, venendo dalle profondità per essere luci fra gli uomini, infiniti fra uomini limitati. Colui che progressivamente è cresciuto dall'oscurità, si alzò dalla notte nella luce, reso libero dalle Sale di Amenti, libero dal Fiore di Luce e di Vita.

Guidato poi, da saggezza e conoscenza, passa da uomo a Signore della Vita.

Là lui può vivere come uno coi Maestri, libero dalle limitazioni dell'oscurità della notte.

Fatto sedere nel fiore di radianza, seduto fra i sette Signori dello Spazio – Tempo sopra di noi, aiutando e guidando attraverso la Saggezza infinita, lungo il sentiero attraverso il tempo, i figli degli uomini.

Insolitamente potenti, loro, velati dal loro potere, silenziosi, onniscienti, dirigendo la forza della Vita, diversamente dai figli degli uomini.

Sì, diversamente e anche Uno coi figli della Luce.

Custodi e osservatori della forza che incatena l'uomo, pronti a sciogliere i legami quando la luce è stata raggiunta. Prima e più possente, siede la Presenza Velata, il Signore dei Signori, l'infinito Nove, al di sopra di ognuno dei Signori dei Cicli; Tre, Quattro, Cinque e Sei, Sette, Otto, ognuno con la sua missione, ognuno coi suoi poteri, guidando, dirigendo il destino dell'uomo.

Là siedono loro, possenti e potenti, liberi da tutto il tempo e dallo spazio.

Non sono di questo mondo loro, simili a lui, il Fratello più Anziano dei figli degli uomini.

Giudicando e pesando, con la loro saggezza osservano il progresso della Luce fra gli uomini.

Là di fronte a loro fui condotto dall'Abitante, lo guardai unirsi con l'Uno sopra di lui.

Poi da Lui venne una grande voce che disse:

Grande sei tu, Thoth, fra i figli degli uomini.

Libero d'ora innanzi dalle Sale di Amenti, Signore della Vita fra i figli degli uomini.

Non assaggerai la morte tranne che tu lo voglia, bevi tu dalla Vita fino alla fine dell'Eternità.

D'ora innanzi per sempre è Vita, per tuo volere.

D'ora innanzi la Morte sarà al tuo comando.

Resta o parti come tu desideri.

Prendi la Vita nella forma che tu desideri, Figlio della Luce che è cresciuto fra gli uomini.

Scegli il tuo compito, per tutti dovrai lavorare, non liberarti mai dal sentiero della Luce.

Ora sei avanzato di un passo sul sentiero verso l'alto, infinita è la montagna di Luce.

Ogni passo che tu fai ti innalza verso la montagna; tutto di te progredisce ma lontana è la meta.

Sempre ci si avvicina alla Saggezza infinita, sempre prima che tu ti accresca verso la meta.

Ora ti sei liberato dalle Sale di Amenti per camminare mano nella mano coi Signori del mondo, con un unico scopo, lavorare insieme per portare la Luce ai figli degli uomini.

Poi dal suo trono venne uno dei Signori, prese la mia mano e mi condusse avanti, attraverso tutte le Sale della terra ignota e profonda.

Mi condusse attraverso le Sale di Amenti, mostrandomi i misteri che non sono conosciuti dagli uomini.

Mi condusse attraverso lo scuro passaggio discendente, nella Sala dove risiede la scura Morte.

Vasta si estendeva nello spazio di fronte a me la grande Sala, circondata da mura di oscurità ma riempita di Luce.

Di fronte a me sorse un grande trono di oscurità, su di esso era seduta una velata figura di notte.

La grande figura seduta era più scura dell'oscurità, scura di un'oscurità che non era della notte.

Poi il Signore di fronte a lui fece una pausa e pronunciò la Parola che produce la Vita e disse:

Oh, Signore dell'oscurità, guida del sentiero che porta da Vita a Vita, di fronte a te porto un Sole del mattino. Non toccarlo mai col potere della notte. Non chiamare la sua fiamma all'oscurità della notte.

Conoscilo, e guardalo, uno dei nostri fratelli, innalzato dall'oscurità nella Luce.

Libera la sua fiamma dalla sua schiavitù, lascia che essa divampi libera attraverso l'oscurità della notte.

La figura alzò quindi la mano, sopravvenne una fiamma che crebbe in modo chiaro e brillante. Il velo dell'oscurità si abbattè indietro rapidamente, rischiarando la Sala dall'oscurità della notte.

Poi crebbe nel grande spazio di fronte a me, fiamma dopo fiamma, dal velo della notte.

Innumerevoli milioni emersero di fronte a me, alcuni fiammeggianti come fiori di fuoco.

Altri vi erano che spandevano una fioca radianza che fluiva debolmente al di fuori della notte.

Alcuni vi erano che si affievolivano rapidamente; altri che crebbero da una piccola scintilla di luce.

Ognuno circondato dal suo fioco velo di oscurità fiammeggiando ancora con una luce che non potrebbe mai essere estinta. Un viavai come lucciole in primavera, riempirono lo spazio con la Luce e con la Vita.

Poi si pronunciò una voce, possente e solenne dicendo:

Queste luci sono le anime fra gli uomini che crescono e si affievoliscono, esistendo per sempre, cambiando mentre vivono, attraverso la morte e la vita. Quando loro sono sbocciati, arrivati allo zenit di crescita nella loro vita, rapidamente spedisco il mio velo di oscurità, avvolgendo un cadavere nel sudario e cambiandolo in nuove forme di vita.

Fermamente diretti verso l'alto in tutte le ere, crescendo, espandendosi ancora in un'altra fiamma che accende l'oscurità con un potere ancora più grande, estinto ma ancora acceso nel velo della notte.

Così cresce l'anima dell'uomo sempre diretta verso l'alto, estinta ma ancora accesa nell'oscurità della notte.

Io, Morte vengo, e non rimango, perché la vita eternamente esiste nel Tutto; solamente un ostacolo, io nel sentiero, per essere conquistata rapidamente dalla luce infinita.

Alzati, o fiamma, che brucia nell'interno, fiammeggia e conquista il velo della notte. Poi nel mezzo delle fiamme nell'oscurità si avanzò uno che spinse indietro la notte fiammeggiando ed espandendosi, sempre più brillante, fino a che finalmente non era nient'altro che la Luce.

Poi la mia guida parlò, la voce del Signore: guarda la Tua anima come cresce nella luce, ora liberata per sempre dal Dio della notte.

Lui quindi mi condusse attraverso molti grandi spazi riempiti coi misteri dei Figli della Luce; misteri dei quali l'uomo non potrà mai sapere finchè anche lui, non sia un Sole della Luce. Poi lui si volse indietro e mi condusse nella Luce della sala della Luce.

Io mi inginocchiai di fronte ai grandi Signori, Signori di tutte le ere. Lui quindi pronunciò parole di grande potere:

Tu sei stato liberato dalle Sale di Amenti. Scegli il tuo lavoro fra i figli degli uomini.

Poi io dissi:

O grande Signore, lascia che io sia un insegnante degli uomini affinchè loro possano essere condotti e diretti verso l'alto, ci sono luci anche fra gli uomini; liberati dal velo della notte che li circonda e fiammeggianti con una luce che splenderà fra gli uomini.

Poi la voce mi disse:

Vai, come tu vuoi. Così sia decretato. Lui è Padrone del Suo destino, libero di prendere o di respingere come lui vuole. Prenda il potere, prenda la saggezza. Splenda come una luce fra i figli degli uomini.

Poi l'Abitante mi condusse verso l'alto. Io dimorai di nuovo fra i figli degli uomini, insegnando e mostrando parte della mia saggezza; Sole della Luce, un fuoco fra gli uomini.

Ora di nuovo percorro il sentiero discendente e cerco la luce nell'oscurità della notte.

Coraggiosamente proseguo, preservando i miei ricordi, che io possa essere guida ai figli degli uomini.

«Brava Karen, ora leggi la terza tavola» la incoraggiò Sheran.

«Va bene» sospirò lei a disagio. Leggere quegli scritti le provocava una strana sensazione allo stomaco, come se un'energia con un altissimo potere vibratorio la stesse scuotendo.

_ TAVOLA 3 LA CHIAVE DELLA SAGGEZZA _

Io, THOTH, l'Atlantideo do la mia saggezza, do la mia conoscenza, do il mio potere.

Liberamente do ai figli degli uomini. Do affinchè anche loro, possano avere la saggezza di splendere nel mondo dal velo della notte. Saggezza è potere, e potere è saggezza, uno con l'altro, perfezionando l'intero.

Non essere orgoglioso, O uomo, della tua saggezza. Parla con l'ignorante così come con il saggio. Se uno viene da te pieno di conoscenza, ascolta e tienine conto, perché la saggezza è in tutti.

Non restare in silenzio quando qualcuno parla male della Verità, come la luce del sole splende sopra di tutto.

Perché colui che andrà al di sopra della Legge sarà punito, perché solamente attraverso la Legge viene la libertà degli Uomini.

Quindi non aver paura perché la paura è una servitù, una catena che lega gli uomini all'oscurità.

Segui il tuo cuore durante la durata della tua vita. Fa più di quanto ti è comandato.

Quando tu hai guadagnato ricchezza, segui il tuo cuore, perché tutto questo è di nessun profitto se il tuo cuore è stanco.

Non ridurre il tempo di ciò che segue il tuo cuore. E' aborrito dell'anima.

Coloro che sono guidati non sviano, ma quello che hanno perso non lo possono ritrovare lungo un percorso diritto. Se tu vai fra gli uomini, fai da solo, ama, con l'inizio e la fine del cuore.

Se uno viene da te per un consiglio, lascia che lui parli liberamente, affinchè la cosa per cui lui è venuto da te possa essere fatta. Se lui esita ad aprire il suo cuore, è perché tu, il giudice, hai sbagliato.

Non ripeterti discorsi strani, né prestagli ascolto, perché è la parola di uno che non è in equilibrio.

Non parlare di questo, così che lui prima di te possa conoscere la saggezza.

Il Silenzio è di grande profitto. Un'abbondanza di discorsi non dà nessun profitto.

Non esaltare il tuo cuore al di sopra dei figli degli uomini, affinchè non sia portato al di sotto della polvere.

Se tu sei grande fra gli uomini, sii onorato per conoscenza e gentilezza.

Se tu cerchi di conoscere la natura di un amico, non chiedere al suo compagno, ma passa del tempo da solo con lui. Discorri con lui e esamina il suo cuore dalle sue parole e dal suo comportamento.

Quello che è finito nel ripostiglio deve venire fuori, e le cose che sono tue devono essere condivise con un amico.

La conoscenza è vista dallo sciocco come ignoranza, e le cose che gli sono proficue dannose.

Lui vive nella morte. E' perciò il suo cibo.

L'uomo saggio lascia che il suo cuore trabocchi, ma mantiene il silenzio.

O uomo, ascolta la voce della saggezza, ascolta la voce della Luce.

Ci sono misteri nel Cosmo che svelati riempirebbero il mondo con la loro luce.

Lascia che colui che vorrebbe essere libero dalle catene dell'antica oscurità divinizzi il materiale dall'immateriale, il fuoco dalla terra; perché sappi che come la terra discende alla terra, così anche il fuoco ascende al fuoco e diviene Uno con esso.

Colui che conosce il fuoco che è dentro di lui ascenderà al fuoco eterno e vivrà eternamente in esso.

Fuoco, il fuoco interiore, è il più potente di tutte le forze, da esso derivano tutte le cose e penetra tutte le cose della Terra.

L'uomo si sostiene solo su ciò che resiste. Così l'uomo deve respingere la Terra, anche se non esiste.

Non tutti gli occhi vedono con la stessa visione, perché ad uno un oggetto appare di una certa forma e colore e ad un occhio diverso, di un altro.

Così anche il fuoco infinito cambia da colore a colore e non è sempre lo stesso da giorno a giorno.

Così, parlo io, THOTH, dalla mia saggezza perché un uomo è un fuoco che brucia brillando nella notte; sempre si estingue nel velo dell'oscurità, sempre si estingue nel velo della notte.

Per mezzo della mia saggezza ho guardato nei cuori degli uomini, li trovai prigionieri della schiavitù della lotta.

Libera dalla fatica, il tuo fuoco, O Fratello mio, affinchè non sia seppellito nell'ombra della notte!

Ascolta, O uomo, e tieni conto di questa saggezza: dove cessano il nome e la forma?

Solamente nella coscienza, invisibile, una forza infinita di brillante radianza.

Le forme che vengono create dallo splendore, le due visioni, sono veramente effetti che seguono la causa. L'uomo è una stella confinata in un corpo, fino a che alla fine, viene liberato attraverso la sua lotta interiore.

Solamente dall'affaticamento nella lotta la stella potrà rifiorire a una nuova vita.

Per colui che conosce il principio di tutte le cose, la sua stella è libera dal regno della notte.

Ricorda, O uomo, che tutte le cose che esistono sono solamente un'altra forma di quello che non esiste.

Tutto l'essere che è esistito si sta trasformando in un altro essere e tu non fai eccezione.

Considera la Legge, la Legge è per tutti.

Non cercare quello che è al di fuori della Legge,

perché ciò esiste solamente nell'illusione dei sensi.

La saggezza arriva a tutti i suoi figli finchè essi vanno verso la saggezza.

Attraverso tutte le età, la luce è rimasta celata.

Svegliati, O uomo, e sii saggio.

Ho viaggiato profondamente nei misteri della vita, chiedendo e cercando ciò che è nascosto.

Presta ascolto, O uomo e sii saggio.

Lontano al di sotto della superficie della Terra, nelle Sale di Amenti, vidi misteri che sono nascosti agli uomini.

Spesso ho viaggiato nell'ignoto e profondo passaggio, ho guardato la Luce che è la vita fra gli uomini.

Là al di sotto dei fiori della Vita che sempre vive, io cercai i cuori e i segreti degli uomini.

Lì io trovai quell'uomo ma egli viveva nell'oscurità, la luce del grande fuoco è nascosta all'interno.

Di fronte agli Dei dell'ignota Amenti io imparai la saggezza che portai agli uomini.

Loro sono i Signori della grande Segreta Saggezza, portata da un futuro infinito.

Loro sono Sette, gli Dei di Amenti, i Signori supremi dei Figli del Mattino, Soli dei cicli, Signori della Saggezza.

Loro non sono fatti come i figli degli uomini? Tre, Quattro, Cinque e Sei, Sette, Otto e Nove sono i titoli dei Signori degli uomini.

Lontano dal futuro, amorfi eppure in formazione, loro divennero come insegnanti per i figli degli uomini.

Loro vivono per sempre, eppure non viventi, non legati alla vita e liberi dalla morte.

Essi regnano per sempre con infinita saggezza, limitati eppure liberi dalle scure Sale della Morte.

Loro hanno in loro la Vita, eppure una vita che non è vita, liberi da tutto sono i Signori del Tutto.

Prima di loro venne il Logos, strumento del loro potere sopra ogni cosa.

Vasta è la loro espressione, eppure nascosta nel piccolo, formata nella formazione, conosciuta eppure ignota.

Il Tre porta la chiave di tutta la magia ignota, lui è il creatore delle Sale della Morte; mandando avanti il potere, avvolgendo un cadavere nel sudario dell'oscurità, legando le anime dei figli degli uomini; inviando l'oscurità, legando la forza dell'anima; dirigendo il negativo ai figli degli uomini.

Quattro è colui che scioglie il potere.

Lui, Dio di Vita ai figli degli uomini.

Di Luce è il suo corpo, di fiamma la sua espressione; liberatore delle anime dei figli degli uomini.

Cinque è il Signore, il Dio di tutta la Chiave magica è la parola che echeggia fra gli uomini.

Sei è il Dio della Luce, il sentiero ignoto, percorso dalle anime dei figli degli uomini.

Sette è colui che è il Dio della vastità, Signore dello Spazio e chiave dei Tempi.

Otto è colui che ordina l'evoluzione; pesa e equilibra il viaggio degli uomini.

Nove è il padre, vasto nella Sua espressione, formando e cambiando dal fuori del Senza Forma.

Medita sui simboli che ti do, loro sono le Chiavi, nascoste dagli uomini.

Non andare sempre direttamente verso l'alto, O Anima del mattino.

Volgi i tuoi pensieri verso l'alto alla Luce e alla Vita.

Cerca nelle chiavi dei numeri che ti do, luce sul sentiero da vita a vita.

Cerca con saggezza.

Volgi i tuoi pensieri all'interno.

Non chiudere la tua mente al fiore della Luce.

Metti nel tuo corpo un'immagine della forma-pensiero.

Pensa ai numeri che ti condurranno alla Vita.

Chiaro è il sentiero per colui che ha saggezza.

Apri la porta al Regno della Luce.

Versa la tua fiamma come un Sole del mattino.

Chiudi fuori l'oscurità e vivi nel giorno.

Prenditi, o uomo!

Come parte dell'essere, i Sette che sono non sono ciò che sembrano.

Apriti, o uomo!

Hai la mia saggezza.

Segui il percorso nel modo che ti ho indicato.

Signori di Saggezza, Sole della Luce del Mattino e Vita per i figli degli uomini.

«Come hai potuto constatare tu stessa, la tua luce interiore ha svolto il suo compito» affermò Sheran.

«Si, ma non capisco perché tu mi abbia fatto leggere queste cose. Non potrò mai ricordare tutto questo, e nemmeno capirlo a fondo, se è per questo»

«Ci sarà un tempo in cui ciò che hai letto su queste tavole riaffiorerà nella tua mente per ricordarti chi sei.»

«E' impossibile. Dovrei leggerle e rileggerle decine di volte. E forse non basterebbe»

«Il loro contenuto fa parte di te, non temere. Fa parte della tua natura.»

«Se lo dici tu. Comunque, non ho afferrato il messaggio che vogliono dare. Dev'essere per il fatto che i testi sono talmente lunghi. Dovrei per forza rileggerli.»

«Non è necessario. Come già ti ho specificato, questo è solo l'inizio delle cose di cui verrai a conoscenza, ma non aver fretta. Ti racconterò tutto e da domani inizieremo a distruggere il male che affligge questo pianeta»

«Non aggiungere altro» lo interruppe.

«Vedo che hai capito»

«Mi domando perché Rhea non mi abbia più cercata» disse sottovoce Karen rivolgendosi a Sheran mentre erano in un ascensore.

«E' molto semplice. Non ricordi proprio niente?»

«No. E' come se la mia mente rifiutasse di mantenere i ricordi».

«La tua mente sta già facendo ciò che Rhea desidera, sta creando dei compartimenti»

«Che significa?»

«Il progetto che Rhea intende attuare su di te, è già cominciato, anche se forse non riesci a renderne conto. La prima cosa che stanno testando, è il fatto di programmare la tua mente. Si tratta di un nuovo esperimento, visto che generalmente vengono scelti sempre i bambini con età inferiore ai cinque anni. Con loro è più facile creare dei compartimenti.»

«Spiegati meglio. A volte sei così criptico con me»

«Vedi, uno dei metodi per creare robot umani, si chiama DPM, ovvero disturbo da personalità multipla, che è noto anche come DDI, disturbo dissociativo dell'identità. Il principio consiste nell'utilizzare un trauma per fratturare la mente in una serie di compartimenti autonomi, detti "alter". Quindi utilizzano torture continue allo scopo di creare una barriera amnesica che blocchi all'esterno il ricordo degli orrori sperimentati da quell'alter specifico.»

«Mio Dio! Creano degli zombie umani, insomma!» esclamò Karen orripilata.

«Esatto. Ognuno di questi alter creati, crede di essere la mente nella sua totalità, mentre non è altro che un frammento di essa.» continuò Sheran mentre entravano in una delle sale del settimo livello.

«Osserva» le indicò una gabbia dove era rinchiuso un uomo. Sheran emise un suono particolare con uno strano strumento.

L'uomo si sollevò in piedi e iniziò a ringhiare e a scuotere le sbarre della cella. Sembrava possedere una forza immane e Karen temette che da un momento all'altro le sarebbe potuto piombare addosso per ucciderla. Sheran emise un altro suono e l'uomo si calmò immediatamente.

«Questo è veramente troppo!» Karen si allontanò. Voleva fuggire da quel posto maledetto, da quella follia indefinibile, altrimenti sarebbe impazzita.

«Karen, fermati. Hai un compito da portare a termine.»

«Oh, no! Sei tu il paladino della giustizia, io non ho proprio niente a che vedere con tutto questo. Voglio andarmene da questo posto abominevole, il prima possibile. Voglio mantenere la mia sanità mentale, per quello che posso salvare dopo aver visto certe cose»

«Se riuscirai ad andartene, e dubito che tu possa farcela da sola, farai proprio il loro gioco.»

«Che accidenti vuoi dire?»

«Che se ti arrendi già all'inizio, avranno vinto

loro. E per l'umanità non ci sarà più speranza.»

«Adesso sarebbe anche colpa mia tutto questo casino?»

«In parte. Se rinunci a combattere, ne porterai il peso tutta la vita. Sei una prescelta, Karen, e devi usare tutta la tua forza di volontà per portare a termine le mansioni che ti sono state assegnate»

«Tante grazie! Beh, io non ci sto, non riesco a sopportare la vista di quello che tu dici di volermi mostrare. E se vuoi saperlo, mi hai proprio stufato con tutte queste chiacchiere! Non è che sei complice di quella megera che comanda questo abominio, per caso? Non so cosa credere a questo punto!» sbraitò incollerita.

«La tua reazione è normale, lo capisco perfettamente. Da ere lontanissime vi è stata occultata la verità, e la coscienza infinita fatica a liberarsi dalle prigioni impostegli»

«Coscienza infinita?» Karen aveva già sentito quel termine, ma non avrebbe saputo dire dove e soprattutto quando. Improvvisamente, la sua collera sparì.

«Stavamo dicendo, gli illusionisti della mente creano ciò che viene chiamato un "front alter", o alter di facciata, programmato con i tratti caratteristici della personalità che sembra essere la personalità della vittima. Quando questa incontra altri individui, essi pensano che quel front alter sia la sua vera identità, e anche la persona in questione, la vittima cioè, crede la stessa cosa. Gli alter nascosti nel subconscio vengono programmati con varie altre "personalità" o "incarichi, e quando viene dato l'avvio ad una parola, ad un suono o a un'azione specifici, avviene il "passaggio" ad un altro alter. Praticamente uno degli alter nascosti subentra a quello che lo ha preceduto, quest'ultimo viene "parcheggiato" momentaneamente nel subconscio e il nuovo prende il sopravvento sul comportamento e la percezione della realtà della persona in questione. Appena l'incarico è stato portato a termine, gli alter si invertono e quello cosiddetto di "facciata" torna a prevalere dopo un po' e non ha la minima idea di ciò che l'alter nascosto ha fatto o sperimentato. Proprio come hai potuto vedere su quell'uomo poco fa».

«Dunque la vittima non ricorderà mai se ha commesso anche un crimine o se ha subito una violenza di qualunque tipo, giusto?»

«Esatto, Karen. Vedo che cominci a collegare i fatti»

«Più che altro mi sto rendendo conto dei crimini che stanno commettendo ai danni dell'umanità.»

«E non sai nemmeno tutto»

«A volte ho l'impressione di non sapere nulla del mondo in cui vivo.»

«Credimi, gli altri esseri umani sono nella tua stessa condizione. E' per questo che non devi arrenderti e devi lasciare che io ti guidi in questo lungo percorso».

«Finirà mai quest'incubo?»

«Finirà, se tu lo vorrai.»

«D'accordo. Sono alla tua mercè»

«No, stiamo collaborando affinchè tutto si risolva per il meglio».

«Vorrei cercare di liberare tutti quei bambini. Chissà quante madri disperate ci sono lassù che ormai crederanno che i loro figli sono morti».

«Li libereremo, anche se poi dovranno seguire un doloroso percorso di riabilitazione. I traumi che hanno subito sono molto gravi».

«E' tutto così straziante. I bambini sono sacri, non si dovrebbe mai torcergli un capello»

«Purtroppo la maggior parte delle vittime sono proprio i bambini»

«Vorrei sapere il perchè»

«Loro hanno bisogno dell'energia vitale che risiede proprio nei bambini»

«Sono così confusa. Potresti dirmi di più? Io ho bisogno di sapere, di collegare tutti i fatti, altrimenti mi sembra di brancolare nel buio»

«Hai ragione, Karen. Devo raccontarti tantissime cose prima di agire per fermare i progetti di Rhea. Mi auguro che tu sia pronta ad ascoltarmi».

«Lo sono, stai tranquillo. Quando avrò chiaro ciò che sta succedendo, allora sarò pronta per agire di conseguenza.»

« Allora adesso mettiti comoda, la storia è abbastanza lunga».

«Sono tutta orecchi» disse Karen.

Sheran cominciò il suo racconto.

CAPITOLO IV

«Circa tredicimila anni fa, esisteva una società globale situata nel Pacifico, conosciuta con il nome di Lemuria o semplicemente Mu. Questa civiltà, insieme ad altre, ne fondò un'altra nell'Atlantico, nota con il nome di Atlantide. Questi popoli comunicavano telepaticamente ed erano altamente progrediti. Le loro conoscenze provenivano dalle stelle, cioè da extraterrestri di varie specie. Alcuni erano alti, biondi e con gli occhi azzurri, mentre altri avevano sembianze rettiliane. Le costellazioni da cui provenivano erano quelle di Orione, Draco, Andromeda, Lyra e Bootes, le Pleiadi, Sirio, Vega, Zeta Reticuli, Aldebaran, ecc.

Questi "DEI" si incrociarono tra loro e con le popolazioni più primitive della terra, ma l'incrocio più importante fu quello tra i rettiliani e i cosiddetti "NORDICI" dai capelli biondi e gli occhi azzurri, entrambi di origine extraterrestre, le cui fazioni avevano stretto un patto. Tale unione diede vita alla razza "ARIANA", o nobile.

Furono queste stirpi reali, gli ibridi rettiliano-nordici, che andarono ad occupare le posizioni di potere nei millenni prima della storia conosciuta. Essi rivendicarono il "diritto divino" a governare sulla base della loro discendenza dalla stirpe degli

Dei.

Lemuria scomparve a causa di un incredibile cataclisma che colpì questo pianeta circa dodicimila anni fa, e Atlantide fece la stessa fine.

Quando anche Atlantide fu distrutta, le varie stirpi e i loro "Dei", ricominciarono da capo a partire dal 4000 a. c., insediandosi nel Medio e nel vicino Oriente, creando un impero che aveva le sue basi nella terra di Sumeria, l'attuale Iraq, tra i fiumi Eufrate e Tigri.» esordì Sheran.

«Mi stai forse dicendo che siamo governati dagli extraterrestri sin dall'inizio?»

«Conosci Zecharia Sitchin?»

«Mai sentito nominare»

«Sitchin ha tradotto le tavolette lasciate dal popolo sumero. Secondo le sue traduzioni, la civiltà sumerica fù un vero e proprio dono degli Dei, ma non intendeva Dei mitici, ma esseri in carne ed ossa che vivevano tra loro. Questi ultimi erano chiamati ANUNNAKI, ovvero coloro che dal cielo discesero sulla terra.

Gli Anunnaki provenivano dal pianeta NIBIRU, il pianeta della Croce, e il loro scopo era quello di estrarre l'oro dall'attuale continente africano per poi trasportarlo sul loro pianeta d'origine.

Sempre secondo Sitchin, l'oro estratto veniva trasportato attraverso delle basi situate proprio in Medio Oriente. Il lavoro era affidato alle classi operaie degli Anunnaki, ma in seguito essi si ribellarono e l'èlite reale decise di creare una razza di schiavi che potesse eseguire il lavoro.» spiegò Sheran.

«Vai avanti» rispose Karen.

«Il capo degli Anunnaki di nome ENKI, il "Signore della Terra" e scienziato, insieme alla sorellastra NINKHARSAG, nota anche come NINTI la "Signora della vita", ufficiale medico, mescolarono in una provetta i geni degli Anunnaki con quelli degli indigeni umani per dar vita ad un essere umano potenziato in grado di svolgere i compiti richiesti da loro. Quello che voi chiamate homo erectus si trasformò in homo sapiens e più tardi ci fu un'altra altrimenti inspiegabile evoluzione della struttura fisica umana che diede vita a ciò che definite homo sapiens sapiens.»

«Effettivamente, il tempo che intercorre nelle ultime due evoluzioni è troppo breve ed è ciò che la scienza definisce come "l'anello mancante"».

«Esatto»

«Cosa successe poi?»

«Enki non era però l'uomo più in alto nella missione Anunnaki su questo pianeta anche se egli era il figlio maggiore del capo supremo An, Anu o Anju, che faceva raramente visita alla terra. Il comandante della missione era il fratellastro più giovane ENLIL, perché sua madre era considerata geneticamente più pura della donna con cui Anu aveva concepito Enki. Questo fu la causa di continui conflitti tra i due fratelli, ma anche tra le loro varie fazioni e l'umanità. Gli Anunnaki possedevano una mentalità fortemente gerarchica e tale gerarchia si basava sull'appartenenza ad una stirpe e sul patrimonio genetico. Man mano che l'umanità si incrociava, le caratteristiche degli Anunnaki si diffondevano sul patrimonio genetico generale. Ma alcune linee di sangue furono specificamente create dalla stirpe "reale" degli Anunnaki, affinchè, in qualità di loro uomini e donne di facciata, essi governassero l'umanità in loro vece, perseguendo i loro stessi obiettivi. Queste stirpi "reali" si sono sforzate di mantenere il loro patrimonio genetico di

Anunnaki attraverso i vari incroci e dunque questi ibridi furono poi collocati in posizioni di potere durane l'Età dell'oro, e in tutto l'Impero Sumero. Ciò accadde quando Anu conferì la "dignità di Anu" o "dignità regale" all'umanità creando stirpi che governassero per conto degli Dei.»

«Ma perché creare stirpi ibride? Non potevano continuare loro stessi a governare l'umanità?» domandò Karen.

«Dopo le catastrofi di Lemuria e Atlantide, i loro superstiti erano pochi, mentre la popolazione umana cominciò nuovamente ad aumentare. Enlil fu allarmato da questa espansione e decise di creare una grande catastrofe geologica proprio per ridurre la popolazione umana.

Questa situazione spinse gli Anunnaki ad abbandonare il controllo scoperto e a manipolare da dietro le quinte attraverso le stirpi che potevano assumere sembianze umane, i loro ibridi appunto.»

«In un certo senso quindi, gli Anunnaki sono spaventati dalla superiorità numerica dell'essere umano?»

«Si, lo erano, e lo sono tutt'ora» confermò Sheran.

«Interessante, vai avanti»

«Ciò che riveste un'importanza fondamentale in tutto ciò, è stata la creazione di scuole misteriche attraverso le quali è stata tramandata la vasta conoscenza dei popoli di Atlantide e di Lemuria-Mu. In particolare, gli Anunnaki fondarono una società segreta, chiamata la Confraternita del Serpente, che è stata usata per manipolare l'umanità sin dai tempi antichi.»

«Gli Anunnaki sono dei rettili, dunque?»

«Si, Nibiru fa parte della costellazione del Toro, mentre la maggior parte dei rettiliani proviene dalla costellazione del Dragone, in particolare da Draco, conosciuta anche come Alpha Draconis. Il sistema del Dragone include la stella Thurban, un tempo chiamata Stella del Nord, su cui sono orientate le piramidi egizie.»

«Tutte le più grandi costruzioni dell'antichità sono state fatte da esseri non umani, quindi? Non è vero ciò che dice la storia sugli uomini primitivi. In effetti non mi sono mai bevuta il fatto che degli esseri umani fossero riusciti a spostare pietre così gigantesche e pesanti anche per migliaia di chilometri».

«Brava, infatti non sarebbe stato umanamente possibile»

«Chiusa parentesi, non ti interromperò ulteriormente»

«Come ti ho detto, gli Anunnaki scelsero di continuare a controllare l'umanità in modo occulto e non direttamente, questo attraverso le stirpi che crearono attraverso il loro patrimonio genetico. Il loro controllo attuale avviene però da un'altra dimensione, in specifico dal livello inferiore della quarta dimensione. Ovviamente devi capire la natura multidimensionale della vita e dell'Universo, diversamente è impossibile credere o comprendere un qualsiasi tipo di manipolazione da parte di forze non umane. Voi umani siete sintonizzati sul mondo Tridimensionale o Terza Dimensione e questo è ciò che percepite della realtà. Ma la CREAZIONE consiste in un numero infinito di frequenze o dimensioni di vita che condividono lo stesso spazio. E' da una di queste "stazioni" o dimensioni che la razza serpentiforme degli Anunnaki controlla questo mondo, possedendo alcuni gruppi genetici. E il livello inferiore della quarta dimensione è quello più vicino a questo mondo "fisico". E' necessario che tu sappia che i "purosangue" rettiliani celano dietro sembianze umane la loro vera natura, sono dunque dei mutaforma, mentre gli ibridi sono posseduti dai rettiliani che operano dalla quarta dimensione. Infine ci sono anche dei rettiliani che si manifestano direttamente in questa dimensione, ma non possono mantenere questa forma per un tempo illimitato. I cosiddetti "Man in Black", costituiscono un esempio di questo gruppo.

C'è un'ultima differenza fondamentale tra i purosangue e gli ibridi. TUTTO E' CREATO DAL SUONO. Quando voi umani pensate o provate una sensazione, emettete un'onda di energia che modifica l'energia intorno a voi, facendola risuonare su quello stesso livello vibratorio. Quell'onda è in realtà un suono la cui emissione supera la portata dell'udito umano. Ricorda che la forma non può esistere senza il suono. E' il suono, quindi, che dà forma alla materia. Il suono è anche uno straordinario strumento terapeutico, perché facendo risuonare il corpo e i suoi organi alle giuste vibrazioni, questi possono essere guariti. La malattia è un disagio, una disarmonia dello stato vibrazionale naturale del corpo, e, poiché i nostri pensieri e le nostre emozioni non sono in realtà che delle onde sonore, lo squilibrio dei nostri pensieri e delle nostre emozioni provoca una rottura dell'armonia vibrazionale e il conseguente insorgere della malattia. Ecco perché lo stress emotivo causa la malattia, tutto qui. I nostri corpi sono il risultato di energia sonora che prende forma e se la mente avrà abbastanza forza da cambiare la gamma sonora del corpo, esso assumerà un'altra forma o scomparirà del tutto da questa dimensione. Questo è il processo che viene definito mutazione di forma. Non si tratta di un miracolo, ma di scienza, sono le leggi naturali della

CREAZIONE.

I rettiliani purosangue del livello inferiore della quarta dimensione possono quindi sbarazzarsi della loro forma fisica "umana" e assumere nuovamente il livello rettiliano di esistenza, cioè mutano forma. A voi, che appartenete a questa dimensione, sembrano umani, ma si tratta solo di una copertura vibrazionale.

La stirpe del "Re Serpente", ebbe origine nell'attuale Iran, poiché dall'Iran, dal Kurdistan, dall'Armenia, dalla Turchia e dalle montagne del Caucaso che queste stirpi umano-rettili mossero per conquistare il mondo. Il nome "Iran", deriva dall'antico "Airy-ana" o "Air-an", che significa terra degli Aryas o Ariani. E la razza ariana è la razza bianca con i capelli biondi e gli occhi azzurri. Ricorderai che i nazisti consideravano questi tratti somatici come tipici della "razza superiore", questo perché essi conoscevano bene il legame con i rettiliani.»

«Ricapitolando, gli ibridi rettiliani ricominciarono tutto dopo la catastrofe di Lemuria ed Atlantide, trasferendosi nel Medio e vicino Oriente, fondando un impero che poi si è andato a sviluppare nel resto del mondo?»

«Si, l'impero sumero comprendeva la valle dell'Indo e l'Egitto»

«Ora ho capito»

«Il centro più importante di queste razze ariano-rettili fu Babilonia, situata nel Sud della regione sumerica, lungo il fiume Eufrate. Fu qui che nacquero le scuole misteriche e le società segrete che nei millenni si sono diffuse in tutto il globo. Il fondatore di Babilonia fu Nimrod, che regnò insieme a sua moglie, la regina Semiramide. Egli viene descritto come un "potente tiranno" e uno dei "giganti". Ricorderai che anche il libro della Genesi descrive i NEPHILIM come giganti, ma in realtà essi non sono altro che il risultato del programma di ibridazione attuato dai rettiliani Anunnaki con le figlie degli uomini. Nimrod e Semiramide discendevano da stirpi rettili, ovvero da umani posseduti da rettili purosangue. Fu a Babilonia che si affermarono i principi fondamentali e fuorvianti delle odierne religioni mondiali e la Confraternita babilonese formata da sacerdoti ariano-rettili e stirpi reali, non è che il modello antico dell'attuale Confraternita che oggi domina la popolazione mondiale. Nimrod e Semiramide sono anche le attuali divinità della Confraternita, seppur con nomi e simboli diversi.

«Scusa, prima hai detto Confraternita del Serpente, poi Babilonese?»

«E' la stessa cosa, riferita sempre ai padroni rettiliani»

«Perfetto»

«La Confraternita Babilonese si espanse in tutto il Medio e Vicino Oriente, in particolare in Egitto, poi in Europa e nelle Americhe. Nel 2200 a.c. i sacerdoti di Mendes fondarono la Corte Reale del Drago, che esiste ancora oggi con il nome di Corte Reale e Imperiale della Sovranità del Drago che ha sede in Inghilterra alla Colomba House. La colomba era il simbolo della regina Semiramide. Nimrod, Semiramide e Ninus-Tammuz, suo figlio, rappresentano la triade che sta alla base delle religioni. Queste ultime, come la politica, sono state create allo scopo di imprigionare la mente dell'uomo per far si che dimenticasse il fatto di essere parte della coscienza universale, coscienza infinita, potere illimitato. I rettili hanno fatto in modo che l'uomo dimenticasse che egli è l'UNO UNIVERSALE, limitandolo con la paura, la sofferenza, la malvagità, le guerre, le differenze sociali, l'invidia, il razzismo, e con qualsiasi altro sentimento negativo. Vi hanno divisi, sottomessi, altrimenti non sarebbe stato possibile dominarvi come invece hanno fatto e stanno continuando a fare. DIVIDI ET IMPERA.»

«Santo cielo! In pratica tutte le istituzioni che conosciamo noi umani sono state fatte allo scopo di trasformarci in un gregge! Per loro siamo bestie da macello!»

«Si, la religione babilonese come tutte quelle che si sono succedute, si articolava su due livelli. Le masse venivano manipolate affinchè credessero nelle superstizioni e interpretassero alla lettera le storie simboliche, mentre pochi eletti avevano accesso alla verità sulla vita, che però non potevano rivelare, pena la morte. In questo modo le verità sulla vita, sul potenziale umano, sulla storia e sui piani della stirpe dei rettili, erano precluse alla popolazione e riservate solo ad una minoranza.

Oltretutto il sacrificio umano era fondamentale nell'ambito della religione babilonese, e ovunque si sia diffusa la Confraternita e la stirpe rettile, poiché i rettili esigono queste pratiche. Ai sacerdoti babilonesi veniva imposto di mangiare alcune delle offerte sacrificali e così la parola che significa sacerdote, Cahna Bal, divenne il termine che designa chi si nutre di carne umana, cioè il cannibale. Il Dio MOLOCH, era un altro nome di NIMROD-TAMMUZ. TAM, significa bruciare, perciò è facile riscontrare il simbolismo di TAMMUZ-MOLOCH nei riti in cui alcuni bambini venivano arsi vivi in onore di questa divinità, riti che, vengono tutt'ora praticati. Il rito di Beltane, che veniva praticato dai druidi il 2 di maggio, prevedeva infatti che dei bambini venissero arsi vivi nella pancia di un'enorme figura umana realizzata in vimini.

Questa pratica si è diffusa poi in tutta Europa e dovunque è presente la Confraternita. I più malvagi sono ossessionati dal consumo di sangue e ne fanno uso regolare.»

«Riti satanici, in due parole. Noi non veneriamo Dio, ma Satana in persona!»

«Purtroppo, sì. Le figure che conoscete non sono altro che dei personaggi inventati. Devi sapere che gli Ebrei non erano Israeliti o Giudei, ma iniziati delle scuole misteriche egizie. Non si può dunque identificare una stirpe genetica ebraica o giudea. Cohen, il nome ebraico riservato ai sacerdoti, deriva da Cahen, dizione egizia della parola "sacerdote" o "principe". La tradizione ebraica della circoncisione deriva dalle scuole misteriche egizie, perché non si poteva essere iniziati senza essere prima stati circoncisi. La religione ebraica non esisteva in Egitto e non c'è alcuna legge ebraica, perché non esiste alcuna stirpe ebraica. L'unico culto era quello egizio. La religione, la lingua e la stirpe ebraiche emersero solo quando gli iniziati dei misteri egizi, i Leviti, portarono le loro conoscenze fuori dall'Egitto e inventarono una storia per coprire ciò che stavano facendo, quelli per cui stavano lavorando e la loro vera origine.»

«Mi sento come se improvvisamente mi mancasse la terra sotto ai piedi. Hai appena distrutto tutto ciò in cui ho sempre creduto. Mi stai dicendo che vivo in un mondo costruito sulla falsità e sulle bugie e ciò solo perché dei serpenti hanno voluto dominarci da centinaia di migliaia di anni»

«Devo farlo, altrimenti per voi sarà la fine. Il loro Ordine del Giorno, implica un totale controllo delle masse umane. E se non li fermiamo, ci riusciranno, anche se non ne siete consapevoli.»

«Aspetta un attimo, prima mi hai detto che loro sono spaventati dalla nostra superiorità numerica. Come faranno ad assumere il controllo totale?»

«L'acronimo NWO, ti dice qualcosa?»

«No, che significa?»

«NWO, sta per NEW WORLD ORDER: NUOVO ORDINE MONDIALE. Stanno lavorando da moltissimi anni per imporre un unico governo centralizzato, una banca mondiale, un'unica moneta e infine non meno importante, la riduzione della popolazione mondiale.»

«Cristo santo!»

«Il potere mondiale Karen, è spartito da appena tredici gruppi familiari. Il numero tredici è un numero importante per la Confraternita, perché simboleggia il sacro dodici più uno. I rettili sono ossessionati non solo dalla gerarchia e dal patrimonio genetico, ma hanno una vera e propria predilezione per la magia rituale. Ogni cosa che fanno è predisposta sin nei minimi particolari, dal luogo, al giorno, all'ora in cui un fatto deve accadere. Ricorderai che la principessa Diana si è schiantata contro il tredicesimo pilone del Pont de l'Alma a Parigi. Credimi, non è un caso. La sua morte è un chiaro esempio di rituale attuato dai rettiliani e dai suoi servitori.»

«Il fatto che l'abbiano uccisa è scontato, per quanto mi riguarda». Karen aveva sempre venerato Diana, perché era stata e sarebbe rimasta una stella nel firmamento che illuminava i cuori del popolo.

«Torniamo a noi. Lo scopo del Nuovo Ordine Mondiale è quello di voler omologare i modi di vita per trasformare gli uomini in schiavi al servizio di una oligarchia finanziaria mondiale. Vogliono un mondo sempre più controllabile, controllato, inquinato ed impoverito; un mondo costituito da cittadini acritici e stupidamente sensibili ad un consumismo creato da falsi bisogni costruiti ad hoc, da una popolazione anziana avviata a ridurre la propria aspettativa di vita grazie al drastico azzeramento della sanità e della previdenza pubbliche e maestranze caratterizzate dalla crescente riduzione delle garanzie sindacali e dei diritti civili. Tutto ciò sullo sfondo dello studiato utilizzo in chiave economica di conflitti locali generati dove sia più utile e conveniente, la persistenza delle fonti energetiche tradizionali a vantaggio del petrolio con il contenimento di ogni uso delle energie alternative, una giustizia paralizzata, un'informazione imbavagliata da media venduti che calcolano la loro mancanza di approfondimento sui fatti.»

«Perciò tutte le guerre, le crisi mondiali, le catastrofi naturali, tutto ciò che accade ed è accaduto nel mondo fino ad ora è stato predisposto proprio per arrivare al cosiddetto Nuovo Ordine del Mondo?»

«Esattamente. Le crisi sono ciò che aiutano maggiormente il piano rettiliano. Loro creano il problema, aspettano la conseguente reazione da parte del popolo e impongono la soluzione che hanno studiato sin dall'inizio. PROBLEMA-REAZIONE-SOLUZIONE. Così per loro è facile imporre un controllo per cui diversamente le masse si sarebbero potute opporre.»

«Ma come abbiamo potuto essere così ciechi?»

«Te l'ho già detto, Karen. La vostra coscienza infinita è stata occultata, così come la vostra vera storia. Vi è stato imposto di vivere e di percepire la realtà attraverso una nebbia fitta, una cortina fumogena. Anche se, per dirla tutta, questo mondo è pieno di monumenti che richiamano i simbolismi della Confraternita. Uno in particolare è situato negli Stati Uniti, nella Contea di Elbert in Georgia:

LE GEORGIA GUIDESTONES. Non ne hai mai sentito parlare?»

«Per la verità, no. Ma cosa c'è scritto su questo monumento?»

Sheran proiettò un'immagine olografica con il palmo della sua mano direttamente sulla parete di pietra e il monumento delle Georgia Guidestones apparve davanti agli occhi di Karen, che immediatamente iniziò a leggere le iscrizioni del primo gruppo che erano scritte in otto lingue diverse, ovvero in inglese, spagnolo, swahili, hindi, ebraico, arabo, cinese e russo:

1) Mantieni l'umanità sotto 500.000.000 in perenne equilibrio con la natura.

2) Guida saggiamente la riproduzione, migliorando salute e diversità.

3) Unisci l'umanità con una nuova lingua viva.

4) Domina passione, fede, tradizione e tutte le cose con la sobria ragione.

5) Proteggi popoli e nazioni con giuste leggi e tribunali imparziali.

6) Lascia che tutte le nazioni si governino internamente, e risolvi le dispute esterne in un tribunale mondiale.

7) Evita leggi poco importanti e funzionari inutili.

8) Bilancia i diritti personali con i doveri sociali.

9) Apprezza verità, bellezza e amore, ricercando l'armonia con l'infinito.

10) Non essere un cancro sulla terra, lascia spazio alla natura, lascia spazio alla natura.

Karen passò a leggere l'iscrizione del secondo gruppo che era costituito da un breve messaggio scritto in quattro lingue antiche, il Babilonese, Greco antico, Sanscrito e Geroglifici Egiziani:

LASCIA CHE QUESTE PIETRE-GUIDA CONDUCANO A UN'ERA DELLA RAGIONE

Il terzo gruppo di messaggi era inciso su una cosiddetta "Tavola esplicativa". Poco discosto dal monumento, sul lato ovest, una tavoletta di granito incassata a livello del suolo identificava la struttura e le lingue dell'iscrizione, ne riportava lo schema, ne elencava le dimensioni, il peso, l'orientamento astronomico, la data della posa in opera e gli sponsor del progetto. L'iscrizione parlava anche del seppellimento di una CAPSULA DEL TEMPO sotto la tavoletta, ma gli spazi riservati sulla lastra per la data del suo seppellimento e del giorno in cui avrebbe dovuto essere riportata alla luce erano stati lasciati vuoti, così non era chiaro se la capsula del tempo fosse stata davvero sepolta.

I lati della tavola erano orientati ai quattro punti cardinali, e l'iscrizione iniziava dal lato rivolto al Nord. Ai quattro bordi della lastra, in un piccolo circolo, c'era una lettera che indicava il punto cardinale N, S, E, O e alla sommità c'era scritto:

LE PIETRE-GUIDA DELLA GEORGIA. IL BLOCCO CENTRALE E' STATO ERETTO IL 22 MARZO 1980.

Subito sotto vi era inciso un quadrato, lungo i bordi erano allineati i nomi di quattro lingue antiche, una per lato. A partire dall'alto e in senso orario, esse erano: Babilonese cuneiforme, Greco classico, Sanscrito, Geroglifici egiziani.

All'interno del quadrato vi era scritto:

CHE QUESTE PIETRE-GUIDA CONDUCANO A UN'ERA DELLA RAGIONE

Sul lato sinistro della lastra vi era una colonna di testo:

CARATTERISTICHE ASTRONOMICHE:

1) Il canale che attraversa la pietra indica il polo celeste.

2) La fessura orizzontale indica il percorso annuale del sole.

3) Il raggio di sole che attraversa la pietra sommitale segna il mezzogiorno durante l'anno.

AUTORE:

R.C. CHRISTIAN (PSEUDONIMO)

SPONSORS:

Un piccolo gruppo di americani che cercano l'Era della Ragione

CAPSULA DEL TEMPO:

Posta sei piedi sotto questo punto, il …, da aprire il …

Sul lato destro della lastra vi era una colonna di testo con i dati fisici delle pietre e sotto il titolo centrale, vi era una piantina del monumento.

Appena Karen ebbe finito di leggere, l'ologramma sparì.

«Oh mio Dio! Sono i dieci comandamenti per un ordine mondiale a favore di pochi!»

«Definizione appropriata» confermò Sheran.

«Ma se tu dici di far parte di una confederazione stellare che sta lavorando per l'umanità, com'è che non ci avete mai avvisato? Intendo, inviato un messaggio in qualche maniera, non so.»

«Lo abbiamo fatto, e in diverse occasioni.»

«Ah, si? Potresti mostrarmi uno dei vostri messaggi?»

«D'accordo»

Sheran proiettò un'altra immagine olografica sul muro di pietra.

MESSAGGIO DELLA CONFEDERAZIONE STELLARE AI POPOLI DELLA TERRA:

Il vostro mondo sta attraversando una crisi economica devastante. La vostra consapevolezza di sapere che qualcosa sta cambiando sta però aumentando sempre di più. Le forze oscure che hanno finora governato sulla terra stanno intensificando i livelli di inganno e di segretezza per nascondere questi cambiamenti che pure dovranno avvenire in quanto così è stato deciso dalla Confederazione delle nazioni della Galassia.

Anche se gli attuali governanti terrestri già strumenti dei NEPHILIM o ANNUNAKI come alcuni fra voi li chiamano non sono favorevoli a questi cambiamenti, essi avverranno egualmente.

Costoro sono padroni di tutte le ricchezze mondiali e le gestiscono in maniera non conforme alle leggi della Confederazione Stellare.

Finora ciò è stato tollerato, ma adesso è stato deciso di portare anche il vostro sistema a far parte della Confederazione, per cui tali atteggiamenti non saranno più consentiti.

Nondimeno noi non interverremo direttamente. Così è stato stabilito.

Ma i nostri alleati terrestri discendenti dei Pleiadiani, dei Siriani e degli Atlantidei stanno lavorando per far cadere dall'interno questo sistema in modo che le forze della luce abbiano a prevalere sulle forze delle tenebre…

Molti problemi per voi sorgeranno soprattutto negli anni che verranno.

Per i capi delle forze delle tenebre si avvicina comunque la sconfitta…

Stiamo già predisponendo la graduale sostituzione dei principali leader delle più importanti nazioni della Terra con soggetti nostri alleati o con esponenti stessi della Confederazione.

I nostri alleati e discendenti fra voi stanno anche cercando di aiutarvi a sostituire le vostre vecchie tecnologie che presto non funzioneranno più a causa di importanti eventi planetari che si stanno avvicinando.

Queste nuove tecnologie erano già state fornite a chi un tempo abitava la Terra, ma impedendovi di farne uso le forze oscure che la dominavano e la dominano vi hanno sempre negato la loro esistenza, al pari dell'esistenza di entità extraterrestri. Così i vostri governanti vi hanno ingannato, sfruttato e resi del tutto inconsapevoli della vostra discendenza cosmica.

Ora è giunto il momento di prenderne coscienza anche perché gli eventi futuri stanno per cambiare il vostro intero sistema planetario e le forze e i governi della galassia hanno deciso di aiutare i nostri discendenti sulla Terra e così pure i discendenti dei NEPHILIM o ANNUNAKI come alcuni fra voi li chiamano ma purchè non esercitino più alcun potere in futuro…

Le nostre navi-madre sono in costante stato di allerta. Così pure i nostri medici stanno monitorando il vostro stato di salute in vista del vostro prossimo passaggio alla dimensione della luce…

Verrete così a sapere che anche voi siete degli extraterrestri, e che le forze delle tenebre che vi hanno governato e sfruttato erano costituite dai perversi discendenti della razza dei Nephilim facente anch'essa parte della Confederazione stellare, cui fu concesso di operare con libero arbitrio sulla Terra tanti secoli fa…

Si salveranno soltanto i nostri discendenti e alleati perché facciano parte di nuovo sulla Terra della famiglia della Luce, vi ritornino poi quando sarà finito tutto sul vostro pianeta e vivano quindi compartecipi nella nuova dimensione di membri della Confederazione stellare nella consapevole condivisione delle nuove tecnologie che vi forniremo…

«Mi sento come se fossi stata catapultata violentemente in un'altra dimensione, ma come se non riuscissi ad essere perfettamente cosciente di questa situazione»

«E' una reazione perfettamente "umana". La tua coscienza si sta risvegliando lentamente e devi avere il tempo di elaborare e assimilare le notizie che ti ho appena rivelato.»

«Si, decisamente. Elaborarle però non è il termine giusto, direi piuttosto che devo digerirle. Mi sento appesantita come se avessi mangiato un bue con tutte le corna!»

«Lo capisco»

«E' per questo che mi hai fatto leggere le prime tre tavole di smeraldo di Thoth?»

«Si, in quelle tavole è nascosta la chiave della conoscenza universale»

«Ora tutto mi è più chiaro»

«Sono felice di essere riuscito a svegliare la tua coscienza»

«Certo. Mi sento pronta per cominciare a distruggere tutto il male che quei serpenti ci hanno fatto.»

«Si, cominceremo da domani. Oggi ti ho trattenuta fin troppo e adesso devi rientrare nella tua cella per un po' e io devo andare da Rhea che sta tornando da una visita all'astronave madre.»

«Odio quella cella»

«Ne sono consapevole, Karen. Ma bisogna agire a piccoli passi se non vogliamo rovinare tutto»

«Solo un'ultima domanda. La storia della pandemia serve ad accelerare i piani dei rettili?»

«Si, la creazione di una grande crisi è studiata proprio per riuscire ad imporre una legge marziale e un sistema draconiano che altrimenti verrebbe duramente contrastato dal popolo.»

«E'chiaro. Hanno generato una paura profonda in tutta la popolazione mondiale per fare in modo che noi stessi richiedessimo l'intervento delle autorità statali e sanitarie per trovare una soluzione che risolva il problema. Soluzione che peraltro loro hanno già dall'inizio di tutta questa farsa a danno delle masse. Il lockdown, l'uso delle mascherine, dei guanti, ecc., è l'emblema del gregge imbavagliato e incatenato ai piedi in un recinto. E oltretutto non devono fare nemmeno tanto sforzo per controllarci, poiché ognuno di noi imporrà il controllo sull'altro per l'uso delle mascherine o per adattarsi a determinati comportamenti, dividendoci con il sospetto, la paura del contagio, ecc. DIVIDI ET IMPERA! Più logico di così!»

«Deduzione esatta. Ora però dobbiamo andare sul serio.»

«Sono una gran rompiscatole, lo so, ma vorrei capire che impatto hanno i pensieri sull'universo. Prima hai detto che generano un'onda di energia…»

«Come ti ho già spiegato, voi esseri umani non siete consapevoli del potere psichico che emana da ciò che siete. Non siete consci del fatto che i vostri pensieri hanno un risultato molto diverso da ciò che supponete. L'associazione di tutti i pensieri inferiori, le emanazioni di sofferenza, di violenza, di tristezza, crea una terribile egregora, terrificante, che voi non vedete. Tale egregora influisce molto profondamente con la sua coscienza planetaria e con la sua materia. La terra ha una griglia energetica che la protegge da tutti i pensieri inferiori, pensieri che rendono notevolmente fragile questa griglia energetica e vibratoria, quindi il pianeta terra cerca con tutte le sue forze di lottare contro l'attacco di questi ultimi. Naturalmente, gli esseri umani non si rendono conto del loro potere, quindi lei cerca di difendersi con i mezzi che ha, cioè con le tempeste, i terremoti, le eruzioni vulcaniche, ecc. Questi mezzi di difesa l'aiutano a ristabilire un po' il suo equilibrio.

Dovete essere consapevoli che ad un certo punto, se non fate tutto ciò che è necessario fare, il pianeta terra reagirà molto più violentemente, per assicurare la sua stessa sopravvivenza, non solo quella della sua materia, ma anche per quella della sua coscienza.

Naturalmente, i Guardiani, gli Esseri di Luce e i vostri fratelli galattici la stanno aiutando notevolmente.

Ma voi, che vivete sulla Vostra Madre Terra, siete nella materia e l'effetto che avete su di lei è molto forte e ciò determina un lavoro considerevole per tutte le persone che desiderano aiutare questo magnifico pianeta, prezioso per il sistema solare e le galassie. Dunque è necessario che lo aiutiate anche voi con l'amore che c'è nel vostro cuore.

Innanzitutto è importante che ognuno di voi lavori su tutti i suoi pensieri limitanti, su tutti i suoi pensieri di negazione, distruttivi, di violenza e di paura. Quest'ultima è un'energia tremenda per il pianeta terra.

Purtroppo come sai, le entità che ti ho descritto, fanno tutto il possibile per generare paura negli esseri umani in modo terribile.

Dovete quindi allontanarvi da queste paure generate da questi esseri che tirano i fili sul vostro mondo, che lo dirigono in tutto e per tutto.

Cominciate dunque a controllare i vostri pensieri, le vostre parole e le vostre emozioni, in quanto anche queste ultime hanno un enorme impatto sulla Terra e come sempre voi non ve ne rendete conto.

Immaginate uno, due, sette miliardi di individui che proiettano di continuo i loro stati d'animo, le loro sofferenze, le loro ribellioni, le loro emozioni. Se queste sono positive, ciò è meraviglioso, ma spesso tendete a proiettare unicamente emozioni inferiori.

Se si tratta di un solo individuo, non è grave, ma moltiplicato per molti milioni o addirittura miliardi di persone, immaginate l'impatto, e cosa può causare nella coscienza e nella materia della Vostra Madre Terra.

I Guardiani e i vostri fratelli galattici lavorano anche per il fatto che queste emanazioni negative non oltrepassino la griglia energetica del pianeta, e dunque la cintura energetica che si trova al di là di essa.

Un pensiero non ha limiti, nulla lo può fermare. Esso può essere percepito dall'altra parte del mondo e unirsi con uno simile dall'altra parte.

Il pensiero è un'energia, una vibrazione e, dal momento in cui diventerete consapevoli della vostra responsabilità in merito alla potenza dei vostri pensieri, potrete cambiare il mondo.

Questo è lo scopo dell'insegnamento che vogliamo darvi, Karen.»

«Caspita, non è certo una cosa semplice»

«Pensa al fatto che non vuoi che i rettili del livello inferiore della quarta dimensione continuino a controllare la vostra realtà dimensionale. Loro si nutrono di tutto ciò che è negativo, è il loro sistema vitale.»

«Ci puoi contare che non voglio! Anche se sarà un lavoro immane, ci devo riuscire»

«Molto bene. E' ora di rientrare nel sesto livello»

«Che gioia!» Karen storse la bocca mentre si avviavano verso l'uscita.

«Ma che carini!»

«Rhea! Sei tornata prima del previsto» esclamò Sheran.

«Credevi sul serio che non ti avrei scoperto, prima o poi?»

«Non so di cosa tu stia parlando, mia cara»

«Stai offendendo la mia intelligenza. Al mio ritorno, sono andata nel sesto livello per vedere come stava la mia "protetta" e con mio notevole disappunto ho visto che la cella di Karen era vuota.»

«Sei sicura che qualcuno non l'abbia semplicemente spostata?»

«Impossibile. Senza un mio ordine, nessuno può permettersi di agire in qualsiasi modo.»

«Non posso aiutarti» affermò Sheran. Karen cercò di rimanere impassibile, altrimenti sarebbe stata la fine.

«Oh, si che puoi!» Rhea si avvicinò a Karen e le strappò via la maschera da rettile.

«Rhea!» Sheran si mise davanti a Karen per

proteggerla.

«Portatela via!» Rhea fece cenno ai due Grigi che erano dietro di lei.

«Di te, mi occuperò più tardi!» disse rivolgendosi a Sheran.

«Sheran!» l'urlo di Karen echeggiò tra le fredde pareti di roccia, mentre la trascinavano via.

«Non sei sola, Karen! Ricorda le mie parole!»

Inviperita, Rhea puntò una pistola laser su Sheran:

«Dovrei ucciderti per questo, ma sarebbe troppo facile. Voglio che tu muoia agonizzando ogni singolo minuto che ti rimarrà da vivere.»

«Uccidimi pure, Rhea. Ma sappi che anche la tua fine è vicina. E questo lo sai perfettamente.»

«Rinchiudetelo in una cella!» comandò lei ad altri due esseri grigi che erano comparsi dal nulla.

CAPITOLO V

Karen distesa su un letto bianco d'ospedale, era

circondata da un medico e da due infermiere che erano impegnati a legarle delle cinghie intorno al corpo avvolto da un lenzuolo bianco.

La stanza in cui si trovava era piuttosto singolare, sembrava che qualcuno avesse voluto ricreare intenzionalmente il tipico ambiente delle strutture psichiatriche degli anni cinquanta, a partire dall'arredamento, dai macchinari per l'elettroshock, fino alle divise indossate dal personale sanitario.

Dopo averla legata, le misero del gel ai lati della testa e le infilarono una sorta di casco che era collegato attraverso vari fili ad un'apparecchiatura ad alto voltaggio.

«Possiamo cominciare» disse il dottore.

Una delle infermiere azionò il macchinario per la terapia elettroconvulsivante.

Una scarica seicento volte superiore al dosaggio normalmente usato sui pazienti, trafisse la testa di Karen.

Anche se avevano provveduto a sedarla con una notevole dose di barbiturici, lei avvertì comunque la scarica elettrica con lo stesso peso di una granata di cento chili che irradiò il dolore nel resto del corpo, scuotendolo come un ramo spezzato da un fulmine.

La sensazione era così intensa che Karen avrebbe voluto urlare per dare sfogo all'immane sofferenza, ma l'effetto dei sedativi le aveva serrato la gola e le labbra in una morsa implacabile.

Il dottore osservò la sua reazione senza il minimo accenno a fermare il trattamento. Del resto aveva ricevuto ordini precisi, e quello era solo l'inizio della "terapia" che lei avrebbe dovuto ricevere nei mesi a venire.

Le scosse continuarono, percuotendola come

colpi di frusta sferrati da un boia crudele.

Delle immagini confuse di esseri umani stilizzati e colorati di verde si materializzarono nella sua testa, trasformandosi poi in esplosioni multicolore come fuochi d'artificio. Il dolore era sempre più intenso, ma a Karen sembrò ad un certo momento che continuando così, avrebbe potuto arrivare al punto di non sentirlo più. Percepiva sé stessa come sospesa in un limbo, dove la sofferenza e la pace dei sensi erano parte di un'altalena.

Il medico ordinò con un cenno di fermare l'apparecchio per l'elettroschock e il corpo di Karen cadde inerte sul letto.

Un'infermiera le prese il braccio e le iniettò una dose di LSD, una sostanza psichedelica.

«Per oggi può bastare» disse il medico. Le due infermiere annuirono e uscirono dalla stanza.

Anche il medico uscì, chiudendo a chiave la porta in acciaio che somigliava alle tipiche grate delle prigioni.

Dopo un'ora dalla somministrazione dell'allucinogeno, Karen cominciò a provare una sensazione di dissociazione dal suo corpo e dalla sua identità, come se la coscienza volesse abbandonarla di proposito. Le sembrava di essere diventata un guscio vuoto senz'anima, era leggera ma allo stesso tempo talmente confusa da non distinguere la realtà dalla finzione. Non avrebbe saputo se definirsi felice o triste di non sentire più il dolore che l'aveva tormentata poco prima, non sapeva se ridere o piangere del fatto che ora il suo fisico stesse fluttuando come una nuvola di vapore.

Improvvisamente, il suo cuore accelerò i battiti e Karen iniziò a sudare sotto la pressione dell'aritmia cardiaca. Oltre a questo, un forte senso di nausea si impadronì del suo stomaco e Karen provò ad alzarsi per liberarsi, ma le sue gambe sembravano inchiodate al letto.

All'improvvisò provò un senso di terrore cieco e sordo a qualsiasi tentativo di lucida ragionevolezza e la sua mente sprofondò nel vortice di un oscuro incubo.

Le sue labbra emisero un urlo agghiacciante che si perse tra le pareti della "camera del sonno" in cui era stata rinchiusa.

Il programma che avevano messo in atto per lei, affondava le sue radici nei primi anni cinquanta del ventesimo secolo ed era un progetto illegale ed altamente pericoloso.

Denominato inizialmente "Project Bluebird" e successivamente "Project Artichocke", fu infine chiamato "MKULTRA" dal tedesco "Progetto Mind Kontrolle Ultra" il 13 aprile 1953 dal direttore della CIA Allen Welsh Dulles, che si era lamentato di "non avere abbastanza cavie umane per sperimentare queste straordinarie tecniche".

MKUltra aveva raggruppato sotto un unico programma i vari progetti di interrogazione e controllo mentale federali, usufruendo di un numero molto elevato di risorse, quali denaro e scienziati, su tutto il territorio statunitense e canadese.

Il termine Ultra si riferiva ad un non meglio precisato "oltre" verso cui gli scienziati avrebbero dovuto spingersi, al di là dell'etica o della morale comune.

Il progetto fu affidato al controllo dell'Office of Scientific Intelligence e partendo da un finanziamento di ben trecentomila dollari, doveva studiare e manipolare sistemi culturali, fisici, psicologici ed elettronici, con lo scopo di individuare tutte le più opportune modalità di condizionamento o decondizionamento di individui opportunamente scelti, sia amici che nemici.

Esperimenti, dunque, su esseri umani, in particolare le "cavie" inconsapevoli furono nella maggior parte dei casi cittadini americani e canadesi.

Fra le personalità più note partecipanti al progetto ci furono certamente l'antropologa Margaret Mead, l'antropologo-sociologo Gregory Bateson, il patologo Sidney Cohen e, anche, il ben noto psicologo Donald Ewen Cameron.

Gli esperimenti furono spostati in Canada proprio per volontà di quest'ultimo, padre del concetto di "guida psichica" che attirò in modo particolare i vertici della CIA.

I primi esperimenti di "lavaggio del cervello" portati avanti da Cameron, nascevano nel tentativo di cancellare la memoria dei malati di schizofrenia, per provare, quindi, a ricostruirne completamente la psiche.

Generalmente confinava i pazienti in un coma farmacologico protratto per settimane, a volte mesi, all'interno del quale cercava di "condizionarli" mediante l'ascolto di nastri e registrazioni utili a bombardare il cervello di "cue statements", cioè di affermazioni chiave, le quali erano negative qualora Cameron intendesse cancellare dei comportamenti ritenuti positivi, e viceversa, al fine di condizionare del tutto il comportamento del paziente; infine, arrivavano le dosi massicce di scariche elettriche.

Molti dei suoi studi erano stati finanziati, in particolare, nel 1943, dalla Rockfeller Foundation, quando il medico era già presso l'istituto psichiatrico della McGill University, attuando esperimenti che agivano in due campi: la cura delle malattie mentali e il condizionamento attivo e passivo dell'individuo. Ad ogni modo, fu lavorando per la CIA che Cameron diede il meglio di sé.

La sostanza più utilizzata, perché definita «in assoluto la più promettente per questi esperimenti, era la creatura del dottor Hofmann, il Delysid», noto anche come **LSD-25**, apparentemente l'elemento portante per gli esperimenti sul controllo mentale.

Quando Cameron morì precipitando da una parete nel 1967, le riviste specializzate lo osannarono, attribuendogli grandi scoperte e avanzamenti nella scienza medica in ambito psicologico.

Ma, nel frattempo, fu anche ordinata un'inchiesta sul suo operato, poiché molti dei suoi pazienti erano stati ridotti in fin di vita dai suoi trattamenti.

Il dottor Cameron operava all'Allan Memorial Institute di Montreal, un lavaggio del cervello che prevedeva tre livelli, il primo dei quali era il cosiddetto "DEPATTERNING", ovvero una "spersonalizzazione" o "demodellamento" del paziente, attraverso il quale venivano cancellate tutte le memorie di quest'ultimo con dosi massicce di elettroshock e l'uso di allucinogeni come l'LSD.

La seconda fase prevedeva la riprogrammazione di nuovi livelli di comportamento facendo sentire in cuffia migliaia e migliaia di messaggi subliminali al paziente per diverse settimane. Questa fase mirava ad ottenere una nuova identità della vittima inconsapevole del trattamento.

L'ultima fase consisteva nel far dormire il paziente per settimane sotto l'effetto dei barbiturici per far in modo di sopprimere ogni ricordo di ciò che gli era stato fatto.

La maggior parte dei pazienti del dottor Cameron non soffriva di patologie psichiche gravi, ma di lievi disturbi depressivi come ad esempio il ben noto esaurimento post-partum o altri, che certamente non giustificavano i trattamenti in uso all'Allan Memorial Institute.

Ma la storia del controllo mentale affonda le sue radici nei misteri dell'antico Egitto, in Grecia, in India e Babilonia che contribuirono a gettare le basi per l'occultismo, il cui significato è "conoscenza nascosta".

Uno dei primi scritti che fanno riferimento all'occultismo è il **libro dei Morti egiziano,** una raccolta di rituali descritti in modo esplicito che prevedevano dei metodi di tortura e intimidazione allo scopo di creare un trauma, l'uso di pozioni (farmaci) e un insieme di incantesimi (ipnotismo), per arrivare al totale asservimento dell'iniziato.

Sono questi gli ingredienti principali di quella sfera dell'occultismo conosciuta come satanismo, attraverso i secoli.

Nel 1776, un gesuita bavarese di nome Adam Weishaupt ricevette l'incarico dalla famiglia Rothschild di centralizzare la base del potere delle religioni in una congregazione, che è comunemente conosciuta come gli "ILLUMINATI".

Questa elìte nasceva dall'amalgama di occulte e potenti linee di sangue, organizzata in confraternite massoniche, che avevano il desiderio di costruire il quadro di un "NUOVO ORDINE MONDIALE".

L'obiettivo esplicito era quello di portare avanti la "felicità universale" per la razza umana, mentre l'obiettivo implicito era quello di aumentare gradualmente il controllo sulle masse, diventando padroni del pianeta, un totalitarismo per gradi, insomma.

Dal diciannovesimo secolo, la Gran Bretagna e la Germania erano state riconosciute come le principali aree geografiche di controllo per gli Illuminati.

Il primo lavoro nel campo della ricerca della scienza comportamentale era avvenuto in Inghilterra nel 1882, mentre gran parte delle prime tecniche mediche e psichiatriche coinvolte nel controllo della mente sono state sperimentate al Kaiser Wilhelm Institute in Germania.

L'istituto Tavistock di relazioni umane era stato istituito a Londra nel 1921 per studiare il "punto di rottura" degli esseri umani. Kurt Lewin, psicologo tedesco, divenne direttore del Tavistock Institute nel 1932, nello stesso periodo in cui la Germania nazista stava aumentando la sua ricerca in neuropsicologia, parapsicologia e occultismo multigenerazionale.

Uno scambio di idee "scientifiche" si stava svolgendo tra l'Inghilterra e la Germania, in particolare nel campo dell'eugenetica: il movimento dedicato a "migliorare" la specie umana attraverso il controllo dei fattori ereditari nell'accoppiamento.

L'unione nefastamente enigmatica tra i due paesi era legata in parte all'Ordine della Golden Dawn, una società segreta che comprendeva molti funzionari di alto rango nel partito nazista e dell'aristocrazia britannica.

Heinrich Himmler, l'ufficiale nazista delle S.S., era a capo di un progetto scientifico denominato Lebersborn, che comprendeva l'allevamento selettivo e l'adozione di bambini, in un numero particolarmente elevato di gemelli tra di loro. Lo scopo del programma era quello di creare un super gruppo di (ariani), che avrebbe giurato fedeltà totale alla causa del Terzo Reich (NEW WORLD ORDER, o NUOVO ORDINE MONDIALE).

Gran parte della sperimentazione preliminare in materia di ingegneria genetica e modificazione del comportamento era stato condotto dal dottor Josef Mengele ad Auschwitz, il quale aveva freddamente analizzato gli effetti del trauma-bonding, la colorazione dell'iride su gemelli scelti come vittime.

Accanto alla sperimentazione che prevedeva esperimenti chirurgici eseguiti nel campo di concentramento, alcuni bambini erano stati sottoposti a massicce quantità di elettroshock.

Purtroppo, molti di loro non sopravvissero alla brutalità dei trattamenti.

Allo stesso tempo, la tecnica del "lavaggio del cervello" era stata condotta sui detenuti di Dachau, che erano stati posti sotto ipnosi e studiati nelle loro reazioni alla mescalina, una sostanza allucinogena.

Durante la guerra, una ricerca comportamentale parallela era stata condotta dal dottor George Estabrooks della Colgate University. Il suo coinvolgimento con l'esercito, CIA, FBI e altre agenzie resta avvolto nel mistero.

Tuttavia il suo lavoro prevedeva la creazione di agenti ipno-programmati e personalità con psiche "splittata" ipnoticamente indotta.

Dopo la seconda guerra mondiale, il Dipartimento della Difesa statunitense attraverso il cosiddetto Progetto "Paperclip", aveva segretamente importato molti degli scienziati nazisti e fascisti, italiani e tedeschi attraverso il Sudamerica con l'appoggio del Vaticano.

Uno dei personaggi più importanti per gli Stati Uniti è stato il generale tedesco Reinhard Gehlen, capo dei servizi segreti Hitleriani sul fronte orientale. Al suo arrivo a Washington DC nel 1945, aveva incontrato il presidente Truman, il generale William "Wild Bill" Donovan, direttore dell'Office of Strategic Services (OSS) e Allen Welsh Dulles, che sarebbe poi diventato il capo della nuova CIA.

L'obiettivo delle loro sessioni di brain-storming era stato quello di riorganizzare il funzionamento dell'intelligence americana, trasformandola in una organizzazione altamente efficiente sotto copertura.

Il culmine dei loro sforzi aveva prodotto la CENTRAL INTELLIGENCE AGENCY (CIA) nel 1947.

Reinhard Gehlen, ha avuto un'influenza profonda nel contribuire a creare il National Security Council, da cui era derivato il National Security Act del 1947. Questo particolare elemento della legislazione era stato attuato per proteggere un numero eccessivo di attività di governo illegali, inclusi i programmi di controllo mentale.

Con la CIA e il National Security Council fermamente stabilitosi nel governo, il primo di una serie di programmi segreti di controllo mentale era stato avviato dalla Marina nell'autunno del 1947, nome in codice "CHATTER", in risposta ai successi sovietici con l'uso delle "droghe della verità".

La ricerca si incentrava sulla identificazione e la sperimentazione di tali farmaci in uso per gli interrogatori, poi il progetto era stato chiuso ufficialmente nel 1953.

La CIA aveva deciso quindi di espandere i propri sforzi in materia di modificazione del comportamento, con l'avvento del progetto BLUE BIRD, approvato dal direttore Allen Dulles nel 1950.

I suoi obiettivi erano:

1) Perfezionare una tecnica di condizionamento personale per impedire l'estrazione di informazioni dai soggetti, con mezzi conosciuti.

2) Valutare la possibilità di controllo di un individuo mediante l'applicazione di tecniche di interrogatorio speciali.

3) Indagare il miglioramento della memoria.

4) Istituire dei mezzi di difesa per prevenire il controllo ostile del personale dell'Agenzia.

Poi, nell'agosto del 1951, il progetto BLUE BIRD era stato rinominato Project ARTICHOKE, il cui scopo era quello di valutare l'utilizzo offensivo delle tecniche sugli interrogatori tra cui l'ipnosi e le droghe. Il programma è cessato nel 1956.

Tre anni prima della sospensione del progetto ARTICHOKE, nasceva il PROJECT MKULTRA, secondo le linee proposte da Richard Helms, Vice Direttore della Central Intelligence (DDCI), che aveva condotto una ricerca metodologica che stabilisse un "meccanismo speciale di funzionamento di sensibilità estrema".

L'etimologia ipotetica di "MK", poteva forse essere ricercata nelle parole "MIND KONTROLLE" e la traduzione evidente della parola tedesca "KONTROLLE" in inglese è "controllo".

Un gran numero di medici tedeschi, provenienti dall'ambiente nazista, furono i principali protagonisti per lo sviluppo di MKULTRA.

La correlazione tra gli esperimenti dei campi di concentramento e i numerosi sotto-progetti di MKULTRA erano chiaramente evidenti.

I vari metodi utilizzati per controllare il

comportamento umano nella durata del progetto, includevano le radiazioni, l'elettroshock, la psicologia, la psichiatria, la sociologia, l'antropologia, la grafologia, l'uso di sostanze stupefacenti, di LSD e di dispositivi paramilitari.

Una procedura speciale, designata da MKDELTA, era stata istituita per disciplinare l'uso di MKULTRA all'estero.

MKULTRA e MKDELTA erano stati utilizzati per molestare, discreditare e per scopi invalidanti.

Tra i 149 sotto-progetti dell'MKULTRA, vi era il cosiddetto progetto"MONARCH", iniziato dall'esercito degli Stati Uniti ufficialmente nei primi anni sessanta (in realtà era stato implementato molto prima), che era il più importante e ancora oggi risulta classificato come "TOP SECRET" per "SICUREZZA NAZIONALE".

Il nome del MONARCH non era necessariamente legato al concetto di nobiltà reale, ma era riferito alla farfalla Monarch.

Quando una persona subiva traumi indotti da elettroshock, soffriva una sensazione di leggera vertigine come se stesse fluttuando nell'aria, appunto come una farfalla. Vi era anche una rappresentazione simbolica relativa alla trasformazione o metamorfosi di questo stupefacente insetto: da un bruco in un bozzolo (dormienza, inattività), ad una farfalla (nuova creazione), che ritorna al suo punto di origine. Tale modello migratorio rende unica questa specie.

Il simbolismo occulto dà ulteriori indizi sul significato, poiché Psiche è un termine usato sia per "anima" che per "farfalla", per la credenza che le anime umane siano farfalle alla ricerca di una nuova reincarnazione.

Alcuni gruppi antichi mistici, come gli gnostici, vedevano nella farfalla il simbolo della “carne corrotta”.

L’ “angelo della Morte” nelle opere d’arte gnostiche era ritratto come una farfalla.

La programmazione MONARCH era indicata anche come la “sindrome delle marionette” e un altro termine utilizzato era “Imperial Conditioning”.

Il progetto era una forma di dissociazione strutturata con integrazione occulta, al fine di creare nella mente del soggetto dei compartimenti stagni, che rispondevano a personalità multiple all’interno di un quadro sistematico. Durante questo processo veniva eseguito un rito satanico, allo scopo di associare un demone o un gruppo di demoni alla corrispondente alterazione di personalità.

La tortura del corpo e dell’anima degli individui era paragonabile ad un computer che rispondeva ad un programma informatico complesso: un file (alter) era creato attraverso un trauma, e quel file spingeva alla ripetizione di determinate azioni. Al fine di attivare (trigger) il file occorreva un codice di accesso specifico o una password (comando).

La vittima era richiamata come “schiavo” da parte del programmatore/gestore, che era percepito come “master” o “Dio” dalla prima.

Circa il 75% dei sottoposti era di sesso femminile, in quanto le donne erano in possesso di una maggiore tolleranza verso il dolore e tendevano a dissociarsi più facilmente dei maschi.

I soggetti erano utilizzati principalmente per operazioni di copertura, prostituzione e pornografia, e il coinvolgimento nel settore dello spettacolo era notevole.

Un ex ufficiale militare collegato alla DIA, aveva dichiarato: “Nel grande disegno queste persone (le vittime del MONARCH) sono in tutti i ceti sociali, dal barbone per strada, al ragazzo dei colletti bianchi".

Negli individui scelti veniva creata una netta separazione tra personalità apparente (buona) e personalità oscura (cattiva) che si intrecciavano nella mente e ruotavano su un asse.

Una delle principali strutture che venivano create all'interno del sistema era a forma di doppia elica, costituita da sette livelli. Ogni sistema possedeva un programmatore interno che sovrintendeva il "custode" (come se lo sviluppo della personalità fosse stato realmente generato da una possessione demoniaca) che gli concedeva o negava l'accesso a diversi ambienti.

Alcune delle immagini interne prevalentemente viste dalle vittime erano: gli alberi, il cabalistico "Albero della Vita", un vortice infinito, antichi simboli e lettere, ragnatele, specchi o vetri rotti, maschere, castelli, labirinti, demoni, mostri, alieni, conchiglie, farfalle, serpenti, nastri, fiocchi, fiori, clessidre, orologi, robot, diagrammi catena di comando e/o schemi di schede circuiti del computer.

La maggioranza delle vittime proveniva da famiglie multigenerazionali sataniche (linee di sangue) ed erano apparentemente programmate "per condurre il proprio destino come gli eletti o scelti tra le generazioni" (un termine coniato da Mengele ad Auschwitz).

Alcuni venivano adottati e cresciuti all'esterno delle famiglie di origine, altri utilizzati in quell'incubo neurologico erano considerati come i "sacrificabili non-bloodliners", di solito provenienti da orfanotrofi, case di cura o famiglie incestuose con una lunga storia di pedofilia. Pare ci fossero anche delle famiglie affiliate con i servizi segreti governativi o militari.

Molti degli abusi provenivano da famiglie che usavano il cattolicesimo, il mormonismo, il cristianesimo come un "fronte" per la loro attività abominevole (risultavano coinvolti anche membri di altri gruppi religiosi). Le vittime rispondevano più prontamente se inserite in una rigida struttura gerarchica.

Il fine ultimo della manipolazione sofisticata di queste persone poteva sembrare poco realistico, a seconda della comprensione interpretativa del regno fisico e spirituale. Le personalità più profonde e più scure all'interno dei bloodliners restavano sospese fino a quando l'"ANTI-CRISTO" si fosse rivelato.

Questo "NUOVO ORDINE MONDIALE", puntava all'istruzione e alla formazione di un grande numero di persone forse cloni o a soggetti identificati come "quelli senz'anima", al fine di perpetrare il controllo sociale del nuovo millennio.

I livelli di programmazione MONARCH erano i seguenti:

ALPHA: Considerato come "generale" o programmazione regolare all'interno della personalità di controllo base, caratterizzata da ritenzione di memoria e sostanziale incremento della forza fisica e visiva. L'Alpha si realizzava suddividendo la personalità delle vittime che, in sostanza, sperimentavano una divisione tra la parte sinistra del cervello e quella destra, consentendo un'attivazione di **L e R** attraverso la stimolazione del percorso neurologico.

BETA: Questa era riferita alla programmazione

"sessuale" che eliminava tutti i condizionamenti morali e stimolava l'istinto sessuale primitivo, privo di inibizioni.

DELTA: Questo livello era noto come la programmazione "killer", originariamente sviluppato per l'addestramento degli agenti speciali o soldati d'elite (Delta Force, Primo Battaglione Terra, il Mossad, eccetera) in operazioni di infiltrazione. La resa era ottimale quando l'aggressività era controllata poiché i soggetti sono privi di paura e diventavano molto sistematici nello svolgimento delle loro assegnazioni.

Autodistruzione o istruzioni suicidio erano stratificati in questo livello.

THETA: Era considerato il livello della programmazione "psichica". I Bloodliners (quelli provenienti da famiglie multi-generazionali sataniche) mostravano una maggiore propensione alle capacità telepatiche rispetto ai non-bloodliners. Sono state sviluppate e introdotte forme di controllo dei sistemi elettronici, le microonde, cioè dei dispositivi biomedicali di telemetria umani (impianti cerebrali), i laser ad energia diretta utilizzando l'elettromagnetismo. Questi meccanismi venivano usati in congiunzione con dei computer altamente avanzati e sofisticati sistemi di controllo satellitare.

OMEGA: Era la forma di programmazione detta "autodistruzione", nota anche come "codice verde".

I comportamenti corrispondenti includevano tendenze suicide e /o auto-mutilazione. Questo programma era generalmente attivato quando la vittima iniziava la terapia o l'interrogatorio e quando la sua memoria era in fase di recupero.

GAMMA: Un'altra forma di protezione del sistema era la programmazione "inganno", che suscitava disinformazione e depistaggio. Questo livello si intrecciava con la demonologia e tendeva a rigenerarsi in un secondo momento se impropriamente disattivato.

Il processo iniziale cominciava con la creazione di dissociazione all'interno del soggetto, solitamente dalla nascita fino al compimento di sei anni d'età.

Questa dissociazione era ottenuta attraverso l'uso di elettroshock, a volte eseguita quando il bambino era nel grembo materno.

A causa del grave trauma indotto dall'ECT, da abusi sessuali e altri metodi, la mente si divideva e più personalità si alternavano nel nucleo.

Tutto ciò era precedentemente indicato come DPM, disturbo di personalità multipla, poi riconosciuto come DDI, disturbo dissociativo di identità e costituiva la base della programmazione MONARCH.

Un ulteriore condizionamento della mente della vittima era rafforzato attraverso l'ipnosi, la coercizione

a doppio legame, le inversioni di piacere-dolore, privazione di cibo, acqua, sonno e deprivazione sensoriale, unite a vari farmaci che modificavano alcune funzioni cerebrali.

La fase successiva era quella di incorporare e comprimere i comandi dettagliati o i messaggi all'interno dello specifico nucleo di alterazione. Questo risultato era ottenuto attraverso l'uso di cuffie hi-tech, in combinazione con computer che emettevano onde sonore non udibili o armoniche che influenzavano l'RNA di copertura dei percorsi neurali che vanno al subconscio e inconscio.

I dispositivi "Virtual Reality" e i dispositivi ottici erano a volte utilizzati in contemporanea con i generatori di armoniche proiettando luci pulsanti colorate. L'elettroshock ad alta tensione veniva poi usato per la perdita della memoria.

La programmazione era aggiornata periodicamente e rafforzata attraverso i medium visivi, uditivi e scritti.

Alcuni degli strumenti di prima programmazione erano il Mago di Oz e Alice nel paese delle meraviglie, i film e i cartoni animati della Disney, tutti fortemente saturi di simbolismi occulti.

Molti di questi ultimi erano utilizzati in maniera duplice:

desensibilizzare la popolazione utilizzando immagini subliminali e programmazione neurolinguistica e per costruire volutamente specifici trigger e chiavi per la programmazione base dei bambini MONARCH.

Un ex tenente colonnello dell'esercito degli Stati Uniti nella DIA PSYCHOLOGICAL WARFARE DIVISION, Michael Aquino, era l'ultimo di una serie di presunti sadici sponsorizzati dal governo.

Aquino, un genio eccentrico, aveva fondato il Tempio di Set, un ramo della Chiesa di Anton LaVey di Satana.

La sua ossessione per i riti pagani nazisti e per la manipolazione ipnotica di persone, aveva fatto di lui un candidato ideale per la carica di "maestro programmatore".

Aquino era collegato con lo scandalo "Presidio

dell'Esercito", in cui era stato accusato di pedofilia e con grande sgomento dei genitori delle piccole vittime, tutte le accuse sono state respinte.

Nome in codice "MALCOLM", Aquino aveva sviluppato dei nastri di formazione su come creare uno schiavo Monarch e lavorò come collegamento fra Governo / Intelligence militare e le varie organizzazioni criminali e gruppi occulti nella distribuzione degli schiavi Monarch.

Uno dei primi casi documentati di un agente segreto MONARCH è stato quello del modello voluttuoso nel 1940 di Candy Jones. Il libro, ritrae i suoi dodici anni di intrighi e suspense come spia per la CIA.
Jones, il cui nome di nascita è Jessica Wilcox, a quanto pare è stato uno dei primi esperimenti o cavie umane sotto il governo del progetto "scientifico" MKULTRA.

Il caso più pubblicizzato di monomania MONARCH è emerso attraverso il libro "TRANCE FORMATION OF AMERICA" che è la storia della vera vita di uno schiavo CIA, Cathy O'Brien.

Questa autobiografia documentata contiene una versione assai convincente di Cathy dopo gli anni di incessanti incesti e introduzione nel progetto Monarch da parte del padre pervertito.

Insieme al co-autore Mark Phillips, suo soccorritore e deprogrammatore, Cathy si estende su una serie quasi incredibile di criminalità complice: la prostituzione forzata (schiavitù bianca) con quelli nelle alte sfere della politica mondiale, le assegnazioni dissimulate nella musica country e il rapporto con le attività illegali della CIA. Cathy O'Brien era un cosiddetto "MODELLO PRESIDENZIALE" del progetto.

Karen, dunque, sarebbe diventata l'ennesima vittima di quel progetto abominevole.

Dopo cinque settimane di torture a base di elettroshock, dosi eccessive di LSD e altri depressivi, Karen era stata ridotta in uno stato vegetativo. La sua personalità era stata completamente cancellata dalla terapia del "depatterning", ovvero del demodellamento o spersonalizzazione.

Ora la terapia prevedeva il suo "rimodellamento" attraverso l'ascolto di "cue statements", ovvero di messaggi chiave o subliminali, che le avrebbero ricostruito una nuova identità.

Il medico le posizionò delle cuffie nelle orecchie e attivò il programma sul computer ad alta tecnologia.

I messaggi, ripetuti in sequenze da dodici, cominciarono a bombardare il cervello di Karen, intervallati da suoni binaurali:

- Sai chi sei? –

Dopo la sequenza dei messaggi, partirono i suoni binaurali. Immediatamente il cervello di Karen si attivò per cercare di compensare la differenza tra i due suoni, modificando la sua frequenza.

Dopo cinque minuti i suoni si attenuarono e ripresero i messaggi:

- Te lo dico io chi sei! –

I toni binaurali ripresero a tempestarle il cervello con una sequenza di quattro tonalità diverse. La mente vuota di Karen si aprì per assorbire le informazioni che stava ricevendo:

- Sei nata solo per uno scopo nella vita! –

Nel cervello di Karen si riversarono delle onde Beta per stimolare un'intensa attività neuronale al fine di renderla più ricettiva ai messaggi che seguirono:

- Sai qual' è la verità? –

Nuovamente, una sequenza di onde Beta, tempestò il suo cervello. Poi ripresero i messaggi:

- Tu non vali niente! –

Ora il computer cambiò la frequenza delle onde, diffondendo onde Alpha nel cervello di Karen. Dopo cinque minuti, vennero diffusi altri messaggi:

- Dio non ti vuole bene, nessuno ti salverà! –

Seguì l'ennesima sequenza di suoni che avevano il compito di far sì che il cervello assorbisse le informazioni. Dopo il solito intervallo di cinque minuti, ricominciarono i messaggi:

- Puoi solo dare piacere agli uomini! –

- Sei una cagna perfetta! –

- Tu sei un modello presidenziale! –

- Sei priva di inibizioni, il tuo è un istinto sessuale primordiale! –

Un'altra sequenza di suoni binaurali si diffuse nel suo cervello martoriato. Poi altri messaggi:

- Non sei degna di ricevere amore, né comprensione! –

- Servirai i tuoi Signori e Padroni, donandogli il piacere estremo! –

I messaggi, i suoni binaurali, le onde Alpha e Beta, cessarono improvvisamente. Un'infermiera entrò nella stanza di Karen, le tolse le cuffie e le iniettò dei barbiturici per farla dormire.

I medicinali ebbero un effetto immediato sul suo cervello tormentato e Karen sprofondò nell'oblio dell'oscurità.

Per altre dodici settimane, Karen fu bombardata di messaggi subliminali che le penetrarono nel cervello come una lama affilata.

Lo scopo dei messaggi era quello di trasformarla in una "schiava sessuale" del progetto MONARCH, messo in atto ancora una volta appositamente per lei, per volontà di Rhea.

Dopo tredici settimane, la fecero dormire sotto l'effetto dei barbiturici e dell'LSD per altre tredici settimane, in modo che la sua mente cancellasse il ricordo di ciò che aveva subito.

Sarebbe diventata un "Modello Presidenziale", pronta per soddisfare ogni tipo di esigenza sessuale e pornografica che le fosse stata richiesta dai "Signori del Mondo."

CAPITOLO VI

Mei Liang stava tranquillamente sorseggiando il suo caffè nel bar dell'ospedale, mentre dava uno sguardo al suo smartphone.

Improvvisamente, il titolo di un articolo attirò completamente la sua attenzione e Mei smise di bere per leggerne il contenuto. L'articolo era del sei settembre e recitava le seguenti parole:

IL CORONAVIRUS DA UNA SPINTA PERICOLOSA ALL'AGENDA PIU' OSCURA DELLA DARPA:

In questi giorni di COVID 19, si profila un futuro non così lontano e non così difficile da immaginare.

L'articolo seguente versa luce sulle restrizioni a cui siamo soggetti e che subiamo, e rafforza alcuni dei peggiori timori.

Se certi piani ufficiali si realizzeranno, le nostre vite continueranno a cambiare drasticamente, e non in meglio.

Il Dipartimento della Difesa degli Stati Uniti e la Bill & Melinda Gates Foundation, insieme ad altri "guardiani premurosi" dell'umanità, hanno sviluppato un dispositivo di tracciamento che può essere somministrato attraverso una siringa per vaccini.

Le tecnologie attualmente sviluppate dal controverso dipartimento di ricerca del Pentagono stanno guadagnando un enorme potenziamento nell'attuale "crisi del Coronavirus", ma non stanno attirando l'attenzione dei media.

Per molti questo articolo sarà spaventoso per la sua lunghezza, ma soprattutto per il suo contenuto.

E' una pagina importante. Troverete innumerevoli link di riferimento per aiutarvi ad addentrarvi in una nuova realtà programmata.

Le tecnologie sviluppate dal controverso comparto di ricerca del Pentagono stanno ricevendo un enorme incremento nell'attuale crisi del Coronavirus, con poca considerazione per i secondi fini dell'agenzia per lo sviluppo di tali tecnologie, per il loro potenziale di arma o per le loro conseguenze non prevedibili.

A gennaio, ben prima che la crisi del coronavirus (COVID 19) si traducesse in lockdown, quarantene e devastazioni economiche negli Stati Uniti e altrove, la comunità dei servizi segreti statunitensi e il Pentagono stavano lavorando con il Consiglio di sicurezza nazionale per **creare piani** ancora secretati per rispondere ad un'imminente pandemia.

Da allora è stato riportato che le comunità di intelligence e i servizi segreti militari erano a conoscenza di una probabile pandemia negli Stati Uniti **già nel novembre scorso**, e potenzialmente anche prima di quella data.

Date queste premesse e le **numerose simulazioni** condotte negli Stati Uniti l'anno scorso in relazione alle insorgenze di pandemia virale globale, almeno sei di portata e dimensioni diverse, è stato spesso chiesto: Perché il governo non ha agito o non si è preparato se si sapeva di un'imminente pandemia globale e delle carenze di qualsiasi risposta a un tale evento?

Anche se la risposta a questa domanda è stata spesso liquidata come una mera "incompetenza" negli ambienti dei media tradizionali, vale la pena di considerare la possibilità che una crisi sia stata autorizzata a manifestarsi.

Perché la comunità dei servizi segreti o un'altra fazione del governo degli Stati Uniti dovrebbe consapevolmente permettere che una crisi come questa si verifichi?

La risposta è chiara se si guarda alla storia, dato che i tempi di crisi sono stati spesso usati dal governo americano per attuare politiche che normalmente sarebbero state rifiutate dal pubblico americano (n.d.r. e non solo), che vanno dalla censura della stampa alle reti di sorveglianza di massa.

Sebbene la risposta del governo agli attacchi dell'11 settembre, come il Patriot Act, possa essere l'esempio più accessibile a molti americani, gli sforzi del governo americano per limitare il flusso di giornalismo "pericoloso" e sorvegliare la popolazione risalgono alla prima guerra mondiale.

Molte di queste politiche, sia che si tratti del Patriot Act dopo l'11 settembre o delle reti di "spie" civili dell'era della prima guerra mondiale, hanno contribuito poco o nulla a proteggere la patria, ma hanno invece portato ad un aumento della sorveglianza e del controllo che è proseguito a lungo anche dopo la fine della crisi che li ha provocati. (n.d.r. **previsioni Rockefeller Paper del 2010**).

Usando questa storia come lente, è possibile esaminare l'attuale crisi del coronavirus e osservare come i programmi di lunga data della sorveglianza di massa e della censura mediatica, in continua espansione, stiano di nuovo ricevendo una spinta drammatica grazie al caos scatenato dalla pandemia del coronavirus.

Eppure, questa crisi è unica nel suo genere perché ha anche dato una spinta a un'Agenda più recente ma complementare che se realizzata renderebbe obsoleti la maggior parte, se non tutti, gli altri sforzi del governo per controllare e sottomettere le loro popolazioni.

DARPA DYSTOPIA

Per anni, la Defense Advanced Research Projects Agency (DARPA) del Pentagono è rimasta per lo più fuori dalla vista e dalla mente della maggior parte degli americani (n.d.r. e di altri), poiché i loro progetti di ricerca sono raramente considerati dai media mainstream e, quando lo sono, i loro progetti sono spesso elogiati come **"che danno vita a film di fantascienza"**.

Tuttavia, ci sono stati eventi recenti che hanno guastato la rappresentazione spesso positiva della DARPA da parte dei media, che dipingono l'agenzia come un faro di "progresso" scientifico che ha **"cambiato il mondo"** in meglio.

Per esempio, nel 2018, un gruppo di scienziati europei ha accusato il programma **"Insect Allies"** della DARPA di essere in realtà un programma distopico di armi biologiche che vedrebbe gli insetti introdurre virus geneticamente modificati nelle piante per attaccare e devastare l'approvvigionamento alimentare di una nazione mirata. La DARPA, naturalmente, ha sostenuto che il suo intento di utilizzare questi insetti per modificare geneticamente le piante era invece quello di "proteggere" l'approvvigionamento alimentare. Indipendentemente dalle affermazioni della DARPA che si tratta solo di un programma "difensivo", dovrebbe essere chiaro ai lettori che una tale tecnologia potrebbe essere facilmente utilizzata in entrambi i casi, a seconda del gestore.

Sebbene le armi da guerra futuristiche ricevano spesso la massima attenzione da parte dei media, l'agenzia ha interessi di lunga data nell'occuparsi non solo della biologia delle piante, ma anche degli esseri umani. DARPA, che viene finanziata con circa tre miliardi di dollari l'anno, ha diverse strade attraverso le quali persegue queste ambizioni, con molte di quelle che sono ora sotto il controllo dell'Ufficio per le tecnologie biologiche (BTO) istituito nel 2014.

Di recente, alcuni dei progetti di biologia umana e biotecnologia della DARPA presso il suo BTO hanno ricevuto un massiccio impulso di PR grazie all'attuale crisi del Coronavirus, con notizie recenti che sostengono addirittura che l'agenzia **"potrebbe aver creato le più grandi speranze per fermare Covid-19.**

La maggior parte di queste tecnologie che hanno ottenuto una copertura mediatica positiva grazie a Covid-19 sono state sviluppate diversi anni fa.

Esse comprendono le piattaforme finanziate dalla DARPA utilizzate per produrre vaccini a base di DNA e RNA, categorie di vaccini che non sono mai stati approvati per l'uso umano negli Stati Uniti (n.d.r. e altrove) e che comportano l'iniezione di materiale genetico estraneo nel corpo umano.

In particolare, è proprio di questa categoria di vaccino, ora prodotta da aziende partner della DARPA, che il miliardario e "filantropo della salute globale" Bill Gates ha recentemente affermato di essere "il più entusiasta" rispetto ad altri candidati al vaccino Covid-19.

Eppure, gli aspetti chiave riguardanti questi vaccini e altre iniziative "sanitarie" della DARPA sono stati lasciati fuori da questi recenti rapporti favorevoli, probabilmente perché forniscono una finestra su quella che è probabilmente l'agenda più buia di questa agenzia.

"IN VIVO

NANOPIATTAFORME"

Nel 2006, la DARPA ha annunciato il suo programma **Predicting Health and Disease** (PHD), che ha cercato di determinare "se un individuo svilupperà una malattia infettiva prima dell'insorgenza dei sintomi".

Il programma di PHD prevedeva di realizzare questo obiettivo "identificando i cambiamenti nello stato di salute di base dell'uomo attraverso una frequente sorveglianza" con un'attenzione specifica per "gli agenti patogeni virali delle alte vie respiratorie".

Tre anni dopo, nel 2010, i ricercatori della Duke University finanziati dalla DARPA hanno creato le basi di questo strumento, che avrebbe utilizzato l'analisi genetica di campioni di sangue per determinare se qualcuno è infetto da un virus prima che mostri i sintomi.

I rapporti dell'epoca sostenevano che queste "diagnosi preventive" sarebbero state trasmesse a "una mappa nazionale in rete" disponibile tramite smartphone.

Dopo la creazione del BTO di DARPA nel 2014, questo particolare programma ha dato vita al programma **"IN VIVO NANOPLATFORMS (IVN)"**.

La branca diagnostica di tale programma, abbreviata in IVN:DX , **"studia le tecnologie che incorporano nanopiattaforme impiantabili composte da materiali biocompatibili e non tossici, il rilevamento in vivo di piccole e grandi molecole di interesse biologico, il rilevamento moltiplicato di analiti a concentrazioni clinicamente rilevanti e la ricerca esterna delle nanopiattaforme senza utilizzare l'elettronica impiantata per la comunicazione".**

Le relazioni precedenti sul programma lo descrivono come lo sviluppo di categorie di nanoparticelle per il rilevamento e il trattamento di malattie e infezioni all'interno.

La tecnologia coinvolge nanoparticelle impiantabili che percepiscono specifiche molecole di interesse biologico.

Il programma IVN della DARPA da allora ha contribuito a finanziare e produrre "idrogel morbidi e flessibili che vengono iniettati appena sotto la pelle per eseguire il monitoraggio (della salute) e che si sincronizzano con un'applicazione per smartphone per dare una visione immediata della "salute", un prodotto attualmente commercializzato e creato dalla società PROFUSA, finanziata dalla DARPA e dagli Istituti Nazionali di Sanità (NIH).

PROFUSA, che negli ultimi anni ha ricevuto milioni e milioni da DARPA, afferma che le informazioni generate dal loro biosensore iniettabile sarebbero "condivise in modo sicuro" e "accessibili agli individui, ai medici e ai professionisti della sanità pubblica".

Tuttavia, l'attuale pressione per un **sistema nazionale di tracciamento dei contatti** basato sui dati sanitari privati dei cittadini è destinato ad espandere la condivisione dei dati, in linea con l'obiettivo annuale della DARPA di creare un database nazionale di diagnosi preventive sul web.

PROFUSA è anche supportata da Google, che è intimamente coinvolta in queste nuove iniziative di sorveglianza di massa per rintracciare i contatti, e include l'ex leader della maggioranza del Senato William Frist tra i membri del suo consiglio di amministrazione.

Sono anche partner del National Institute of Health (NIH). L'azienda ha anche una notevole collaborazione con la società di diagnostica Cepheid, che ha recentemente ottenuto l'approvazione della FDA per il suo test rapido del Coronavirus e che in precedenza si è aggiudicata lucrosi contratti governativi per rilevare l'antrace nel sistema postale degli Stati Uniti.

A partire dallo scorso marzo, PROFUSA si è nuovamente aggiudicata un finanziamento DARPA per determinare se i loro biosensori iniettabili possono prevedere future pandemie, compresa l'ormai ampiamente prevista **"seconda ondata" di Covid-19**, e rilevare le persone infette fino a tre settimane prima che possano manifestarne i sintomi. La società prevede di ottenere la licenza dei suoi biosensori FDA per questo scopo entro **l'inizio del prossimo anno, più o meno nello stesso periodo in cui si prevede che un vaccino contro il coronavirus sarà disponibile al pubblico.**

"FONDERIE VIVENTI"

Un altro programma DARPA di lunga data, ora supervisionato da BTO, è noto come "Fonderie Viventi". Secondo il sito web della DARPA, "Living foundries" mira a consentire la produzione adattabile, scalabile e su richiesta di molecole (sintetiche) programmando i processi metabolici fondamentali dei sistemi biologici per generare un vasto numero di molecole complesse che non sono altrimenti accessibili.

Attraverso "Living Foundries", DARPA sta trasformando la produzione sintetica in una pratica ingegneristica prevedibile a sostegno di un'ampia gamma di obiettivi di sicurezza nazionale.

I tipi di ricerca che questo programma "Fonderie Viventi" sostiene riguardano la creazione di "vita artificiale", compresa la creazione di materiale genetico artificiale, compresi i cromosomi artificiali, la creazione di "organismi completamente nuovi" e l'utilizzo di materiale genetico artificiale per "aggiungere nuove capacità" agli esseri umani (cioè di modificare geneticamente gli esseri umani attraverso l'inserimento di materiale genetico creato sinteticamente).

Quest'ultimo è particolarmente preoccupante (anche se tutti sono francamente preoccupanti), poiché DARPA ha anche un progetto chiamato "STRUMENTI AVANZATI PER L'INGEGNERIA DEL GENOMA DEI MAMMIFERI", che pur avendo "mammiferi" nel nome è focalizzato specificamente sul miglioramento "dell'utilità dei cromosomi artificiali umani (HACS)", che DARPA descrive come "uno strumento fondamentale nello sviluppo di terapie avanzate, vaccini e diagnostica cellulare".

Anche se i documenti di ricerca spesso si concentrano sugli HACS come un progresso medico rivoluzionario, essi sono anche spesso promossi come un mezzo per "migliorare" gli esseri umani infondendo loro caratteristiche non naturali, tra cui fermare l'invecchiamento o migliorare la cognizione.

DARPA è noto per essere coinvolto nella ricerca dove questi metodi sono utilizzati per creare "super soldati" che non richiedono più il sonno o pasti regolari, tra le altre "caratteristiche" incrementate, e ha un altro programma sulla creazione di combattenti "metabolicamente superiori".

I rapporti su questi programmi parlano anche dell'altro, molto sconcertante uso di queste stesse tecnologie, "armi genetiche" che "sovvertirebbero il DNA" e "minerebbero la mente e il corpo delle persone".

«Mei, che cosa stai leggendo?» chiese incuriosito il dottor Evan, sedendosi accanto a lei per bere una tazza di caffè.

«Dio mio, è una cosa terribile!» Mei sembrava essere stata proiettata in un'altra dimensione.

Incuriosito, il dottor Evan sbirciò il cellulare di Mei.

«Neoingegneria.com? Che roba è?»

«E' un portale di informazione sociale» Mei si riscosse un attimo.

«Di disinformazione, vorrai dire!» rise lui.

«Io dico invece che questa è la vera informazione. I Media sono pagati per non dire la verità alle persone» ribattè piccata.

«Ma dai, non vorrai credere a queste fake news al limite della fantascienza!»

«Io credo che questa sia la verità!»

«Fammi leggere un po' queste stupidaggini» Mei gli passò il cellulare un po' contrariata.

Mark lesse l'articolo dall'inizio, poi ripresero dal punto in cui si era interrotta Mei:

Un'altra potenziale applicazione che DARPA sta studiando attivamente è il suo programma BIODESIGN, che sta esaminando la creazione di organismi sintetici creati per essere immortali e programmati con un "Kill Switch" che permette ad un organismo sintetico, ma organico, di essere "spento", in qualsiasi momento.

Questo ha portato alcuni a ipotizzare che tale ricerca potrebbe aprire le porte alla creazione di "replicati umani" utilizzati per combattere guerre e altri compiti, come quelli che appaiono nel film di fantascienza BLADERUNNER.

Tuttavia, questi "Kill Switch" genetici potrebbero anche essere inseriti in esseri umani veri e propri attraverso cromosomi artificiali, che così come hanno il potenziale di prolungare la vita, hanno anche il potenziale di accorciarla. In particolare, nel 2017 è stato rivelato che la DARPA, ha investito 100 milioni di dollari nella ricerca "gene drive", che comporta l'uso della modificazione genetica per spazzare via intere popolazioni, spiegando il motivo per cui è stata spesso definita una tecnologia di "estinzione genetica".

Inoltre, altri esperimenti DARPA prevedono l'uso di virus geneticamente modificati che inseriscono materiale genetico nelle cellule umane, in particolare nei neuroni del cervello, per "ritoccare" la chimica del cervello umano.

In un esempio, la ricerca finanziata dalla DARPA ha alterato le cellule cerebrali umane per produrre due nuove proteine, la prima permettendo che l'attività neurale sia facilmente rilevabile da dispositivi esterni e la seconda permettendo alle "nanoparticelle magnetiche" di "indurre un'immagine o un suono nella mente del "paziente".

«In pratica, stanno cercando il modo per avere un controllo totale del genere umano» disse Mark, che ora aveva messo da parte il suo scetticismo.

«Esatto. Inoltre, vogliono il potere decisionale

sulla vita e sulla morte, il che significa detenere un dominio assoluto.»

«Vogliono accenderci o spegnerci come se fossimo un semplice interruttore della luce o di un computer».

«Purtroppo si. E' molto peggio di essere considerati come delle bestie da macello, non saprei dare una definizione a questa follia dilagante».

«Direi di continuare la lettura dell'articolo» propose Mark.

"NEUROTECNOLOGIA NEUROCHIRURGICA DI NUOVA GENERAZIONE"

Cambiare la chimica e la funzionalità del cervello umano a livello cellulare è solo una delle numerose iniziative DARPA volte a cambiare il modo in cui gli esseri umani pensano e percepiscono la realtà.

Dal 2002, la DARPA ha riconosciuto i suoi sforzi per creare una "BRAIN-MACHINE INTERFACE" (BMI).

Anche se in primo luogo mirava a creare "un modem cerebrale senza fili per un ratto che si muove liberamente", che permettesse di controllare a distanza i movimenti dell'animale, la DARPA non si è mostrata timida riguardo all'obiettivo finale di applicare tale "potenziamento" cerebrale agli esseri umani per consentire ai soldati di "comunicare con il solo pensiero" o di controllare a distanza gli esseri umani (solo dalla parte del nemico, dicono così) ai fini della guerra.

Il progetto, che ha fatto grandi progressi negli ultimi

anni, ha a lungo suscitato grandi preoccupazioni tra eminenti scienziati della difesa, alcuni dei quali hanno avvertito in un rapporto del 2008 che "la guida o il controllo a distanza di un essere umano" potrebbe rapidamente ritorcersi contro di loro per ottenere l'accesso alla tecnologia impiantata (aprendo la possibilità di "hackerare" il cervello di una persona") e hanno anche sollevato preoccupazioni circa i pericoli etici generali di tali tecnologie.

I lavori sono iniziati nel 2011 per lo sviluppo di "impianti cerebrali" da utilizzare nei soldati umani, ufficialmente con l'obiettivo di curare i danni neurologici nei veterani, e tali impianti sono stati testati su volontari umani in esperimenti finanziati dalla DARPA almeno dal 2015.

Le preoccupazioni, come quelle sollevate da quegli scienziati della difesa nel 2008, sono state regolarmente respinte dalla DARPA, che ha costantemente sostenuto che i suoi controversi progetti di ricerca sono temprati dai loro "esperti di etica" interni.

Tuttavia, vale la pena di notare come la dirigenza della DARPA consideri questi enigmi etici, dal momento che alla fine hanno l'ultima parola.

Per esempio, nel 2015, Michael Goldblatt, allora direttore dell'ufficio per le scienze della Difesa (DSO) della DARPA, che supervisiona la maggior parte degli aspetti del programma "super soldato" dell'agenzia, ha detto alla giornalista Annie Jacobsen che non vedeva alcuna differenza tra "avere un chip nel cervello che potrebbe aiutare a controllare i pensieri" e "un impianto cocleare che aiuta i sordi a sentire".

Quando è stato messo sotto pressione per le conseguenze indesiderate di tale tecnologia, Goldblatt ha dichiarato che "vi sono conseguenze indesiderate per tutto".

Vale quindi la pena di sottolineare che, mentre le tecnologie sviluppate dalla DARPA – dall'ingegneria genetica umana alle interfacce cervello-macchina – sono spesso promosse per la prima volta come qualcosa che rivoluzionerà e migliorerà la salute umana, la DARPA vede l'uso di queste tecnologie per tali scopi allo stesso modo di altre applicazioni distopiche e francamente da incubo, come il controllo del pensiero. Gli IMC non fanno eccezione, essendo stati inizialmente promossi come un modo per "potenziare le funzioni corporee dei veterani con danni neurali o disturbi post-traumatici da stress e per consentire agli amputati di controllare le protesi avanzate.

Anche se questi rappresentano in effetti importanti progressi medici, la leadership della DARPA ha chiarito che non vede alcuna distinzione tra l'uso medico degli IMC e il loro utilizzo per esercitare un controllo quasi totale su un essere umano "guidando i loro pensieri e persino i loro movimenti".

Un'ammissione così netta da parte della dirigenza della DARPA fa sì che valga la pena di esplorare lo stato di questi attuali programmi di interfaccia "cervello-macchina" e i loro obiettivi espliciti.

Per esempio, uno degli obiettivi del programma "NEUROTECNOLOGIA NEUROCHIRURGICA" di prossima generazione (N3) della DARPA consiste nell'utilizzare "interfacce cervello-computer non invasive o minimamente invasive" per "leggere e scrivere" direttamente nel cervello.

Secondo un recente rapporto sul programma N3

della DARPA, un esempio di tecnologie "minimamente invasive" comporterebbe:

> "un'iniezione di un virus che trasporta sensori sensibili alla luce, o altri nanorobot chimici, biotecnologici o auto-assemblati che possono raggiungere i singoli neuroni e controllare la loro attività in modo indipendente senza danneggiare i tessuti sensibili. L'uso proposto per queste tecnologie non è ancora ben specificato, ma come hanno dimostrato gli esperimenti sugli animali, controllare l'attività di singoli neuroni in più punti è sufficiente per programmare memorie artificiali di paura, desiderio ed esperienze direttamente nel cervello".

Sebbene il preteso obiettivo dell'N3 sia legato alla creazione di armi "controllate dal pensiero", che reagiscono e sparano sulla base dei pensieri di un soldato, il fatto che la tecnologia sia anche bidirezionale, apre l'inquietante possibilità che ci si sforzi di controllare e programmare i pensieri e le percezioni di un soldato in contrasto con il senso opposto.

Questo potrebbe essere più di quanto la DARPA abbia pubblicamente lasciato intendere, dal momento che i documenti militari ufficiali hanno dichiarato apertamente che l'obiettivo finale del Pentagono è essenzialmente quello di sostituire i combattenti umani con robot "autocoscienti" interconnessi che progetteranno e condurranno operazioni contro obiettivi scelti da sistemi di intelligenza artificiale.

Questo sistema di armi del futuro non molto

lontano sembra avere poco spazio per gli esseri umani anche per quelli capaci di "controllare le armi con la loro mente, suggerendo che i pianificatori militari futuristi vedono i soldati con BMI come "un'arma" che si collegherebbe anche a questo sistema guidato dall'intelligenza artificiale.

Vale anche la pena sottolineare che DARPA sta cercando di creare un "cervello umano artificiale" dal 2013.

Inoltre, i rapporti sugli sforzi del BMI della DARPA hanno suggerito che questa tecnologia bidirezionale sarà utilizzata per "offuscare la percezione dei soldati", allontanandoli dal senso di colpa emotivo della guerra, una mossa che creerebbe un pericoloso precedente e che sicuramente porterebbe a un deciso salto nei crimini di guerra.

Naturalmente, queste sono solo le ammesse, potenziali applicazioni "militari" di tale tecnologia. Una volta che questa tecnologia si sposta dalla sfera militare a quella civile, come hanno fatto diverse invenzioni DARPA in passato, il loro uso per la "guida remota", il "controllo del pensiero e/o la programmazione di pensieri ed esperienze è più probabile che venga usata in modo improprio dai governi, dalle società e da altri power-broker negli Stati Uniti e non solo, a fini di controllo"(n.d.r. non che l'uso militare sia il più rassicurante).

L'ingresso degli BMI nella sfera civile non è molto lontano, dato che i dirigenti e i ricercatori della DARPA che hanno lavorato sull'N3 e su altri programmi BMI sostenuti dalla DARPA sono stati da allora "scavati" da Verily (una partnership Google-GlaxoSmithkline) il Neuralink di Elon Musk e il Building 8 di Facebook – che hanno tutti lavorato per portare sul mercato dispositivi di neuro-modulazione e BMI.

«Puntano alla spersonalizzazione dell'essere umano!» disse Mei.

«E alla sua rimodulazione tramite nanotecnologia. Vogliono trasformarci in schiavi telecomandati.» aggiunse Mark.

«E ci riusciranno, se non ci svegliamo immediatamente»

«Facile a dirsi»

«Qualcuno deve pur incominciare a fare qualcosa, no?»

«Sono d'accordo. Al momento però, direi di terminare la lettura dell'articolo».

«Si, finiamo di leggere»

"BIOREATTORI UMANI" "NANOTERAPEUTICI" E VACCINI GENETICI FINANZIATI DALLA DARPA

Come descritto in precedenza, la DARPA spesso inquadra le tecnologie controverse che sviluppa come sviluppate per far progredire principalmente la medicina e la sanità.

A parte le tecnologie già discusse, è importante notare che la DARPA è da tempo molto interessata all'assistenza sanitaria, in particolare ai vaccini.

Ad esempio, nel 2010, DARPA ha iniziato a sviluppare una classe di vaccini in grado di "intervenire contro agenti patogeni sconosciuti", una componente del suo programma di produzione accelerata di prodotti farmaceutici.

Il vaccino inietterà nel corpo umano migliaia di anticorpi sintetici, come quelli sviluppati attraverso il programma "Fonderie vive" della DARPA.

Questi anticorpi sintetici o "sincorpi" creerebbero quindi "un Kit di strumenti per l'umanità che può essere combinato in una miriade di modi per affrontare praticamente qualsiasi agente patogeno".

Nello stesso anno, la DARPA ha iniziato a finanziare gli sforzi per creare "vaccini a DNA sintetico multiagente" che sarebbero stati somministrati nel corpo umano attraverso "l'elettroporazione non invasiva" ed è stata rapidamente promossa nei reportage dei media come un modo per produrre rapidamente i vaccini rispetto ai metodi tradizionali di produzione del vaccino.

Questa categoria di vaccini comporterebbe lo stesso tipo di DNA sintetico che la DARPA stava anche ricercando simultaneamente per "migliorare" e "sovvertire" gli esseri umani a livello genetico.

E' stato anche quest'anno, 2010, che la Bill & Melinda Gates Foundation ha iniziato a finanziare pesantemente vaccini a base di DNA e RNA.

I vaccini a base di DNA, che sono stati creati per la prima volta nel 2005, non sono mai stati approvati per l'uso umano negli Stati Uniti e gli studi passati hanno messo in guardia sul fatto che "possiedono una significativa imprevedibilità e una serie di potenziali pericoli e potenziali dannosi intrinseci" e che "non vi sono conoscenze adeguate per definire la probabilità di eventi indesiderati o le conseguenze di modifiche genetiche".

Un altro problema di lunga data con tali vaccini è la mitigazione delle "reazioni immunitarie indesiderate" che derivano dalla risposta immunitaria naturale al materiale genetico estraneo in essi contenuto.

Nel 2011, DARPA ha annunciato il suo programma "RAPIDY ADAPTABLE NANOTHERAPEUTICS", che cerca di creare una "piattaforma in grado di sintetizzare rapidamente le nanoparticelle terapeutiche" per combattere "le armi biologiche in evoluzione e addirittura geneticamente modificate".

Il piano di DARPA per queste nanoparticelle, che i media hanno descritto solo come "piccoli sistemi autonomi di somministrazione di farmaci", era di combinarle con "piccoli RNA interferenti" (SIRNA), che sono frammenti di RNA che possono mirare e disattivare specifici geni.

Come scrisse allora Wired: l'RNA (SIRNA) può essere riprogrammato "al volo e applicato a diversi agenti patogeni", permettendo alle nanoparticelle di "essere caricate" con le giuste molecole di RNA (SIRNA) e inviate direttamente alle cellule responsabili dell'infezione.

La creazione di questo programma è stata seguita a poco tempo dalla decisione della DARPA nel 2013 di finanziare la moderna Therapeutics con 25 milioni di dollari per sviluppare la loro piattaforma di produzione di vaccini sintetici a base di RNA.

DARPA ha finanziato il progetto per "sviluppare tecnologie di piattaforma che possono essere impiegate in modo sicuro e rapido per fornire alla popolazione statunitense una protezione quasi immediata contro le malattie infettive emergenti e armi biologiche ingegnerizzate".

Poi, nel 2015, la ricerca della DARPA sui

vaccini che coinvolgono anticorpi sintetici e materiale genetico sintetico si è ampliata con la donazione di 45 milioni di dollari alla società di vaccini contro il DNA, INOVIO PHARMACEUTICALS.

Nello stesso anno, i vaccini a base di RNA e DNA finanziati dalla DARPA hanno cominciato a essere inquadrati in modo diverso sia dai ricercatori della DARPA che dai Media – che hanno descritto la tecnologia come la trasformazione del corpo umano in un “bio-reattore”.

Negli anni successivi, le aziende produttrici di vaccini contro il DNA e l’RNA sostenute dalla DARPA tra cui MODERNA, INOVIO e la tedesca CUREVAC, non sono state in grado di ottenere la licenza per i loro prodotti per uso umano, in gran parte a causa del fatto che i loro vaccini non sono stati in grado di fornire un’immunità sufficiente negli esperimenti sull’uomo.

Esempi di questi vaccini inefficaci sono il tentativo del CUREVAC di ottenere un vaccino antirabbico e gli sforzi di MODERNA per creare un vaccino per il virus Zika (che è stato finanziato dal governo degli Stati Uniti).

Sono state proposte diverse soluzioni per questo problema, compresi i vaccini in cui il materiale genetico (RNA o DNA) si “auto-amplifica”.

Tuttavia, la soluzione alternativa a questa mancanza di risposta immunitaria e ad altri ostacoli per i vaccini a base di DNA/RNA è rappresentata dall’incorporazione della nanotecnologia in questi vaccini.

Di conseguenza, l’uso di nanoparticelle come vettori del materiale genetico in questi vaccini è stato ampiamente promosso e studiato, oltre che pubblicizzato come il modo migliore per migliorare la loro stabilità, aumentare la loro capacità di distribuzione mirata e migliorare la risposta immunitaria che provocano.

La combinazione di vaccini a base di DNA o RNA con la nanotecnologia è già diventata realtà grazie alle aziende leader in questo campo. Per esempio, la società di vaccini a base di DNA sostenuta dalla DARPA, INOVIO PHARMACEUTICALS, utilizza ciò che i rapporti chiamano "nanotecnologia del DNA" nella loro linea di vaccini sintetici marcati come "SynCon" dall'azienda, che utilizza un algoritmo computerizzato non divulgato per progettare i suoi vaccini.

E' un'interessante coincidenza, quindi, che il vaccino INOVIO "Syncon" per il Covid-19 sembra ora essere in vantaggio rispetto al resto del pacchetto, con il sostegno di Bill Gates, DARPA, l'Istituto Nazionale delle Allergie e Malattie infettive (NIAID) e altre agenzie governative.

«Ti rendi conto? Vogliono usare il vaccino come scusa per manipolarci geneticamente!»

«Me ne rendo conto Mei, ma abbiamo le mani legate. Da soli, non potremo mai fermare questi crimini contro l'umanità. Sai meglio di me, che saremo obbligati ad usarlo.»

«Fosse l'ultima cosa che faccio, non inietterò consapevolmente della merda sintetica nei miei pazienti!» si arrabbiò lei.

«Non vorrei farlo nemmeno io, ma siamo solo delle pedine in mano al Demonio» disse Mark.

«Finiamo di leggere anche se mi si rivolta lo stomaco, ma sempre meglio essere informati, che ignorare quest'abominio»

«Sono d'accordo. Almeno sapremo che morte

ci aspetta»

«Per quanto mi riguarda, non starò a guardare senza fare nulla»

«Nemmeno io, ma vedremo al momento il da farsi.»

«Leggiamo, Mark» lo interruppe Mei.

DARPA – SALVANDOCI DA COVID-19?

A gennaio, la Coalition for Epidemic Preparedness Innovations (CEPI), ha annunciato che avrebbe iniziato a finanziare i candidati al vaccino per l'epidemia di Coronavirus, molto prima che diventasse una questione globale.

La CEPI si autodefinisce "una partnership di organizzazioni pubbliche, private, filantropiche e civili che finanzierà e coordinerà lo sviluppo di vaccini contro le minacce per la salute pubblica ad alta priorità" ed è stata fondata nel 2017 dai governi di Norvegia e India insieme al World Economic Forum (WEF) e alla Bill and Melinda Gates Foundation.

Quel mese, il CEPI ha scelto solo due aziende farmaceutiche per ricevere finanziamenti per i loro sforzi di sviluppo di un vaccino per Covid-19 – MODERNA e INOVIO PHARMACEUTICALS.

Come già detto in precedenza, queste due società sono imprese sostenute dalla DARPA che spesso hanno pubblicizzato la loro "alleanza strategica" con la DARPA in comunicati stampa e sui loro siti Web.

La DARPA ha inoltre fornito a queste società finanziamenti di notevole entità. Per esempio, i principali finanziatori di INOVIO PHARMACEUTICALS includono sia la DARPA, che la DEFENSE THREAT REDUCTION AGENCY (DIRA) del Pentagono e l'azienda ha ricevuto milioni di dollari in sovvenzioni dalla DARPA, inclusa una sovvenzione di 45 milioni di dollari per sviluppare un vaccino per l'Ebola.

Recentemente hanno anche ricevuto più di 8 milioni di dollari dall'esercito statunitense per sviluppare un piccolo dispositivo intradermico portatile per la somministrazione di vaccini a base di DNA, che è stato sviluppato congiuntamente da INOVIO e dall'Istituto di ricerca medica delle malattie infettive dell'esercito statunitense (USAMRIID), che gestisce anche il laboratorio di "Biodifesa" a FORT DETRICK.

Inoltre, la società tedesca CUREVAC, che sta anche sviluppando un vaccino contro l'RNA sostenuto da CEPI per Covid-19, è un altro beneficiario di lunga data dei finanziamenti DARPA.

Sono stati uno dei primi investimenti di DARPA nella tecnologia, vincendo un contratto DARPA da 33,1 milioni di dollari per sviluppare la loro piattaforma di vaccini "RNActive" nel 2011.

Nel caso di MODERNA, la DARPA ha finanziato la produzione e lo sviluppo della loro piattaforma di produzione di vaccini contro l'RNA e il loro candidato per la terapia dell'RNA per il virus Chikungunya (il primo per una malattia infettiva) è stato sviluppato in collaborazione diretta con l'agenzia.

Dal 2016, il programma di vaccinazione contro l'RNA di MODERNA ha ricevuto 100 milioni di dollari di finanziamenti dalla Bill and Melinda Gates

Foundation. Da allora la fondazione Gates ha versato milioni di dollari direttamente negli sforzi per il vaccino Covid-19 di MODERNA e INOVIO.

Il sostegno di Gates ai vaccini a base di DNA e RNA è significativo, dato che Gates – un miliardario con un'influenza e un controllo senza pari sulla politica sanitaria globale – ha recentemente affermato che le migliori opzioni per un vaccino Covid-19 sono questi stessi vaccini, nonostante il fatto che non siano mai stati approvati per l'uso nell'uomo.

Eppure, grazie alle autorizzazioni di emergenza attivate a causa della crisi attuale, sia MODERNA che INOVIO hanno saltato la sperimentazione animale e sono passati direttamente alla sperimentazione umana.

Sono inoltre destinati ad essere utilizzati su larga scala nel giro di pochi mesi. La sperimentazione clinica di MODERNA sull'uomo è iniziata a metà marzo, seguita da quella di INOVIO all'inizio di aprile.

Quindi, non sono solo i favoriti di Gates per porre in essere il nuovo vaccino, ma sono anche destinati ad essere i primi a completare gli studi clinici e a ottenere l'approvazione d'emergenza del governo degli Stati Uniti, in particolare il vaccino di MODERNA che è stato sviluppato congiuntamente con il NIH del governo.

La rapida ascesa alla ribalta dei vaccini Covid-19 di MODERNA e INOVIO ha fatto sì che diversi articoli mediatici lodassero la DARPA come la nostra "speranza migliore" per contrastare la crisi del Coronavirus.

Oltre a sostenere gli sforzi di MODERNA e INOVIO, la stessa DARPA, in particolare il BIO di DARPA, è destinata ad avere un vaccino "temporaneo" per il Covid-19 disponibile nel giro di poche settimane, che comporterà la produzione di anticorpi sintetici che apparentemente garantiranno l'immunità per alcuni mesi fino a quando non sarà disponibile un vaccino più duraturo (come quelli prodotti da MODERNA e INOVIO).

Il trattamento con gli anticorpi di DARPA per Covid-19 persegue due vie, incluso l'approccio "corpo umano come bio-reattore" che prevede l'iniezione di DNA sintetico o RNA per indurre l'organismo a produrre gli anticorpi necessari.

La Defense One sottolinea che il trattamento Covid-19 della DARPA utilizzerebbe le tecniche che sono il risultato degli investimenti dell'agenzia nella micro-fluidica (la manipolazione di liquidi nel range sub-millimetrico), la fabbricazione di nanotecnologie e "nuovi approcci al sequenziamento dei geni".

«Hanno già iniziato con lo scempio, per loro siamo solo cavie da manipolare a piacimento! Il loro obiettivo è quello di modificare il genoma umano per avere il controllo totale. Quando saremo stati trasformati in perfetti automi senz'anima, l'essere umano non esisterà più.» affermò lugubre Mei.

«Come hai detto prima, saremo noi che non dovremo permetterglielo»

«Che Dio ci aiuti, Mark!» disse lei, riprendendo la lettura.

PREOCCUPAZIONI PERSISTENTI

Anche se la maggior parte dei media ha dipinto questi sforzi guidati dalla DARPA come del tutto positivi, vale la pena di notare che sono state sollevate delle preoccupazioni, anche se queste ultime hanno ottenuto a malapena la copertura che meritano.

Per esempio, Nature ha recentemente notato alcuni punti chiave riguardanti questioni di sicurezza relative alla corsa per un vaccino Covid-19, compreso il fatto che tutti i "precedenti vaccini contro il coronavirus non si sono dimostrati tutti idonei o addirittura sicuri", con alcuni tentativi passati di vaccini contro il coronavirus che hanno prodotto un potenziamento dipendente dagli anticorpi (ADE).

L'ADE fa sì che le cellule assumano il virus più rapidamente e accelerino la replicazione del virus, aumentandone l'infettività e la virulenza.

Nature ha anche segnalato che i due vaccini Coronavirus per la SARS che sono riusciti a superare gli studi di fase 1 sono risultati, in studi successivi, la causa dell'ipersensibilità immunitaria nei topi "con conseguente immunopatologia grave", cioè difetti permanenti o malfunzionamenti nel sistema immunitario. Inoltre, Nature ha anche precisato che non si sa quanto sia necessaria una risposta immunitaria forte per conferire l'immunità a Covid-19 e ai Coronavirus in generale, il che rende incredibilmente difficile valutare se un vaccino sia anche solo efficace.

Un'altra questione degna di nota riguarda le preoccupazioni emerse a proposito di INOVIO PHARMACEUTICALS da parte della società di investimenti di ricerca CITRON RESEARCH, che ha paragonato INOVIO a THERANOS, la società di tecnologia medica che inizialmente aveva promesso di offrire diagnosi per numerose malattie attraverso un semplice esame del sangue, ma che in seguito si è rivelata una farsa.

CITRON ha affermato che "sono passati più di 40 anni dalla fondazione di INOVIO, eppure l'azienda non ha mai (Sic) portato un prodotto sul mercato, e nel frattempo gli addetti ai lavori si sono arricchiti con stipendi consistenti e grandi vendite di azioni".

CITRON RESEARCH ha aggiunto che la pretesa dell'azienda di aver progettato il vaccino Covid-19 in sole tre ore sulla base di un algoritmo computerizzato è davvero difficile da credere, sostenendo che "INOVIO ha un algoritmo computerizzato che nessun altro al mondo ha ed è probabilmente uno dei più grandi progressi nella scoperta del vaccino negli ultimi cento anni", eppure questo "algoritmo computerizzato", non viene menzionato una sola volta in nessuno dei suoi 10-k o 10-Q?

A noi sembra "THERANOS.

Ha anche notato che le alleanze di INOVIO con le aziende farmaceutiche Roche e AstraZeneca hanno finito per fallire con le due aziende che hanno annullato la partnership, sebbene il CEO di INOVIO abbia affermato che il siero avrebbe "continuato a prosperare".

UN'AGENDA NON COSI' NASCOSTA

Naturalmente, queste sono solo preoccupazioni

focalizzate sul comportamento aziendale e sugli ostacoli verso la realizzazione di un vaccino Covid-19 in generale.

Come questo rapporto ha già mostrato in dettaglio, gli altri esperimenti della DARPA con le stesse tecnologie (in particolare l'ingegneria genetica, i cromosomi sintetici e la nanotecnologia) che vengono utilizzati per produrre vaccini a base di RNA e DNA per il Covid-19 sono probabilmente più preoccupanti.

Questo è particolarmente vero dato che le aziende sostenute dalla DARPA che si descrivono come "partner strategici" dell'agenzia sono quelle che producono questi vaccini.

Inoltre, grazie al sostegno degli Stati Uniti e di Bill Gates, tra gli altri, sono anche destinati ad essere tra i primi vaccini (se non i primi) approvati per un uso su larga scala.

E' certamente preoccupante che la copertura mediatica degli impegni della DARPA e degli impegni di MODERNA e di INOVIO non abbia finora incluso la documentazione critica riguardante i diversi rami della ricerca della DARPA che ha prodotto la tecnologia utilizzata perla realizzazione di questi vaccini lasciando poco spazio al pubblico per il controllo della loro sicurezza, della loro efficacia e del loro potenziale di effetti indesiderati sulla genetica umana.

Questo è particolarmente allarmante se si considera che, nelle ultime settimane, in molti paesi sono stati intrapresi sforzi per far rispettare le vaccinazioni obbligatorie una volta che il vaccino Covid-19 sarà disponibile.

In alcuni paesi, sembra probabile che il vaccino Covid-19 non sarà reso obbligatorio di per sé, ma sarà richiesto per coloro che desiderano tornare a qualsiasi parvenza di "normalità" in termini di incontri pubblici di lavoro, di lasciare la propria casa per periodi di tempo più lunghi e così via.

Le persone coinvolte nella creazione di un tale vaccino obbligatorio, ad esempio la DARPA, si lascerebbero sfuggire l'opportunità di utilizzare le stesse tecnologie coinvolte nella produzione del vaccino per alcuni dei loro obiettivi previsti?

Questa domanda, naturalmente, non può avere una risposta ovvia, ma il fatto che l'arco della ricerca della DARPA sia finalizzato ad armatizzare la biologia umana e la genetica in un modo che è pronto per un uso improprio, suggerisce possibilità molto preoccupanti che necessitano di essere esaminate.

Infatti, se ci si limita a guardare come la crisi sia stata una manna per i piani **Orwelliani** della National Security Commission on Artificial Intelligence (NSCAI) e gli attuali sforzi del governo federale per aumentare drasticamente i propri poteri in mezzo alla crisi attuale, è sempre più difficile dare il beneficio del dubbio ad agenzie governative come la DARPA e ai loro partner aziendali come MODERNA e INOVIO.

Questo è particolarmente vero dato che – se non fosse per una crisi importante come quella che attualmente domina gli eventi mondiali – la gente sarebbe probabilmente poco propensa all'introduzione diffusa di molte delle tecnologie che la DARPA sta sviluppando, sia che si tratti della loro volontà di creare dei "super soldati" cyborg, sia che si tratti di BMI iniettabili con la capacità di controllare i propri pensieri.

Eppure, in mezzo alla crisi attuale, molte di queste stesse tecnologie vengono vendute al pubblico come "sanità", una tattica che la DARPA usa spesso.

Mentre il panico e la paura per quanto riguarda il virus continua a crescere, e mentre la gente diventa sempre più disperata nel voler tornare a qualsiasi parvenza di normalità, milioni di persone prenderanno volentieri un vaccino, a prescindere da qualsiasi programma di vaccinazione imposto dal governo.

A coloro che hanno paura e sono disperati non importerà che il vaccino possa includere la nanotecnologia o che abbiano il potenziale per modificare geneticamente e riprogrammare il loro stesso essere, poiché vorranno solo che la crisi attuale che ha stravolto il mondo si fermi.

In questo contesto, l'attuale crisi del Coronavirus sembra essere la tempesta perfetta che permetterà alla visione DISTOPICA della DARPA di prevalere e di avanzare dalle nicchie più oscure del PENTAGONO verso la più completa visibilità pubblica.

Tuttavia, la visione transumanista della DARPA per l'esercito e l'umanità rappresenta una minaccia senza precedenti, non solo per la libertà umana, ma una minaccia a livello esistenziale per la vita umana e per gli stessi pilastri della biologia stessa.

INFORMATEVI SU TUTTO, VENITE ALLE VOSTRE

CONCLUSIONI.

«La crisi è il teatro perfetto per procedere alla spersonalizzazione dell'essere umano, così da trasformarlo totalmente in uno schiavo che non si ribellerà mai, perché privo di coscienza.» disse Mei, disgustata.

«Stanno procedendo con un totalitarismo per gradi, così che la popolazione non abbia il tempo per pensare ad una ribellione» rincarò Mark.

«DIVIDI ET IMPERA! La paura di essere contagiati, porta ognuno di noi ad attuare un controllo sugli altri per quanto riguarda l'uso delle mascherine, il distanziamento sociale, il rispetto delle norme in generale e a far sì che tutti sospettino uno dell'altro. Le mascherine poi sono l'emblema della spersonalizzazione, perché indossandole siamo esseri senza volto e senza espressione, oltre al fatto che ci tolgono l'ossigeno. Ci stanno facendo morire lentamente ed inesorabilmente.»

«E ci stanno riuscendo, a meno che le coscienze di tutti non si risveglino»

«Karen aveva ragione quando all'inizio di tutta questa dannata farsa, lei sentiva già che qualcosa non andava. Ha intuito che c'era del marcio sotto a tutta questa faccenda e l'hanno mandata via di proposito. Sono preoccupata perché non si è fatta più sentire, non è da lei questo comportamento. Ho paura che le sia successo qualcosa di strano, ho questo pensiero già da un pezzo. E' come una sensazione di disagio alla bocca dello stomaco che non vuole saperne di abbandonarmi.»

«Hai provato a chiamarla?»

«Certo che l'ho fatto, ma il suo cellulare risulta sempre spento o irraggiungibile. E' proprio questo che mi fa pensare che le abbiano fatto qualcosa. Ho paura, Mark, anche se può sembrare irrazionale, io sento che Karen è in pericolo.»

«Non è affatto irrazionale, temo che tu abbia ragione. Il problema è che non sappiamo dove l'abbiano mandata, sarà come cercare un ago in un pagliaio.»

«Lo so, ma dobbiamo cercarla lo stesso. Lasciami pensare un attimo e troveremo una soluzione.»

«Si, dobbiamo calmarci e pensare lucidamente»

«Si, ora sarà meglio rientrare in reparto. Fra un'ora stacco e vado a casa.»

«Anch'io stacco fra un'ora.»

«Bene. Allora direi di mangiare qualcosa insieme e di iniziare a pensare ad un piano per risolvere questo casino che ci sta intorno.

«Agli ordini, signora!» scherzò Mark.

«A dopo» sorrise Mei.

CAPITOLO VII

Karen era sveglia, ma in stato di trance. La terapia di "spersonalizzazione" a cui era stata sottoposta per mesi, l'aveva resa un vegetale. Ogni ricordo della sua vita precedente era stato spazzato via come in un soffio. Gli unici pensieri che le vorticavano nella testa erano costituiti dai messaggi subliminali che le avevano bombardato il cervello per lungo tempo, convincendola di essere solamente uno strumento sessuale. Non ricordava nemmeno il suo nome, non sapeva dove fosse o perché si trovasse in quel luogo abominevole.

Un'infermiera che era seduta affianco al suo letto, le tolse l'ago della flebo dal braccio e lo tamponò con del cotone per fermare la fuoriuscita del sangue.

Mentre svolgeva questa operazione, entrò il medico che si era occupato della "terapia".

«Signora Smith, ho ricevuto ordine di trasferimento per la paziente. La prepari per il viaggio» le ordinò.

«Va bene, dottore» rispose lei.

«Verranno a prenderla fra un'ora»

«Certamente» annuì l'infermiera.

Quando fu pronta, la fece alzare lentamente, ma

la sua testa prese a vorticare terribilmente dopo mesi di forzatura a letto. L'infermiera la sostenne per evitarle di cadere e Karen avvertì un conato di vomito che prepotentemente le stava risalendo su per lo stomaco. Provò a resistere, ma non riuscì ad evitarlo e quasi vomitò addosso all'infermiera che prontamente le abbassò la testa per vomitare in una bacinella che si trovava su una sedia di fianco al letto. Quando si fu calmata, l'infermiera l'accompagnò nel bagno adiacente alla camera per lavarla e vestirla in maniera adeguata per il viaggio.

Quando fu pronta, due "uomini in nero" l'attendevano di fronte alla porta.

«Buongiorno, la signora deve venire con noi» disse uno di loro rivolgendosi alla signora Smith.

«Buongiorno, certamente» rispose lei.

Karen era ancora frastornata e aveva la vista annebbiata, nonostante il fatto che la doccia di poco prima avesse dato un po' di sollievo al suo corpo martoriato.

I due uomini aiutarono Karen a sollevarsi dalla sedia e la presero a braccetto, guidandola verso l'esterno della struttura ospedaliera.

Una Cadillac nera dai vetri oscurati era parcheggiata di fronte all'ingresso dell'ospedale.

Karen entrò in macchina con la sua scorta, senza che la sua mente ponesse degli interrogativi su dove la stessero portando e sul motivo di quel trasferimento improvviso. La sua mente era completamente vuota e lei eseguiva i comandi come un automa.

Per tutto il tempo del viaggio, i due uomini non aprirono bocca per fare un minimo di conversazione e nemmeno l'autista osò rompere quel silenzio tombale.

Arrivati a destinazione, la Cadillac si fermò in un piazzale deserto, in mezzo al quale si trovava un aereo nero e privo di scritte simile a quello che aveva trasportato Karen fino alla base di Dulce in Messico.

I due "uomini in nero" scesero dalla vettura e la scortarono verso l'aereo.

Un ceffo dal ghigno volgare, scese dalla scaletta e la squadrò da capo a piedi, con uno scintillio nello sguardo.

«Mi raccomando, Ned. Il capo si è raccomandato sul fatto che alla ragazza non deve essere torto nemmeno un capello. Che non ti venga in mente di sfiorarla nemmeno con un dito, siamo intesi?» lo redarguì uno di loro.

Ned grugnì scontento facendo un cenno d'assenso con la testa. Sapeva che avrebbe dovuto tenere a bada i suoi istinti o gliel'avrebbero fatta pagare cara. Fino ad allora era sempre stato fortunato, ma prima o poi la ruota avrebbe potuto girare a suo sfavore. Un brivido sulla schiena lo ammonì e lui decise che non era il caso di sfidare troppo la sorte.

Ned prese il braccio di Karen e l'aiutò a salire la scaletta, mentre i due uomini osservavano la scena.

Quando i passeggeri si furono sistemati, l'aereo prese a rollare sulla pista.

L'Ohio e la "Charm School", la scuola della "malia", attendevano Karen.

La "Charm School", situata nella cittadina di Yongstown in Ohio, era una struttura che incuteva paura e inquietudine già dalla facciata esteriore.

La scuola infatti era ospitata in una ex residenza di una ferrovia storica e il paesaggio attorno era brullo e tetro, esattamente come se fosse stato osservare lo scenario della casa della famiglia

"Addams".

Karen era di fronte all'ingresso con il suo "accompagnatore", un ceffo nerboruto dall'aria ostile, che stava sbattendo il pesante battente sul portone di legno.

Venne ad aprire un "maggiordomo" che poteva essere paragonato a "Lurch", che si rivolse immediatamente a Karen:

«Cammina in questo modo» la comandò con voce bassa e vibrante, mostrandole una camminata uguale a quella adottata dalle puttane di strada.

Karen eseguì il comando, imitando alla perfezione il comportamento di una prostituta ammaliante.

«Puoi andare, Ned. Ora penserò io alla ragazza.» disse Lurch, rivolgendosi al ceffo che aveva scortato Karen.

«Un vero peccato! Ho ricevuto ordine di non sfiorarla nemmeno con un dito!» si lagnò Ned, sputando veleno con un ghigno volgare.

«Vai, adesso» il tono del suo interlocutore, non ammetteva repliche.

«Vado, vado» rispose lui scontento.

Karen era come imbambolata, la sua mente risultava completamente vuota e priva di sentimenti. I trattamenti a cui era stata sottoposta l'avevano trasformata in un guscio senz'anima.

Lurch la prese per un braccio e la guidò attraverso una rampa di scale che portava ad un seminterrato.

Quest'ultimo era in realtà una vera e propria prigione sotterranea. Era buio, umido, le pareti erano ammuffite e l'arredamento era quello tipico di una camera delle torture.

Vi erano varie catene sospese che pendevano dal soffitto, uno stendibiancheria, fruste, altari di vario genere, di cui uno dedicato al "sesso bestiale". Attorno vi erano varie celle che contenevano animali di ogni tipo: capre nubiane, asini, pony bianchi, cani, gatti, serpenti e altri. Questi animali erano addestrati per rispondere sessualmente all'odore di urina.

Karen fu spogliata, incatenata e rinchiusa in una delle celle vuote. L'odore proveniente dalle gabbie degli animali le instillò un senso di terrore alla bocca dello stomaco, nonostante la sua coscienza fosse stata repressa dai trattamenti di elettroshock e dalla somministrazione di sostanze allucinogene.

Karen non riusciva a ricordare chi fosse o che età avesse, era come se fosse ritornata ad essere una neonata da poter plasmare a piacimento.

I primi tre giorni la lasciarono senza cibo, né acqua. La mente di Karen iniziò a "fratturarsi" in compartimenti, creando blocchi amnesici a causa del trauma procurato dalle privazioni che le avevano imposto. Queste ultime servivano ad annientare totalmente la sua volontà, facendo in modo che la mente registrasse la "mancanza" del sostentamento di prima necessità.

Il quarto giorno, Karen che giaceva quasi priva di sensi nella sua cella, percepì un rumore di passi che le si avvicinava. Non reagì minimamente quando il suo "aguzzino" aprì la cella e la tirò per le caviglie.

«Forza, bellezza. Ora ci divertiremo un mondo io e te» biascicò in tono volgare.

La trascinò senza troppe cerimonie verso il muro, la fece alzare e legò i suoi polsi alle catene che pendevano dal soffitto.

«Bene, adesso voglio proprio vedere quanto sei brava!» le lanciò uno sguardo lascivo. Il corpo di Karen ebbe un moto di repulsione, nonostante la debolezza.

Le si avvicinò e abbassandosi, le diede un violento morso alla vagina. Un dolore sordo esplose nel corpo di Karen che urlò, dopo mesi di forzato silenzio.

«Non ci siamo, signorina! La prima cosa che devi imparare, è quella di fare silenzio! Silenzio, hai capito? Se urli, non farai mai ritorno a casa, proprio come Dorothy nel mago di Oz. Ricordi?» la minacciò il suo carceriere.

Karen ammutolì. Il buio l'aveva già inghiottita una volta.

«Brava, bambina. Ora stai ferma» comandò lui.

La fece stendere e iniziò a praticarle un cunnilingus feroce, mordendola più volte e facendola sanguinare. Poi la penetrò con violenza e la sbattè con veemenza. La mente di Karen si dissociò ulteriormente per il trauma che stava subendo. Quando il suo aguzzino ebbe terminato, la riportò nella cella e la lasciò sola. Karen sprofondò nell'oblio della disperazione.

Il giorno dopo, Karen sentì un liquido caldo che le scivolava sulle gambe. Si girò appena per vedere il suo aguzzino che le stava urinando addosso. La sua mente controllata sapeva che ora sarebbe stata trascinata fuori dalla cella e che sarebbe stata costretta a fare sesso con un animale.

L'altare era già pronto con il suo drappo rosso fuoco, la croce nera che campeggiava e le candele che mandavano dei bagliori tremolanti attorno ai muri.

La fece distendere, le legò i polsi e le caviglie con delle funi e le tracciò dei segni con del sangue sul corpo.

Delle figure vestite con dei mantelli e incappucciate le si avvicinarono e uno di essi che teneva in mano un coltello affilato, le praticò delle piccole incisioni attorno alle caviglie e sui palmi delle mani.

Dal profondo del suo essere Karen ebbe la netta sensazione che la morte fosse vicina. Il sangue iniziò a scorrere dalle ferite che le avevano inferto e le teste incappucciate si abbassarono per succhiarlo.

Il corpo di Karen prese a tremare, ma dalle sue labbra non uscì alcun lamento. Sapeva che le sarebbe costato caro. E, nonostante tutto, lei non desiderava morire, c'era ancora una scintilla di speranza che covava dalle più intime viscere del suo essere e che aspettava l'occasione giusta per riaccendersi alla vita.

L'animale prescelto per il rituale era una delle capre nubiane, un maschio enorme di almeno 95 cm di altezza, dalle orecchie grandi e il muso aquilino, che scalciava impaziente annusando l'odore di urina che proveniva dalla pelle di Karen.

Uno delle teste incappucciate lo portò vicino all'altare e il caprone si alzò sulle zampe, poggiandole sul ventre di lei. La sua paura aumentò e i suoi battiti accelerarono in maniera esponenziale quando la capra la leccò nell'intimo.

La sua programmazione sapeva bene che il suo dovere era quello di dover accontentare le più folli perversioni dei suoi padroni, ma una piccola parte di sé, ancora si ribellava al fatto di dover eseguire quei comandi esecrabili, che andavano oltre ogni possibile tolleranza.

L'animale si sollevò ulteriormente e la penetrò con il suo possente organo, montandola con tutta la sua forza.

Una scarica di adrenalina generata dal terrore che stava sperimentando, si riversò nel suo sangue che prese a scorrere ancora più velocemente dai tagli che le avevano fatto.

Uno dei suoi carnefici ne raccolse un po' dentro

una coppa che sollevò offrendola ad una divinità che richiamò in una lingua antica e incomprensibile.

Una figura demoniaca completamente ricoperta di squame verdi e dalle sembianze rettiliane dotata di corna, si materializzò sopra il corpo di Karen, sovrapponendosi all'animale che continuava la sua tortura implacabile.

Karen non resse alla vista della figura mostruosa e svenne improvvisamente. La figura demoniaca sparì, dopo essersi cibata dell'essenza vitale che le era necessaria e che proveniva dal sangue adrenalizzato di lei. Anche le teste incappucciate bevvero l'adrenocromo dalla coppa, per beneficiare delle sue proprietà rigenerative e di potenziamento cognitivo.

Dopo che ebbe terminato il suo compito, l'animale fu ricondotto nella sua gabbia e Karen, ancora priva di sensi, subì lo stesso trattamento.

La scarica di acqua gelata la fece sussultare. Il suo aguzzino l'aveva rinchiusa in bagno e le aveva ordinato di lavarsi bene, perché doveva prepararsi per un "incontro".

Karen quasi non aveva la forza di strofinarsi bene, anche se dopo che si era ripresa dalle torture del rituale satanico, le avevano portato da mangiare e da bere. Il suo stomaco chiuso da giorni, le si era rivoltato quando aveva mandato giù qualche boccone, e lei non era riuscita a finire il suo pasto.

Il suo corpo era dolorante a causa dei ripetuti stupri e toccare le parti intime le provocava delle fitte lancinanti che si irradiavano fino alla testa.

Quando ebbe finito di lavarsi, avvolse il suo corpo in un accappatoio e i capelli con un asciugamano e uscì nella camera adiacente al bagno.

Karen osservò il letto a baldacchino, la cui struttura in legno finemente intagliato era sovrastata da due gargolle alate. Le tende di velluto rosso erano drappeggiate ai lati e legate con dei cordoni dorati. Anche il copriletto e i cuscini erano rossi. In generale tutto l'arredamento della stanza richiamava l'austerità dello stile gotico, con i pesanti tendaggi alle finestre, due poltrone i cui braccioli terminavano con dei teschi intagliati, la toeletta in legno nero, i tavolini con le zampe intarsiate a forma di zampa di animale.

Karen sedette su una delle poltrone, in attesa di ciò che l'aspettava. Passarono due ore senza che succedesse nulla e lei si addormentò, sfinita dagli eventi.

Si svegliò quando avvertì sulla sua pelle un oggetto freddo e metallico e quando aprì gli occhi vide che qualcuno la stava accarezzando una gamba con un coltellino dalla lama corta e affilata.

«Ti sei svegliata, bella principessa?» miagolò il suo torturatore. Karen ovviamente non rispose, la sua programmazione imponeva il "Silenzio" alla maniera di Oz, a meno che non le fosse stato richiesto di urlare per scopi pornografici.

La fece alzare in piedi, le tolse l'accappatoio e l'asciugamano dai capelli, gettandoli per terra.

Anche lui si tolse i vestiti e le si avvicinò con sguardo ferino. Karen cominciò a tremare, anche se la parola "principessa" era una parola chiave che richiamava un "alter" specifico della sua mente.

Quest'ultimo si sostituì a quello di "facciata" e Karen reagì di conseguenza, abbassandosi ai piedi dell'uomo e prendendo in bocca il suo pene.

«Fa vedere alla tua nonnina cosa hai portato, Cappuccetto Rosso!»

Karen iniziò a succhiarlo e leccarlo con forza e

velocità fino a che il suo aguzzino non eiaculò nella sua bocca e lei ingoiò lo sperma.

«Alzati e vai sul letto» ordinò lui. Karen eseguì il comando immediatamente.

Le si stese sopra e prese a morderle un capezzolo fino a che non sanguinò. Karen strinse i denti per non urlare.

Dopo che ebbe finito anche con l'altro seno, scese sul suo ventre e fino al suo intimo, praticandole un cunnilingus violento. Con le dita frugò dentro la vagina, tormentandola sino al punto che Karen non riuscì a trattenere l'urina che spruzzò il viso del suo torturatore.

«Sai di buono, principessa! Mi ecciti come nessuna!» esclamò soddisfatto, leccandosi le labbra.

La penetrò con ferocia e quando venne, si accasciò su di lei.

«Io ti piaccio, ho sentito come ha reagito il tuo corpo. Sei una puttana imperiale, la migliore che io abbia mai incontrato in tutta la mia vita!» le sussurrò in un orecchio.

Karen sembrava essere morta. Quantomeno avrebbe voluto esserlo, perché ad ogni trauma avvertiva una piccola parte di sé che moriva. Da quando l'avevano portata in quell'inferno artificiale, ogni traccia di quella che era stata, si stava dissolvendo in un oceano di violenza e di disperazione inesorabile.

Poco dopo lui si alzò e si rivestì, lasciandola sola nel grande letto a baldacchino.

Karen sprofondò in un sonno malato.

«Oh, mio Dio! Leggi qui, Mark!» disse Mei con la forchetta a mezz'aria.

Mark smise di mangiare la succulenta bistecca che lei gli aveva cucinato per dare un'occhiata al cellulare.

Sgranò gli occhi e iniziò a leggere ad alta voce:

CORONAVIRUS: è stato creato in un LABORATORIO DI WUHAN! Ecco cosa ha detto la VIROLOGA che è fuggita dalla CINA:

Una rivelazione shock: il coronavirus si sarebbe originato in un laboratorio di Wuhan. Questo è ciò che afferma la virologa cinese Li-Meng Yan, fuggita dalla Cina e affiliata a due fondazioni finanziate dalla destra statunitense.

Gli scienziati di tutto il mondo hanno sempre smentito l'ipotesi che il **COVID-19 fosse artificiale,** nato volutamente o per errore in un centro di ricerca. Ogni tanto emerge nuovamente questa tesi, e la pubblicazione di un sito di **pre-print** (quindi ancora da valutare adeguatamente in maniera scientifica) denota che **la struttura del coronavirus possiede caratteristiche biologiche incompatibili con la sua origine animale.** Sappiamo bene che, a differenza di altri ceppi virali respiratori, **Sars-CoV-2 provoca dei danni strutturali veramente molto ingenti,** quando scoppia la cosiddetta **tempesta citochinica,** ovvero uno **stravolgimento dell'apparato respiratorio e delle difese immunitarie, che mandano in tilt l'intero corpo umano** di chi subisce la malattia in forma grave o gravissima.

Intervistata da "La Verità", la ricercatrice

sostiene che "Ci troviamo davanti non a un virus derivato da un patogeno naturale, ma da uno artificiale, elaborato e rilasciato dal Wuhan institute of Virology, un laboratorio di massima sicurezza, che è posto sotto il controllo del Partito Comunista Cinese".

Le sue prove si originano dal fatto che **il genoma del COVID-19 e il suo particolare corredo cellulare non esistono in natura, né risultano noti dei simili in qualsiasi altra specie virale.**

Conclude che la sua **caratteristica fatale**, la famigerata **proteina Spike** con cui si serve per entrare nell'organismo, manca in tutti i coronavirus simili a questo.

Le **stranezze** del nuovo patogeno furono già espresse dal **professor Massimo Galli,** esperto di malattie infettive e primario del Sacco di Milano: era **scettico** sul fatto che fosse **nato artificialmente,** ma mostrava anche lui **perplessità sulle divergenze con la sua famiglia virale.**

Allo stesso tempo però ha affermato che se qualcuno avesse voluto mettere in giro intenzionalmente un virus poteva utilizzare quello della SARS, che era già pronto, mentre **Sars-CoV-2 in esame prende i genomi da pipistrello e MERS, quindi una sorta di mix di altre specie.**

«Guerra batteriologica e guerra psicologica!» esplose Mei.

«Chiaro, vogliono accelerare i tempi per instaurare un Nuovo Ordine Mondiale!»

«Karen aveva ragione quando diceva sin dall'inizio che il patogeno non aveva praticamente somiglianze con i coronavirus. E io che le ho detto che stava esagerando con le sue fantasie!»

«Karen è una virologa in gamba» confermò Mark.

«Si, ed è per questo che l'hanno tolta dai piedi. Niente mi toglie dalla testa che qualcuno abbia voluto farla sparire, me lo sento!» disse Mei.

«Il problema è, da dove iniziamo a cercarla?» ragionò perplesso Mark.

«Certo è un bell'affare! Più mi spremo le meningi, più non mi viene nulla in mente» sbuffò Mei.

«Troveremo una soluzione. A parte questo, dobbiamo fare qualcosa per fermare questa follia. Questa storia della pandemia è un'esagerazione, non ci sono i numeri per definirla tale.»

«Le misure che hanno adottato per Covid-19, sono l'esempio del più grande crimine della storia. I responsabili di ciò, dovrebbero essere processati per questo. Proprio ieri ho letto un articolo che parlava del Dr Reiner Fuellmich, un avvocato tedesco, noto per i processi di anticorruzione contro la Deutsche Bank e la VW, membro del comitato tedesco "Corona", che afferma proprio questo. La coscienza universale sta iniziando a risvegliarsi Mark» rispose Mei.

«Che cosa dice l'articolo?»

«Aspetta, ora te lo faccio leggere» Mei prese il suo cellulare.

L'articolo era presente come al solito sul sito di Neoingegneria.com e diceva:

LO SCANDALO CORONAVIRUS:

CRIMINI CONTRO L'UMANITA'? AGENDA CORROTTA, LA CLASS ACTION INTERNAZIONALE:

Il Dr. Reiner Fuellmich, un importante avvocato tedesco noto per i processi di anticorruzione contro la Deutsche Bank e la VW e ora membro del comitato investigativo tedesco "Corona", afferma che i responsabili delle misure COVID-19 devono essere processati per il più grande crimine contro l'umanità della storia.

Il Dr. Fuellmich analizza i risultati del Comitato Investigativo Corona che è stato costituito il 10 luglio 2020 da quattro avvocati. Il comitato è composto da avvocati, medici e scienziati che insieme sono giunti alla conclusione che COVID può benissimo essere il più grande crimine contro l'Umanità della storia.

Inizialmente si sono proposti di determinare:

Quanto è pericoloso il virus, in realtà?

Qual è il significato di un test positivo?

Quali danni collaterali sono stati causati dalle misure di corona per quanto riguarda la salute e l'economia mondiale?

"Salve, sono Reiner Fuellmich e da 26 anni sono

iscritto all'Ordine degli Avvocati in Germania e in California. Ho praticato legge principalmente come avvocato penalista contro società fraudolente, come Deutsche Bank, un tempo una delle banche più grandi e rispettate del mondo, oggi una delle organizzazioni criminali più tossiche del pianeta, VW una delle più grandi e più rispettate case automobilistiche, oggi famosa per la sua gigantesca frode sul diesel e Kuna, la più grande compagnia di navigazione del mondo. Abbiamo intentato cause multimilionarie in base ad accuse di corruzione.

Dal 10 luglio 2020 sono anche uno dei quattro membri del comitato investigativo tedesco sul coronavirus. Questo comitato ha ascoltato un gran numero di testimonianze di scienziati ed esperti internazionali per trovare risposte alle domande sulla crisi dovuta al coronavirus, domande che sempre più persone nel mondo stanno ponendo.

Tutti i suddetti casi di corruzione e frode commessi dalle multinazionali tedesche impallidiscono rispetto all'entità dei danni che la crisi da coronavirus ha causato e continua tuttora a provocare.

Questa crisi da coronavirus, secondo quanto sappiamo oggi, dovrebbe essere ribattezzata **lo scandalo da Coronavirus** e i responsabili perseguiti penalmente e citati in giudizio per danni civili a livello politico. Bisogna fare di tutto per assicurarsi che nessuno si trovi mai più in una posizione di potere tale da poter frodare l'umanità o tentare di manipolarci con i suoi loschi programmi e, per questo motivo, ora vi spiegherò come e dove una rete internazionale di avvocati patrocinerà il più grande caso di responsabilità civile di tutti i tempi, lo scandalo-truffa del Coronavirus che, nel frattempo, di è probabilmente trasformato nel più grande crimine mai commesso contro l'umanità.

I crimini contro l'umanità erano stati definiti per la prima volta nel corso dei processi di Norimberga, dopo la Seconda Guerra Mondiale, quando erano stati processati i principali criminali di guerra del Terzo Reich.

I crimini contro l'umanità sono oggi regolamentati nella sezione 7 del codice penale internazionale. Le tre principali domande a cui rispondere nel contesto di un approccio giudiziario allo scandalo coronavirus sono:

1) Esiste una pandemia da coronavirus o c'è solo una pandemia di test PCR? In particolare, un risultato positivo del test PCR significa che la persona testata è infetta da Covid-19 o non significa assolutamente nulla in relazione all'infezione da Covid-19?

2) Le cosiddette misure anti-coronavirus, come i blocchi, le mascherine obbligatorie, le regole di distanziamento sociale, e di quarantena servono veramente a proteggere la popolazione mondiale dal Coronavirus? O queste misure servono solo ad incutere paura alla gente, in modo che le persone credano, senza porsi alcuna domanda, che le loro vite sono in pericolo, così che, alla fine, le industrie farmaceutiche e tecnologiche possano incamerare enormi profitti dalla vendita di test PCR, test a base di antigeni e anticorpi, vaccini e magari anche dalla raccolta delle nostre impronte genetiche?

3) E' vero che il governo tedesco ha subito massicce pressioni, più di ogni altro paese, dal signor Drosten, virologo al Charity Hospital di Berlino, dal signor Wieler, veterinario e capo del RKI, l'equivalente tedesco del CDC, e dal signor Tedros Adhanom, capo dell'Organizzazione Mondiale della Sanità, magari perché la Germania è conosciuta come un paese particolarmente disciplinato e doveva quindi diventare un modello per il resto del mondo, vista la sua severa, e ovviamente totale, aderenza alle misure anti-coronavirus?

Le risposte a queste tre domande sono urgenti, perché questo cosiddetto nuovo e assai pericoloso coronavirus non ha causato alcun eccesso di mortalità in nessuna parte del mondo, e certamente non qui in Germania, ma le misure anti-coronavirus, le cui uniche basi sono i risultati dei test PCR, a loro volta basati sul Drosten test tedesco, hanno nel frattempo causato la perdita di moltissime vite umane e hanno distrutto l'economia di innumerevoli aziende e individui in tutto il mondo.

In Australia, ad esempio, le persone vengono gettate in prigione se non indossano una mascherina o se non la indossano nel modo voluto dalle autorità. Nelle Filippine, le persone che non indossano la mascherina o che non la indossano correttamente corrono il rischio di prendersi una revolverata in testa.

Permettetemi innanzitutto di fornirvi una sintesi dei fatti così come li conosciamo oggi.

La cosa più importante in una causa legale è stabilire i fatti per scoprire cosa è realmente accaduto, questo perché l'applicazione della legge dipende sempre dai fatti in questione. Se voglio perseguire qualcuno per frode, non posso farlo presentando i fatti di un incidente stradale. Quindi, per quanto riguarda la presunta pandemia da Coronavirus, i fatti esposti qui di seguito sono in larga misura il risultato del lavoro investigativo sul coronavirus. Questo comitato è stato fondato il 10 luglio da quattro avvocati al fine di determinare, ascoltando le testimonianze di scienziati internazionali e altri esperti:

1) quanto è veramente pericoloso il virus
2) qual' è il significato di un test PCR positivo
3) quali danni collaterali sono stati causati dalle misure anti-coronavirus, sia rispetto alla salute della popolazione mondiale, che nei confronti dell'economia mondiale.

Vorrei iniziare con qualche informazione di base su ciò che era successo nel maggio 2019 e poi all'inizio del 2020 e infine sull'influenza suina di dodici anni fa, di cui molti di voi potrebbero non avere più il ricordo.

Nel maggio del 2019, il più forte dei due partiti che governano la Germania in una grande coalizione, la CDU, aveva tenuto un congresso sulla salute globale, apparentemente su istigazione di importanti attori dell'industria farmaceutica e tecnologica. A questo congresso, i soliti sospetti, come si potrebbe dire, avevano tenuto i loro discorsi. C'era Angela Merkel e il Segretario alla Sanità tedesco, Jens Spahn, ma c'erano anche altre persone che non ci si aspetterebbe necessariamente di vedere in un simile incontro: il professor Drosten, virologo del Charity Hospital di Berlino, il professor Wieler, veterinario e capo dell'RKI, l'equivalente tedesco del CDC, nonché il filosofo Tedros Adhanom, il capo dell'Organizzazione Mondiale della Sanità.

Tutti avevano parlato. Erano presenti e avevano tenuto discorsi anche i principali lobbisti dei due maggiori fondi sanitari del mondo, vale a dire la Bill and Melinda Gates Foundation e il Wellcome Trust. Meno di un anno dopo, queste stesse persone avevano dettato legge nella proclamazione della pandemia mondiale da Coronavirus, si erano assicurati che i test PCR fossero usati a livello di massa per dimostrare le infezioni da COVID-19 in tutto il mondo ed ora stanno spingendo affinchè vengano inventati e venduti in tutto il mondo i vaccini per il COVID-19.

Queste infezioni, o meglio i risultati positivi dei test PCR, sono, a loro volta, diventati la giustificazione per i blocchi mondiali, il distanziamento sociale e le mascherine obbligatorie.

E' importante notare a questo punto che la definizione di pandemia era stata modificata dodici anni fa.

Fino ad allora una pandemia era considerata una malattia che si diffondeva in tutto il mondo e causava molte patologie gravi e parecchi decessi. All'improvviso e, per ragioni mai spiegate, di tutte queste caratteristiche ne era rimasta una sola, la diffusione a livello mondiale, le patologie gravi e numerose, così come i numerosi decessi, non erano più necessarie per definire una pandemia.

A causa di questo cambiamento, l'OMS, che è strettamente collegato all'industria farmaceutica globale, era stato in grado di dichiarare una pandemia l'influenza suina del 2009, con il risultato che erano stati prodotti e venduti vaccini in tutto il mondo. Sulla base di contratti tenuti segreti fino ad oggi, questi vaccini si erano dimostrati del tutto inutili, perché l'influenza suina, alla fine, si era rivelata una forma abbastanza blanda della comune influenza e non era mai diventata l'orrenda piaga che l'industria farmaceutica e le università ad essa affiliate avevano prefigurato, con milioni di morti dati per certi, se la gente non si fosse vaccinata. Quei vaccini avevano però avuto gravi effetti collaterali: circa 700 bambini in Europa si erano ammalati di narcolessia ed erano rimasti disabili a vita.

I vaccini acquistati con i milioni dei contribuenti avevano dovuto essere distrutti già nel corso dell'influenza suina, sempre a spese dei contribuenti. Il virologo tedesco Drosten era stato uno di quelli che avevano suscitato il panico nella popolazione, ripetendo più e più volte che l'influenza suina avrebbe causato molte centinaia di migliaia, persino milioni, di morti in tutto il mondo.

Alla fine, era stato soprattutto grazie al dottor Wolfgang Wodark e ai suoi sforzi come membro del Bundestag e del Consiglio d'Europa se questa bufala era stata smascherata prima che potesse avere conseguenze ancora più gravi.

Arriviamo a marzo 2020, quando il Bundestag aveva annunciato una crisi epidemica di importanza nazionale, l'equivalente tedesco di una pandemia, e su questa aveva basato la sua politica del lockdown, con la sospensione di tutti i diritti costituzionali essenziali. Per un tempo imprevedibile c'era stata un'unica opinione su cui il governo federale tedesco aveva basato la sua decisione, in un'oltraggiosa violazione del principio universalmente accettato di "audiator et altera pars", ascoltare anche l'altra versione dei fatti. L'unica persona che aveva ascoltato era stato il sig. Drosten, la stessa persona la cui orribile e terrificante prognosi si era rivelata catastroficamente dodici anni prima.

Lo sappiamo perché un informatore, di nome David Sieber, membro del Partito dei Verdi, ce lo ha detto il 29 agosto 2020, a Berlino, nel contesto di un evento in cui aveva partecipato insieme a Robert Kennedy jr. e lo ha ripetuto anche in seguito in una delle sessioni del nostro comitato sul coronavirus.

Il motivo dell'iniziativa del sig. Sieber è che era diventato sempre più scettico riguardo alla narrativa ufficiale portata avanti dai politici e dai media mainstream. Si era quindi impegnato per scoprire le opinioni di altri scienziati e le aveva trovate su Internet. Si era reso conto dell'esistenza di un certo numero di scienziati abbastanza famosi che avevano un'opinione completamente diversa e che contraddiceva l'orribile prognosi del sig. Drosten. Questi studiosi presumevano, e sono ancora di questo parere, che non vi sia stata alcuna malattia che sia andata oltre la gravità di un'influenza stagionale, che la popolazione avesse già acquisito l'immunità crociata o da linfociti-T contro questo cosiddetto nuovo virus e che non vi fosse quindi alcun motivo per misure speciali e, certamente, non per vaccinazioni (probabilmente obbligatorie).

Questi scienziati includevano uno specialista in statistica ed epidemiologia e sanità pubblica il professor John Ioannidis, della Stanford University, California, e, allo stesso tempo, alcuni fra gli scienziati più noti al mondo, il professor Michael Levitt, vincitore del Premio Nobel per la chimica e biofisico alla Stanford University, i professori tedeschi Karin Moelling, Sucharit Bhakdi, Knut Witkowski e Stefan Homburg ed ora anche molti altri scienziati e medici di tutto il mondo, tra cui il dott. Mike Yeadon. Quest'ultimo è l'ex vice presidente e direttore scientifico di Pfizer, una delle più grandi società farmaceutiche del mondo. Parlerò ancora di lui in seguito.

Alla fine di marzo, inizio aprile 2020, David Sieber si era rivolto alla leadership del Partito dei Verdi con le conoscenze che aveva accumulato e aveva suggerito di presentare al pubblico queste opinioni scientifiche alternative e di spiegare che, contrariamente alle profezie da giorno del giudizio del sig. Drosten, non c'era motivo per il pubblico di farsi prendere dal panico. Per inciso, Lord Sumption, che aveva servito come giudice alla Corte Suprema Britannica dal 2012 al 2018, aveva fatto la stessa cosa nello stesso momento ed era giunto alla conclusione che non c'erano basi concrete per scatenare il panico e nessuna giustificazione giuridica per le misure anti-coronavirus. Allo stesso modo, l'ex presidente della Corte Costituzionale Federale Tedesca aveva espresso, anche se con maggior cautela, seri dubbi sulla costituzionalità delle misure anti-coronavirus.

Invece di prendere nota di queste opinioni

alternative e discuterle con il sig. Sieber, la leadership del Partito dei Verdi aveva dichiarato che i terrificanti messaggi del sig. Drosten erano assolutamente validi per il Partito dei Verdi tedesco. Ricordate, non sono membri della coalizione di governo, sono all'opposizione, eppure questi messaggi erano stati sufficienti per loro, così come lo erano stati per il governo federale, che li aveva utilizzati come pretesto per la sua decisione di imporre il blocco.

Successivamente, la leadership del Partito dei Verdi aveva definito David Sieber un teorico della cospirazione, senza aver mai preso in considerazione il contenuto delle sue informazioni, e lo aveva privato dei suoi mandati.

Ora, diamo uno sguardo alla situazione attuale per quanto riguarda la pericolosità del virus, la completa inutilità dei test PCR per la rilevazione delle infezioni e i lockdown basati su infezioni inesistenti.

Nel frattempo, sappiamo che i sistemi sanitari non hanno mai rischiato di essere travolti dal Covid-19, anzi, molti ospedali rimangono ancora oggi vuoti e alcuni sono addirittura in bancarotta. La nave ospedale "Comfort", che all'epoca, era ancorata a New York e che avrebbe potuto ospitare un migliaio di pazienti, non ha mai avuto a bordo più di una ventina di casi. Non c'è stato alcun eccesso di mortalità. Gli studi condotti dalla professoressa Juanitas e da altri hanno dimostrato che la mortalità da coronavirus è equivalente a quella di un'influenza stagionale. Anche le situazioni di Bergamo e di New York, che erano servite per dimostrare al mondo che il panico era giustificato, si sono rivelate volutamente fuorvianti.

Poi era trapelato quello che era stato denominato il "Panic Paper", redatto dal Ministero degli Interni tedesco. Il suo contenuto riservato mostra senza ombra di dubbio che, in effetti, la popolazione è stata deliberatamente spinta al panico dai politici e dai media tradizionali. Le irresponsabili dichiarazioni del capo della RKI (il CDC tedesco), il sig. Wieler, che aveva più volte entusiasticamente annunciato che le misure anti-coronavirus dovevano essere eseguite dalla popolazione incondizionatamente e senza porsi alcuna domanda, dimostrano che aveva seguito il copione alla lettera.

Nelle sue dichiarazioni pubbliche aveva continuato a dire che la situazione era molto grave e minacciosa, sebbene le cifre compilate dal suo stesso istituto dimostrassero l'esatto contrario. Tra le altre cose, secondo il Panic Paper i bambini avrebbero dovuto essere responsabilizzati "per la morte dolorosa e atroce dei loro genitori e dei loro nonni, se non avessero seguito le regole anti-coronavirus", se cioè non si fossero costantemente lavati le mani e non avessero mantenuto le distanze dai nonni.

Una precisazione: a Bergamo la stragrande maggioranza dei decessi, per l'esattezza il 94%, si era visto essere dovuta non tanto al Covid-19, quanto alla decisione governativa di trasferire i pazienti, malati, probabilmente di raffreddore o di influenza stagionale, dagli ospedali alle case di cura per fare posto negli ospedali ai pazienti affetti da Covid, pazienti che alla fine, non erano mai arrivati. Nelle case di cura i pazienti appena trasferiti avevano poi infettato gli anziani con un sistema immunitario gravemente indebolito, di solito a causa di condizioni mediche preesistenti.

Inoltre, una precedente vaccinazione antinfluenzale avrebbe ulteriormente indebolito il sistema immunitario dei degenti nelle case di cura.

A New York, solo alcuni ospedali, ma di certo non tutti, erano arrivati al massimo della capienza. Molte persone, la maggior parte anziane e con gravi condizioni mediche preesistenti e di cui la stragrande maggioranza, se non fosse stato per il panico, sarebbe semplicemente rimasta a casa a riprendersi, si erano precipitate negli ospedali. Lì, molti di loro erano stati vittime di infezioni nosocomiali o anche di casi di negligenza, ad esempio essere intubati e attaccati ad un respiratore anziché ricevere ossigeno attraverso una normale maschera.

Sempre per chiarezza sul Covid-19, questo è attualmente lo stato delle cose: è una malattia pericolosa, proprio come lo è l'influenza stagionale e, naturalmente, il Covid-19, proprio come l'influenza stagionale, a volte può avere un decorso clinico grave e talvolta uccide i pazienti. Tuttavia, come hanno dimostrato le autopsie, in particolare quelle eseguite in Germania da uno scienziato forense, il professor Klaus Puskel di Amburgo, le morti erano state quasi tutte causate da gravi condizioni preesistenti e quasi tutti i deceduti avevano un'età molto avanzata; proprio come in Italia, erano andati oltre la loro aspettativa di vita media.

In questo contesto, va anche menzionato

quanto segue, l'RKI tedesco, l'equivalente del CDC americano, inizialmente aveva stranamente raccomandato di non eseguire autopsie e ci sono numerosi rapporti credibili che medici e ospedali di tutto il mondo siano stati pagati per dichiarare i propri deceduti vittime del Covid-19, invece di scrivere sul certificato la vera causa di morte, ad esempio infarto o ferite da arma da fuoco. Senza le autopsie non avremmo mai saputo che la stragrande maggioranza delle presunte vittime del Covid-19 era morta di malattie completamente diverse, ma non di Covid-19.

L'affermazione che il lockdown sarebbe stato necessario perché c'erano così tante infezioni diverse dalla Sars-Cov2 e perché i sistemi sanitari sarebbero stati sopraffatti è sbagliata per tutta una serie di ragioni.

Come abbiamo appreso dalle audizioni che abbiamo condotto con il comitato sul coronavirus e da altri dati che si sono resi disponibili nel frattempo, il blocco era stato imposto quando il virus si stava già affievolendo. Quando era stato imposto il blocco, i presunti tassi di infezione erano già in diminuzione.

Nella popolazione generale esiste anche un'immunità da linfociti-T contro i coronavirus presenti in ogni influenza o ondata di influenza, questa è la normalità. Anche se in questa occasione era all'opera un ceppo leggermente diverso di coronavirus, il nostro sistema immunitario ricorda tutti i virus con cui ha combattuto in passato e da questa esperienza è in grado di riconoscere anche un presunto nuovo, ma ancora simile, ceppo di virus della famiglia dei coronavirus.

Per inciso, è così che il test PCR per il rilevamento delle infezioni era stato inventato dall'ormai famigerato professor Drosten all'inizio di gennaio 2020. Sulla base di queste conoscenze di base, il sig. Drosten aveva sviluppato il suo test PCR, presumibilmente in grado di rilevare un'infezione da Sars-Cov2. Senza aver mai visto il vero virus cinese di Wuhan e avendo saputo dai resoconti dei social media che stava succedendo qualcosa a Wuhan, aveva iniziato ad armeggiare sul suo computer per preparare quello che sarebbe poi diventato il suo test PCR per il coronavirus.

Per far ciò aveva usato un vecchio virus SARS, sperando che fosse sufficientemente simile al presunto nuovo ceppo di coronavirus scoperto a Wuhan, poi aveva inviato il risultato dei suoi armeggiamenti al computer in Cina, per determinare se le vittime del presunto nuovo coronavirus risultassero positive al test. Lo erano state e questo era bastato all'Organizzazione Mondiale della Sanità per lanciare l'allarme pandemico e raccomandare l'uso mondiale del test PCR di Drosten per la rilevazione delle infezioni dovute a questo nuovo virus, ora denominato Sars-CoV2.

L'opinione e il consiglio di Drosten erano stati, e questo va sottolineato ancora una volta, l'unica fonte per il governo tedesco quando aveva deciso il blocco, le regole per il distanziamento sociale e l'obbligo di indossare le mascherine e la Germania a quanto pare, è diventata un centro di pressioni particolarmente intense da parte dell'industria farmaceutica e tecnologica, perché il mondo, vista la presunta disciplina che caratterizza il popolo tedesco, per sopravvivere alla pandemia dovrebbe fare esattamente come fanno i Tedeschi. La parte più importante della nostra indagine è il fatto che il test PCR viene utilizzato sulla base di false dichiarazioni, non di prove scientifiche che abbiano attinenza con le infezioni.

Nel frattempo, abbiamo appreso che questi test PCR, contrariamente alle affermazioni del sig. Drosten, Wieler e dell'OMS, non sono affatto indicativi di un'infezione virale in corso, figuriamoci poi di un'infezione da Sars-Cov2. C'è poi da notare che, non solo i test PCR non sono approvati per scopi diagnostici, come è correttamente scritto sui foglietti illustrativi che li accompagnano, ma, come ha più volte sottolineato l'inventore del test PCR, Kary Mullis, **questi test, semplicemente, non sono in grado di diagnosticare alcuna malattia.**

Ciò è contrario alle affermazioni fatte da Drosten, Wieler e dall'OMS dopo la proclamazione della pandemia. Un risultato positivo del test PCR non significa che sia presente un'infezione, se qualcuno risulta positivo non significa che sia infetto da qualcosa, figuriamoci poi dal contagioso virus della Sars-Cov2.

Anche il CDC statunitense è d'accordo, come si può leggere a pagina 38 di una sua pubblicazione del coronavirus e sul test PCR, datata 13 luglio 2020:

1) Il rilevamento di Rna virale potrebbe non indicare la presenza di virus infettivi o che Sars Covid-2019 è l'agente eziologico causa dei sintomi clinici.

2) Le caratteristiche di questo test non sono state previste per monitorare il trattamento dell'infezione da Sars Covid-2019.

3) Questo test non può escludere malattie causate da altri patogeni batterici o virali.

Non è ancora chiaro se vi sia mai stato un isolamento, scientificamente valido, del virus di Wuhan, per cui nessuno sa esattamente cosa stiamo cercando quando facciamo il test, soprattutto perché questo virus, proprio come i virus influenzali, muta rapidamente.

I tamponi per la PCR richiedono una o due sequenze molecolari invisibili all'occhio umano e che quindi devono essere amplificate molte volte per essere identificate.

Un'amplificazione di 35 volte è, come riportato dal New York Times e da altri, considerata completamente inaffidabile e scientificamente inattendibile.

Tuttavia, il test di Drosten, così come i test raccomandati dall'OMS che ne seguono l'esempio, sono impostati su 45 cicli di amplificazione.

Può una cosa del genere essere dovuta al desiderio di produrre il maggior numero possibile di risultati positivi e quindi fornire la base per il falso presupposto che sia stato rilevato un gran numero di infezioni?

Il test non è in grado di distinguere la materia inattiva da quella in grado di riprodursi, il che significa che può verificarsi un risultato positivo perché il test rileva, ad esempio, un frammento di un detrito o di una molecola, indicativo unicamente del fatto che il sistema immunitario della persona testata ha vinto, in passato, una battaglia contro il comune raffreddore.

Nel 2014, anche lo stesso Drosten aveva dichiarato ad una rivista economica tedesca, in un'intervista sulle possibilità di rilevare un'infezione da virus MERS con l'aiuto del test PCR, che il test PCR è talmente sensibile che anche persone sanissime e non infettive possono risultare positive.

All'epoca si era anche reso conto del potente ruolo svolto dai media nel seminare il panico e la paura.

In quell'intervista aveva affermato: "se, per esempio, un qualche agente patogeno è presente sulla mucosa nasale di un'infermiera per almeno un giorno, senza che lei si ammali o si accorga di nulla, allora, di colpo, diventa un caso di MERS; questo potrebbe anche spiegare l'esplosione nel numero dei casi in Arabia Saudita, inoltre i media hanno dato a questo fatto un risalto incredibile".

Questo lo ha dimenticato o lo sta deliberatamente nascondendo nel contesto della narrativa sul coronavirus, perché quest'ultimo è un'opportunità di business molto redditizia per il settore farmaceutico, nel suo complesso, e anche per il signor Lund, suo coautore in molti studi, nonché produttore di test PCR.

A mio avviso, è del tutto inverosimile che nel 2020 il sig. Drosten abbia dimenticato quello che sapeva sui test PCR e che aveva già detto in un'intervista nel 2014, cioè che questo test non è in grado di rilevare alcuna infezione. Contrariamente a tutte le false affermazioni che dicono il contrario, per avere un'infezione, una cosiddetta infezione acuta, non basta che il virus, o meglio un frammento che potrebbe anche provenire da un virus, venga rilevato in qualche sede, ad esempio in gola, senza sintomi visibili, perché allora sarebbe un'infezione "fredda".

Un'infezione acuta richiede che il virus penetri nelle cellule, si replichi e provochi sintomi, come mal di testa o mal di gola, e, solo allora, una persona è da considerarsi veramente infetta, nel senso di infezione acuta, e, solo allora, è contagiosa. Fino a quel momento, il virus è completamente innocuo sia per l'ospite che per tutte le persone con cui l'ospite entra in contatto.

Ancora una volta, questo significa che i risultati positivi dei test, contrariamente a tutte le affermazioni di Drosten, Wieler o dell'OMS, non hanno alcun rapporto rispetto alle infezioni e questo lo sa anche il CDC, come riportato sopra.

Nel frattempo, in tutto il mondo numerosi scienziati altamente rispettati iniziano a pensare che non ci sia mai stata una pandemia da coronavirus, ma solo una pandemia da test PCR.

Questa è la conclusione raggiunta da molti scienziati tedeschi, come i professori Bhakdi, Rice, Milling, Hockerts, Wallach e da molti altri, tra cui il già citato professor John Ioannidis e da un premio Nobel, il professor Michael Levitt della Stanford University. L'opinione più recente è quella del già citato dr. Mike Yeadon, ex vice presidente e responsabile scientifico di Pfizer, posizione che ha ricoperto per 16 anni.

Insieme ad altri coautori, tutti noti scienziati, l'ha espressa un articolo scientifico pubblicato nel settembre 2020. In esso, tra le altre cose, gli autori affermano:

"Stiamo basando la nostra politica di governo,

la nostra politica economica e la politica di limitazione dei diritti fondamentali presumibilmente su dati e ipotesi completamente sbagliati sul coronavirus. Se non fosse per i risultati dei test che vengono costantemente riportati dai media, la pandemia sarebbe già finita, perché non è successo niente.

Certo, si sono verificati alcuni gravi casi individuali di malattia, ma ce ne sono in ogni epidemia di influenza. C'è stata una vera ondata di patologie a marzo e ad aprile ma, da allora, tutto è tornato alla normalità, solo i risultati positivi salgono e scendono senza sosta, ancora e ancora, a seconda di quanti esami vengono effettuati, ma i casi reali nella malattia sono terminati.

Non si può parlare di una seconda ondata dovuta ad un presunto nuovo ceppo del coronavirus", continua il dottor Yeadon, "l'unica novità è che si tratta di un nuovo tipo del virus corona noto da tempo. Ci sono almeno quattro coronavirus endemici che causano alcuni dei comuni raffreddori di nostra conoscenza, soprattutto in inverno. Hanno tutti una sequenza che somiglia in modo sorprendente a quella del coronavirus e, dal momento che il sistema immunitario umano riconosce la somiglianza con questo virus scoperto di recente, questo significa che l'immunità da linfociti-T esiste già da tempo. A questo proposito, il 30% della popolazione aveva questa immunità anche prima che apparisse il presunto nuovo virus.

Pertanto, per la cosiddetta immunità di gregge e per arrestare l'ulteriore diffusione del virus, è sufficiente che dal 15 al 25% della popolazione sia infettata da questo presunto nuovo coronavirus e questo è quanto è successo".

Per quanto riguarda tutti i più importanti test PCR, Yeadon scrive un articolo intitolato "Bugie, dannate bugie e statistiche sanitarie, il pericolo mortale dei falsi positivi", datato 20 settembre 2020: **"La probabilità che un caso apparentemente positivo sia un falso positivo è, più o meno, tra l'89 e il 94%".**

Il dr. Yeadon, in accordo con i professori di immunologia Camara dalla Germania, Capel dai Paesi Bassi e Cahill dall'Irlanda, nonché con un microbiologo, il dott. Arve dall'Austria, che hanno tutti testimoniato davanti al comitato tedesco sul coronavirus, sottolinea esplicitamente che un test positivo non significa che sia stato trovato un virus intatto. Gli autori spiegano che ciò che il test PCR misura effettivamente è: "semplicemente la presenza di sequenze parziali di RNA presenti nel virus intatto, che potrebbero essere frammenti di virus morti, non in grado di infettare il soggetto, non trasmissibili e non pericolosi per altre persone."

A causa della totale inadeguatezza di questo test per l'individuazione delle malattie infettive, che ha dato risultati positivi anche con capre, pecore, papaia e persino ali di pollo, il professore di Oxford, Carl Henegan, direttore del centro per la medicina basata sull'evidenza, scrive che il Covid non scomparirebbe mai se si dovesse continuare ad utilizzare questo tipo di test, ma sarebbe sempre falsamente rilevato in gran parte di ciò che viene testato. I blocchi, come hanno scoperto Yeadon e i suoi colleghi, non funzionano. La Svezia, con il suo approccio laissez-faire e la Gran Bretagna, con il suo lockdown rigoroso, ad esempio, hanno statistiche di patologia e di mortalità assolutamente comparabili.

La stessa cosa è stata rilevata da scienziati americani riguardo ai diversi stati della confederazione statunitense. Non fa differenza per l'incidenza della malattia se uno stato implementa il blocco o no.

Per quanto riguarda l'ormai famigerato professore dell'Imperial College di Londra, Neil Ferguson, e il suo modello informatico completamente falso che parlava di milioni di morti, Yeadon afferma con disprezzo sottilmente velato che "nessuno scienziato serio dà alcuna validità al modello Ferguson", e che "è importante sapere che la maggior parte degli scienziati non accetta il fatto che il modello Ferguson sia anche solo parzialmente corretto, ma il governo è ancora legato a quel modello".

Ferguson aveva previsto 40.000 morti da coronavirus in Svezia entro maggio e 100.000 entro Giugno, ma ci si è fermati a 5.800, cifra che, secondo le autorità svedesi, equivale a quella di una lieve influenza. Se i test PCR non fossero stati utilizzati come strumento diagnostico per le infezioni da coronavirus non ci sarebbe stata una pandemia e non ci sarebbero stati i blocchi e tutto sarebbe stato percepito solo come un'ondata di influenza media o leggera, concludono questi scienziati.

Il dottor Yeadon scrive nel suo già citato articolo: " questo test è assolutamente difettoso e deve essere subito ritirato e mai più utilizzato in questo contesto, a meno che non si dimostri una sua rettifica" e, verso la fine dell'articolo, "ho spiegato come un test diagnostico di scarse prestazioni sia stato utilizzato, e continui ad esserlo, non per la diagnosi della malattia ma, a quanto pare, solo per creare paura."

Ora, diamo uno sguardo alla situazione attuale per quanto riguarda i gravi danni causati dai blocchi e dalle altre misure. Un altro documento dettagliato, scritto da un funzionario tedesco del Ministero degli Interni responsabile della valutazione dei rischi e della protezione della popolazione dai rischi, è trapelato di recente ed è stato soprannominato il "documento dei falsi allarmi".

Questo documento giunge alla conclusione che non c'erano e non ci sono prove sufficienti di gravi rischi per la salute a carico della popolazione, come affermato da Drosten, Wieler e dall'OMS e l'autore afferma che esistono molte prove che le misure anti-coronavirus hanno causato enormi danni all'economia e alla salute della popolazione, danni che poi descrive in dettaglio nell'articolo, concludendo infine che tutto questo porterà a richieste molto elevate di risarcimento danni, di cui il governo sarà ritenuto responsabile.

Tutto questo ora è diventato realtà, ma l'autore dell'articolo è stato sospeso. Sempre più scienziati, ma anche avvocati, riconoscono che, come risultato del deliberato allarmismo e delle misure restrittive per il coronavirus rese più facili da tutto questo panico, la democrazia corre il grave pericolo di essere sostituita da modelli totalitari fascisti. Come ho già accennato prima, in Australia vengono fermate persone che non indossano le mascherine (che sempre più studi dimostrano essere pericolose per la salute) o che, presumibilmente, non le indossano correttamente, vengono poi ammanettate e gettate in prigione. Nelle Filippine si corre il rischio di essere presi a revolverate, ma anche in Germania e in altri paesi precedentemente civilizzati i bambini vengono tolti dai genitori se non si rispettano i regolamenti di quarantena, il distanziamento sociale e le normative sull'uso della mascherina. Secondo gli psicologi e gli psicoterapeuti che hanno testimoniato davanti al comitato tedesco sul coronavirus, i bambini vengono traumatizzati in massa, con le peggiori conseguenze psicologiche che ci si può aspettare a medio e lungo termine.

Nella sola Germania, si prevedono in autunno da 500.000 a 800.000 fallimenti per le piccole e medie imprese che costituiscono la spina dorsale dell'economia. Ciò si tradurrà in perdite fiscali incalcolabili e spese notevoli e di lungo periodo a carico dei servizi per la sicurezza sociale, tra le altre cose, per i sussidi di disoccupazione. Dal momento che, nel frattempo, praticamente tutti stanno cominciando a capire il pieno impatto devastante di queste misure anti-coronavirus completamente infondate, mi asterrò dal dettagliarle ulteriormente.

Consentitemi ora di farvi un riepilogo delle conseguenze legali. La parte più difficile del lavoro di un avvocato è sempre quella di stabilire la vertà dei fatti e non l'applicazione delle norme legali relative a questi fatti. Purtroppo un avvocato tedesco questo non lo impara alla facoltà di giurisprudenza, ma i suoi colleghi angloamericani ottengono la formazione necessaria nei loro atenei e probabilmente per questo motivo, ma anche per via dell'indipendenza molto più pronunciata della magistratura anglo-americana, il diritto probatorio anglo-americano è molto più efficace nella pratica di quello tedesco. Un tribunale può decidere correttamente una controversia legale solo se ha in precedenza stabilito i fatti in modo corretto, cosa che non è possibile senza aver prima esaminato tutte le prove, ed è per questo che la legge probatoria è così importante. Sulla base dei fatti sopra riassunti, in particolare quelli verificati con l'aiuto del lavoro del comitato tedesco sul coronavirus, la valutazione giuridica è, in realtà, abbastanza semplice per tutti i sistemi giuridici civili, indipendentemente dal fatto che questi sistemi legali siano basati sul diritto civile, che segue più strettamente il diritto romano, o sul diritto comune anglo-americano, che è solo vagamente collegato al diritto romano.

Diamo prima uno sguardo all'incostituzionalità delle misure. Numerosi professori di diritto tedesco, in perizie scritte o in interviste, hanno dichiarato, in linea con i seri dubbi espressi dall'ex presidente della Corte Costituzionale Federale sulla costituzionalità delle misure anti-coronavirus, che queste misure sono prive di un sufficiente dato di fatto e anche della necessaria base giuridica e che pertanto sono incostituzionali e devono essere immediatamente abrogate.

Di recente, un giudice, Torsten Schleife, ha dichiarato pubblicamente che la magistratura tedesca, proprio come il grande pubblico, è talmente in preda al panico da non essere più in grado di amministrare adeguatamente la giustizia. Ha affermato che i tribunali "*hanno legalizzato fin troppo rapidamente misure coercitive che, per milioni di persone in tutta la Germania, rappresentano enormi sospensioni dei loro diritti costituzionali.*" I cittadini tedeschi sono attualmente sottoposti alla più grave violazione dei loro diritti costituzionali dalla fondazione della Repubblica Federale di Germania, nel 1949. Per contenere la pandemia del coronavirus, i governi federali e statali sono intervenuti massicciamente, minacciando in parte l'esistenza stessa del paese, che dovrebbe essere garantita dai diritti costituzionali del popolo.

Che dire poi della frode, dei danni intenzionali e dei crimini contro l'umanità? Sulla base delle norme del diritto penale, dichiarare il falso in relazione ai test PCR o diffondere volontariamente false dichiarazioni di rischio, come avevano fatto Drosten, Wieler e l'OMS, può essere definito solo come frode. In base alle norme del diritto civile, ciò si traduce in una inflizione intenzionale di danni. Un professore tedesco di diritto civile, Martin Schwab, sostiene questa conclusione nelle sue interviste pubbliche. In un parere legale completo di circa 180 pagine, ha esposto l'argomento come mai nessun altro studioso di diritto aveva fatto finora e, in particolare, ha fornito un resoconto dettagliato del completo fallimento dei media mainstream nel riferire i fatti reali di questa cosiddetta pandemia.

Il signor Drosten, Wieler e Tedros Adhanom dell'OMS, sapevano tutti, in base alla loro esperienza o a quella delle loro istituzioni, che i test PCR non possono fornire alcuna informazione sulle infezioni, ma hanno ribadito, più e più volte, di fronte al grande pubblico la validità di questo test, con le loro controparti mondiali a dar manforte. E tutti sapevano e accettavano che, sulla base delle loro raccomandazioni, i governi di tutto il mondo avrebbero deciso di imporre blocchi, regolamentare il distanziamento sociale e obbligare all'uso delle mascherine, che costituiscono un rischio molto grave per la salute, come documentato da studi indipendenti e da affermazioni di esperti.

Secondo le norme del diritto civile, tutti coloro che sono stati danneggiati da questi blocchi indotti dai test

PCR hanno diritto a ricevere il pieno risarcimento delle loro perdite. Secondo la legge, esiste il dovere di risarcire, cioè l'obbligo di risarcimento dei danni derivanti dalla perdita di profitti da parte delle aziende e dei lavoratori autonomi a seguito del blocco e delle altre misure. Nel frattempo, tuttavia, le misure anti-coronavirua hanno causato e continuano a causare danni così devastanti alla salute e all'economia della popolazione mondiale che i crimini commessi da Drosten, Wieler e dall'OMS dovrebbero essere legalmente considerati come crimini effettivi contro l'umanità, come definito dalla sezione 7 del codice penale internazionale.

È possibile fare qualcosa e cosa possiamo fare? Ebbene, la class action è la via migliore per ottenere danni compensativi e conseguenze politiche. La cosiddetta class action è basata sulla legge inglese ed oggi esiste negli Stati Uniti e in Canada. Consente ad un tribunale di giudicare come azione collettiva un reclamo per danni su richiesta di un querelante se, a seguito di un evento che induce il danno, un gran numero di persone subisce lo stesso tipo di danno. Formulato in modo diverso, un giudice può consentire che una causa legale collettiva vada avanti se la componente vitale della causa è costituita da questioni comuni legali e fattuali. Qui le questioni connesse al diritto comune ruotano infatti intorno ai blocchi basati sui test PCR eseguiti in tutto il mondo e alle loro conseguenze. Proprio come le autovetture diesel VW erano prodotti funzionanti, ma difettosi a causa di un congegno manipolatorio e non conformi agli standard sulle emissioni, così anche i test PCR, che sono prodotti perfettamente validi in altri contesti, sono prodotti difettosi quando si tratta della diagnosi di infezioni. Ora, se una società americana o canadese o un cittadino americano o canadese decide di citare in giudizio per danni queste persone negli Stati Uniti o in Canada, il tribunale chiamato a risolvere questa controversia può, su richiesta, consentire che questo reclamo venga trattato come azione collettiva. Se ciò dovesse accadere, tutte le parti interessate al mondo ne sarebbero informate tramite pubblicazioni sui principali media e avrebbero così l'opportunità di partecipare a questa azione collettiva entro un certo periodo di tempo stabilito dal tribunale.

Va sottolineato che nessuno è obbligato ad aderire ad una class action ma ogni parte lesa può aderirvi. Il vantaggio della class action è che è necessario un solo processo per mettere alla prova la denuncia di un querelante, purchè rappresentativo di un'intera classe di altri querelanti. Questo è più economico, più veloce di centinaia di migliaia o più di singole cause legali, impone meno oneri ai tribunali e, infine, di regola, consente un esame delle accuse molto più preciso di quanto sarebbe possibile nel contesto di centinaia di migliaia o, più probabilmente, come nel caso di una causa sul coronavirus, anche di milioni di singole cause legali. In particolare, è applicabile la consolidata e provata legge angloamericana del diritto probatorio, con il suo tipico scambio di informazioni pre-processuale. Ciò richiede che tutte le prove rilevanti per l'instaurazione di un processo vengano messe subito in tavola, in contrasto con la situazione tipica delle cause tedesche (caratterizzate da uno squilibrio strutturale, visto che, di solito, coinvolgono da una parte un consumatore e dall'altra una potente società). In questo caso il rifiuto o anche la distruzione delle prove non è senza conseguenze, al contrario, la parte che cela o addirittura distrugge le prove verrebbe condannata proprio sulla base del regime probatorio.

Qui in Germania un gruppo di legali si è riunito per aiutare i propri clienti ad ottenere un risarcimento danni. Hanno fornito tutte le informazioni e i moduli necessari ai querelanti tedeschi sia per stimare il danno subito sia per unirsi al gruppo o alla classe di querelanti che, in seguito, aderirà alla class action, quando verrà intrapresa in Canada o negli Stati Uniti. Inizialmente, questo gruppo di avvocati aveva pensato di raccogliere e gestire anche le richieste di risarcimento danni da parte di altri querelanti non tedeschi, ma la cosa si è rivelata ingestibile. Tuttavia, attraverso una rete di avvocati internazionali che si allarga di giorno in giorno, il gruppo di avvocati tedeschi fornisce a tutti i loro colleghi stranieri, gratuitamente, tutte le informazioni pertinenti, comprese le opinioni e le testimonianze di esperti che dimostrano che i test PCR non sono in grado di rilevare le infezioni e forniscono loro anche tutte le informazioni utili per preparare e raccogliere le richieste di risarcimento per i loro clienti, in modo che anche loro possano far valere le richieste di risarcimento nei tribunali del loro paese d'origine o nell'ambito dell'azione collettiva, come spiegato in precedenza.

Questi fatti scandalosi sul coronavirus, raccolti principalmente dal nostro comitato e riassunti sopra, sono gli stessi fatti che presto si dimostreranno veri nell'aula di un tribunale o di molti tribunali in tutto il mondo. Questi sono i fatti che faranno cadere le maschere dai volti di tutti i responsabili di questi crimini. Ai politici che credono a quelle persone corrotte: questi fatti vi vengono offerti come

un'ancora di salvezza che può aiutarvi a ripensare la vostra linea di condotta e ad iniziare una discussione scientifica pubblica attesa da tempo, per non affondare con quei ciarlatani e criminali.
Grazie.

Scelto e tradotto da Markus per comedonchisciotte.org
By Prof. Michel Chossudovsky
Global Research

Milioni di persone in tutto il mondo sono vittime della campagna della paura. Il panico prevale. Giorno dopo giorno, l'impatto persistente della disinformazione dei media sul **Virus Killer** è travolgente.

La paura e il panico, insieme alle menzogne, impediscono alla gente di comprendere la logica di queste politiche economiche e sociali di vasta portata.

Una rete internazionale di avvocati è intenzionata a lanciare una azione legale collettiva. Il **Dr. Reiner Fuellmich**, eminente avvocato, presenta i dettagli di questo progetto.

Dopo nove mesi di ricerche e analisi, possiamo confermare che i dati e i concetti sono stati manipolati per sostenere la campagna della paura. Le stime basate sui tamponi RT-PCR non hanno senso: Il test RT-PCR non identifica/individua il virus del Covid-19. Ciò che rileva sono frammenti di diversi virus.

Confermato da eminenti scienziati e da organismi ufficiali di sanità pubblica, il Covid-19 non è pericoloso.

Ampiamente documentata, la pandemia di COVID-19 è stata usata come pretesto per innescare un processo mondiale di ristrutturazione economica, sociale e politica che ha come conseguenza povertà di massa e disoccupazione mondiale. **Sta distruggendo la vita delle persone**.

FONTE https://www.nogeoingegneria.com/news-eng/dr-reiner-fuellmich-crimes-against-humanity-theyre-being-taken-to-court/

UN PASSO IMPORTANTE Berlino 10102020: Alleanza Medica Mondiale

«Se non iniziamo anche noi a combattere, riusciranno nel loro intento di instaurare una dittatura mondiale!» esclamò Mark.

«Qualcosa mi dice che prima di tutto dobbiamo trovare Karen. Non so perché, ma ho il presentimento che se troviamo lei, avremo trovato la chiave per risolvere questa follia» disse Mei convinta.

«Se lo dici tu. Ma da dove cominciamo?»

«Mi è venuta in mente una cosa. Una volta Karen, mi ha parlato di un suo amico, un certo Jonathan. Non so il perché, ma credo che lui sappia dove hanno portato Karen.»

«Perché pensi che lui sappia dov'è Karen?»

«Non so, è una sensazione. Questo Jonathan ha a che fare con cose grosse»

«Del tipo?»

«Non ricordo bene. Servizi segreti, mi pare»

«Che significa, ti pare? Devi essere certa prima di chiedere alla persona sbagliata»

«Fidati, lui è la persona più adatta allo scopo. Domani andremo a trovarlo nel suo ufficio»

«Ufficio? Mi parli di servizi segreti e vorresti farmi credere di poter andare a scovarlo come se si trattasse di un normalissimo ufficio?»

«Ha un'agenzia immobiliare, ma credo sia una

copertura. Domani andremo lì e cercheremo di convincerlo a sputare il rospo»

«Vuoi giocare a fare l'investigatore?»

«Elementare, Watson» scherzò Mei»

«E se ci sbattesse fuori a pedate nel sedere?»

«Se dovesse accadere, ho il piano B»

«E quale sarebbe il tuo piano B, dottoressa?»

«Porterò con me la mia valigetta con le siringhe e qualche soluzione salina. Lo minaccerò di iniettargli in vena un virus letale! Tu lo dovrai bloccare, naturalmente!»

«Sei completamente folle, ma mi piace il piano B»

«Spero vivamente che collabori anche senza dover ricorrere alle maniere coercitive»

«Me lo auguro. Incrociamo le dita.»

«Si, collega. Ne abbiamo bisogno».

Finirono di mangiare e Mark si alzò per sparecchiare.

«Vai pure, Mark. Ci penso io qui.»

«Voglio aiutarti»

«Davvero, non c'è bisogno.»

Mark posò il piatto che aveva in mano e le si avvicinò.

«Grazie per la tua gradevole compagnia.» farfugliò lei imbarazzata per la sua vicinanza. Il suo cuore prese a batterle velocemente.

Mark le prese il viso tra le mani e cominciò a baciarla in modo lento e profondo. Lei emise un gemito e schiuse le labbra rispondendo al bacio.

«Ti voglio» le sussurrò sulle labbra.

«Anch'io» rispose lei di rimando. Era sorpresa di sé stessa. Da quanto lo desiderava? Ma decise che non era il momento di porsi inutili interrogativi. Voleva solo seguire l'istinto e farsi amare da Mark.

Continuarono a baciarsi e i vestiti caddero in un minuto. Mark la prese in braccio e la posò sul letto.

«Sei uno splendore, amore» le disse con sguardo acceso.

«Anche tu» disse Mei con voce spezzata dall'emozione.

Mark la coprì con il suo peso e riprese a baciarla.

Fecero l'amore con passione travolgente e poi si addormentarono stretti nelle braccia l'uno dell'altra.

CAPITOLO VIII

La Charm School era in sessione. Karen era schierata insieme alle altre schiave sessuali davanti ad un personaggio che richiamava alla mente l'orrenda figura del dottor Josef Rudolf Mengele, noto anche come dottor Morte o Angelo della Morte.

Aveva i capelli tirati indietro, sul colletto della divisa nera era ben evidente il simbolo della svastica e quello delle V sulle maniche, gli stivali erano neri e lucidissimi e lo sguardo privo di qualsiasi tipo di empatia verso il prossimo.

«Buongiorno, ragazze care!» disse il medico che somigliava al dottor Morte.

«Buongiorno, zio!» esclamarono in coro tutte le schiave, Karen compresa.

«Oggi voglio mostrarvi un esperimento che vi stupirà»

«Fate entrare i miei gemelli!» ordinò.

Dodici coppie di gemelli omozigoti entrarono nell'aula del "decimo blocco" della scuola, così era chiamata quella stanza che era arredata con i più disparati sistemi di tortura che la mente umana avesse mai potuto concepire.

«Oh, ecco le mie cavie preferite!» esclamò soddisfatto.

Karen sentiva un gelo che la avvolgeva da capo a piedi, anche se almeno in quel momento non era nuda come quando era nella sua cella.

«Prima loro!» indicò due sorelle biondissime che non potevano avere più di sei anni.

Le due piccole tremavano come foglie mentre camminavano verso il patibolo.

Karen avvertì una fitta all'altezza del cuore, ma la sua mente le disse che non poteva fare nulla per quelle anime sfortunate, perché lei non era nessuno, non contava nulla, nessuno l'avrebbe ascoltata, anzi se avesse aperto bocca, sarebbe andata incontro a delle impronunciabili conseguenze, quindi nella sua nullità era preferibile che si fosse rintanata come un verme suo pari.

Lo "zio" prese in mano una siringa che conteneva un liquido blu, che altro non era che blu metilene, una sostanza che era stata usata ampiamente proprio da Josef Mengele nei campi di concentramento come Dachau e Auschwitz per gli esperimenti di trauma-bonding.

«Ora assisterete alla trasformazione di due semplici creature che avranno il privilegio di essere consacrate alla razza superiore, la razza che per diritto divino è quella che deve predominare!» disse con un tono che pareva provenire da una dimensione ultraterrena.

Detto questo, inserì l'ago della siringa nelle iridi della prima gemella, che però non osò urlare nonostante l'atrocità che stava subendo. Poi toccò alla sorella, che nel frattempo non aveva smesso di tremare anche se entrambe erano vittime sin dalla nascita della programmazione Monarch.

Lo "zio" le fece girare per mostrare il cambiamento dei loro occhi che da castano erano diventati di un azzurro intenso. Ora le gemelle rappresentavano l'emblema della razza "Ariana", la razza superiore.

Karen avrebbe voluto vomitare, come se fosse stata in una fase di "rigetto" dopo un trapianto di organo, ma dovette trattenersi e continuare a guardare le altre coppie di gemelli che via via subirono l'orrendo trattamento del dottore. Tre coppie di gemelli non ressero e morirono appena l'ago entrò nell'iride. Naturalmente non ci fu nessuna reazione empatica da parte dello "zio" che portò a termine la sua "missione" divina.

«Come avete potuto constatare, solo chi realmente appartiene alla razza divina, ha potuto sopravvivere ad un blando trattamento per poter accedere ai "poteri divini"» recitò lo "zio" con evidente disprezzo verso le coppie di gemelli che non avevano retto alle torture.

Karen si sentì sprofondare all'inferno. Qualcosa dentro di sè le sussurrava che doveva combattere per la propria vita e per quella di tutti quegli angeli sfortunati che le stavano attorno in quelle mura dove ogni minuto si consumavano dei crimini aberranti.

Ma un'altra voce più forte della prima, le urlava che doveva solo stare zitta e subire, che non era nemmeno degna di stare al mondo, che era una creatura inutile, che Dio non le avrebbe mai voluto bene e che al contrario, doveva essere grata se qualcuno si fosse degnato di darle attenzione, anche solo per stuprarla o seviziarla.

Karen si girò a guardare le compagne che avevano guardato lo "spettacolo" insieme a lei e vide che avevano tutte le sguardo perso nel vuoto come se ogni scintilla di vitalità si fosse spenta per sempre. Lei stessa si sentiva così, ma le era rimasta una flebile speranza che ancora non voleva cedere le armi.

«Voglio andarmene da qui» disse a bassa voce alla ragazza che le stava accanto.

«Da qui non è mai uscito nessuno. Chi ti vuole, a parte loro?» disse la ragazza che si chiamava Joan.

«Sento che non sono sempre stata qui. Sento che un tempo ero felice, quindi voglio andare via» ribadì Karen.

«Sei pazza. E poi che significa la parola felice? Devi solo obbedire, non sei nessuno, non vali nulla. Devi abituarti, questo è il tuo destino, l'unico che esista in questo mondo. Sei una vile puttana come tutte, non puoi aspirare a niente, se non al fatto che sei un bel giocattolo con cui trastullarsi. Sei nata per dare piacere agli uomini, nient'altro.» mentre pronunciava quelle parole, il suo sguardo si fece ancora più vacuo. Era evidente che a parlare era la sua mente controllata, non Joan.

Karen abbassò lo sguardo, avvilita. Era tutto vero, non aveva senso lottare contro un muro. Sarebbe servito solo ad accelerare la sua morte, che alla fine era pur sempre il minore dei mali a cui avrebbe potuto aspirare in quella situazione insostenibile. Karen stava per toccare il fondo dell'infelicità e del senso di frustrazione. Lei che aveva sempre lottato per i suoi diritti, ora si era trasformata in un fantasma che avrebbe vagato in eterno alla ricerca di pace senza mai ottenerla.

Quella notte fu svegliata dal suo carceriere che le aprì la cella, ordinandole di alzarsi e di seguirlo. Karen non capiva dove volesse portarla. Solitamente, se andava da lei di notte era per qualche rito satanico o per abusare semplicemente di lei, o ancora per portarla in una camera per soddisfare le esigenze di qualche persona importante.

«Stanotte, mia dolce sgualdrinella, ci divertiremo un po' insieme» disse con un ghigno malefico.

La frase "ci divertiremo un po' insieme" nella sua programmazione era intesa come il dover commettere un omicidio o una qualsiasi azione criminale, ciò dipendeva dalle parole chiave che il programmatore avrebbe scelto via via nel corso degli eventi.

Karen obbedì e si alzò di scatto, seguendo il suo carceriere. Uscirono dalla "scuola" e si avviarono per una strada deserta. Camminarono per circa un chilometro e raggiunsero una ferrovia abbandonata.

Dick, questo era il nome del suo carceriere, illuminò il paesaggio con una potente torcia, come se stesse cercando qualcosa o qualcuno.

L'ambiente era a dir poco spettrale, con i vagoni lasciati lì ad arrugginirsi, i binari con le traverse marce e spezzate, le erbacce e gli alberi spogli e rinsecchiti. Tutto mostrava uno stato di abbandono profondo, come se una mano malevola avesse creato intenzionalmente quell'aspetto da stazione fantasma.

La torcia di Dick illuminò uno senzatetto che stava dormendo accovacciato su un lato delle rotaie, coperto da fogli di giornale per scacciare l'umidità della notte.

«Ecco, vedi?» disse a Karen indicando quell'essere sfortunato.

Lei fece un semplice accenno d'assenso con la testa senza parlare. Del resto erano mesi che praticamente dalle sue labbra non usciva alcun suono, se non lievi lamenti, sussurri o urla di dolore quando questo diventava insostenibile. Solo quella mattina aveva trovato il coraggio di rivolgersi a Joan, dopo aver assistito agli esperimenti del trauma-bonding sui gemelli. Dick si diresse verso il senzatetto e Karen lo seguì. Il suo carceriere tirò fuori una pistola e gliela porse.

«Ora mia bella, concedigli l'ultimo bacio. Poi dagli la possibilità di essere utile nella sua inutilità.»

Le parole chiave appena pronunciate attivarono un alter specifico che si sostituì a quello di facciata e Karen si abbassò per dare un bacio sulle labbra alla vittima che continuava a dormire inconsapevole di tutto.

Dopo averlo baciato, gli puntò la pistola alla testa e sparò un colpo. Il sangue e parti del cervello spruzzarono il volto di Karen, che istintivamente si strofinò con le mani quasi a voler cancellare il ricordo di quell'abominio.

Dick prese un coltello da una borsa da palestra che aveva portato con sé e cominciò ad amputare gli arti della vittima, riponendoli poi nella stessa. Quei "pezzi" avevano come destinazione Nashville, città fulcro della musica country.

Quando ebbe terminato lo scempio, Karen e il suo carceriere fecero ritorno alla Charm school. Lei era in uno stato di trance ancora più marcata del solito e non si accorse nemmeno quando fu nuovamente rinchiusa nella sua cella e si addormentò di colpo.

Una luce intensa e accecante la svegliò di nuovo, come se non fosse stato abbastanza esserlo stata all'inizio di quella notte terrificante.

«Karen!» una voce la stava chiamando, ma lei non riusciva a vedere chi potesse essere.

«Karen sono io, Sheran. Svegliati, sono qui per salvarti»

Bugie, la sua vita era ormai costellata dalle menzogne. Non poteva credere che miracolosamente qualcuno potesse salvarla dall'abisso in cui era sprofondata.

«Vattene via. Non ti conosco e nessuno può salvarmi, perché nessuno può volermi bene» rispose lei.

«Karen, ti ricordi di me? Sono Sheran, del comando stellare Ashtar»

«Io non ricordo nulla, non so nulla, voglio solo che mi lascino morire» disse in tono convinto.

«La tua coscienza non morirà mai, perché essa è eterna. Potrà morire il tuo corpo, perché esso è solamente un involucro con il quale la tua anima fa esperienza di sè stessa in questa dimensione. Ma il tuo "io" infinito, no.» ribadì Sheran.

«Non ti credo, so che stai mentendo, tutti mentono. Siete tutti bugiardi»

«Ascoltami, Karen. Ora ti rivelerò delle cose sulla vita e sul mondo, quindi fai molta attenzione a ciò che ti dirò.» ribattè e lei lo ascoltò senza replicare.

«La verità, Karen, è che tutto ciò che hanno sempre fatto credere all'umanità è in realtà l'esatto opposto» esordì Sheran.

«Una forza occulta, che alcuni di voi chiamano la "mano nascosta", dirige tutti gli eventi del mondo che all'apparenza sembrano non avere collegamento gli uni con gli altri. Questa forza ha creato un "Sistema" che viene spacciato per verità e che viene percepito e accettato da tutti come realtà. Voi esseri umani siete "schiavi di un sé fantasma", la vostra società è una fasulla e simulata realtà "informatica" che la gente considera "reale. Il mondo è un'Alcatraz planetaria ideata di proposito.

Voi non siete affatto quel "voi" che credete di essere, siete soltanto il "voi" che siete stati manipolati e programmati a credere di essere, nell'interesse della prigione di stato globale. L'oppressione contro l'umanità si basa nell'instillare nelle persone il convincimento che il "sé fantasma" è ciò che esse sono realmente. Quest'ultimo è auto-identità downloadata, è il nome di una persona, il Paese di provenienza, la razza, la cultura, il sistema di credenze religiose-scientifiche, la storia di famiglia, la storia individuale e la versione praticamente di qualunque cosa fornita dal sistema "educativo" e dai media. L'attenzione di ogni singolo individuo viene concentrata quasi esclusivamente sui cinque sensi per isolarlo dalle intuizioni, dalla conoscenza e dalla consapevolezza espansa del Sé Infinito che è in grado di vedere, percepire e comprendere ciò che il Sé Fantasma non può. Il Sé infinito va al di là del pensiero e delle limitate percezioni sensoriali. Dal momento in cui uscite dal ventre materno, inizia la programmazione a cura dei vostri genitori il più delle volte amorevoli, che pensano di fare ciò che è meglio per voi figli, ma non ci si chiede mai chi o cosa sta veramente agendo, perché la loro convinzione di "fare ciò che è meglio" è dettata da una vita di programmazione percettiva che deriva da una sfilza di Sé Fantasma come insegnanti, accademici, scienziati, giornalisti, politici, medici e una miscellanea di "esperti" che si auto-dichiarano come tali, legioni di individui insomma che ti dicono a cosa devi credere fin nei minimi dettagli e in ogni ambito della vita. Dunque è il Sistema che comanda i genitori sulla totalità delle scelte. Se le persone alzassero lo sguardo e osservassero le cose con occhi nuovi, si accorgerebbero che tutte le strade conducono allo stesso padrone, lo stesso programmatore.

Dunque un bambino comincia a perdere sin da subito la connessione, l'ispirazione e le intuizioni del Sé Infinito che vengono ridotte al silenzio, travolte dal rumore cacofonico e dalla deviazione dell'attenzione che costantemente invadono i cinque sensi. Ogni facoltà percettiva oltre il programma, che poteva vedere il programma, viene distrutta in questo modo dall'educazione che ricevete.

Ma ripeto, questa non è educazione, né tantomeno Conoscenza, ma è schiavitù generata dalla programmazione e dall'indottrinamento.

Per smascherare questa follia e la fonte da cui essa proviene, dovete ripartire dalle basi. Mi riferisco a temi veramente fondamentali come ad esempio "cos'è la realtà?". Non credo abbiate mai sentito un politico affrontare un argomento simile, perciò com'è possibile per voi vivere nel "mondo reale", dal momento che il mondo non è affatto reale, perlomeno non nel senso che tutti credono? Questa è la prima domanda che voi dovreste porvi, che costituisce il punto di partenza di ogni ricerca per comprendere cosa sia la vita umana. La politica, la scienza, la medicina, l'economia, i mass media e via dicendo impongono norme, percezioni e possibilità basandosi sul presupposto che il mondo sia "solido" e "materiale", quando le cose non stanno affatto così. La vostra conoscenza di qualunque cosa è praticamente nulla. La "solidità" non esiste, ma soltanto la vostra percezione di ciò che è solido. Il cervello umano elabora qualcosa come undici milioni di "sensazioni" o "impressioni" al secondo sotto forma di informazioni che poi decodificherà in immagini, suoni, odori, sapori ed esperienze tattili, ma di queste undici milioni ne vengono filtrate circa quaranta, in base alle quali costruite il vostro senso della realtà. Ogni minuto il cervello crea la realtà in base a 2400 impressioni su 660 milioni possibili. Le quaranta impressioni che altro non sono che dei frammenti, a voi appaiono come una realtà ininterrotta perché il vostro cervello è in grado di colmare i vuoti con ciò che crede debba esserci "lì".

Il cervello non è l'origine della coscienza, bensì un decodificatore di coscienza /informazioni, e voi vedete solo ciò che decodifica. La vostra mente e il vostro cervello sono un sistema di "elaborazione dati".

Voi riuscite a vedere solamente una minuscola parte di ciò che c'è da vedere, in quanto lo spettro elettromagnetico costituisce lo 0,005% di tutta la materia, la massa e l'energia esistenti nell'Universo.

La "luce visibile", l'unica gamma di frequenza percepibile dalla vista umana, è addirittura una frazione di quello 0,005%. Dunque voi non vivete "in" un mondo, nonostante lo percepiate come tale, ma all'interno di una **banda o gamma di frequenza.**

Le diverse gamme di frequenza vengono talvolta definite da voi come "dimensioni" o "densità", le quali si interpenetrano l'un l'altra proprio come le stazioni radio o televisive che operano su differenti lunghezze d'onda pur condividendo lo stesso "spazio". Il termine "densità" ovviamente va riferito alla densità dell'energia in risposta a differenti frequenze.

Il "colore" di un "oggetto", è semplicemente un'illusione basata sulla specifica frequenza che viene riflessa o assorbita. Voi non vedete le frequenze che vengono assorbite, bensì quelle che vengono riflesse, quindi vedete solo la luce riflessa e ciò che ai vostri occhi può sembrare un paesaggio, una casa o una sedia, in realtà non è altro che la luce che questi "oggetti" riflettono. La luce riflessa è energia compresa nell'ambito di una minuscola gamma di frequenza, ed è tutto ciò che voi esseri umani siete in grado di vedere poiché il vostro sistema di decodificazione visiva normalmente elabora soltanto le informazioni contenute in quella banda.

L'Universo è come un gigantesco Internet o sistema informatico basato sulla codificazione e decodificazione di informazioni e il motivo è il fatto che voi umani vivete all'interno di una simulazione al computer incredibilmente sofisticata. La vostra realtà sensoriale è un computer quantistico in grado di processare informazioni, e come tale è dotato di un potenziale inimmaginabile.

Voi credete di essere il vostro corpo, il vostro nome, la vostra razza e così via, ma queste sono solo rappresentazioni del Sé Fantasma, la vostra esperienza come esseri umani. Sono tutte cose che vanno e vengono, vivono e muoiono. Il Sé Infinito ed eterno è Consapevolezza, voi siete punti di attenzione all'interno della Consapevolezza Infinita che è l'Infinito Tutto, tutti i sentimenti, tutta la conoscenza, tutto il potenziale, tutte le possibilità, tutta la consapevolezza, ciò a cui nel corso dei secoli è stata data un'infinità di nomi, tra cui Dio, naturalmente. Siete tutto ciò che è, che è stato e sempre sarà e l'Amore infinito è tutta la verità, Karen, tutto il resto è illusione.» concluse Sheran.

«Amore infinito? Ion non so di cosa stai parlando perché io conosco solo un inferno infinito» disse lei con amarezza.

«Karen, devi solo risvegliare la tua coscienza e aprire il tuo cuore. Solo così potrai liberarti dalle catene

che ti sono state imposte dalla malvagità che sopprime te e l'umanità sin dagli inizi» affermò Sheran.

«Perché non mi aiuti tu, invece?» ribattè Karen

«Io e la Confederazione Stellare desideriamo lasciare all'umanità il libero arbitrio e interverremo soltanto quando le coscienze saranno tutte sveglie e consapevoli dell'inganno che vi ha reso schiavi sino ad ora. Quando ciò avverrà, ci mostreremo a voi e vi aiuteremo nella "rinascita"» disse Sheran

«Come faccio a liberarmi da sola? Loro mi hanno in pugno, mi ucciderebbero se solo tentassi di scappare da questo posto orribile! Non hai idea di quali atrocità sono capaci, preferirei morire subito piuttosto che subire ancora abusi come quelli che ho sperimentato» lacrime di disperazione le rigarono il viso.

«So bene di cosa stai parlando, è per questo che ti dico che devi trovare la tua forza interiore. Tu sei ogni possibilità, gli ostacoli che incontrerai dipenderanno solo da te, ricorda che tutto ciò che ti circonda è un'illusione.»

«Quindi la violenza è un'illusione? Mi sono solo immaginata di essere stata ripetutamente stuprata, picchiata e seviziata in ogni modo possibile?»

«L'illusione è energia vibrante. Il tuo corpo, ovvero

l'involucro che "contiene" il tuo Sé Infinito, è quello che ha assorbito l'energia malvagia, negativa, che vibra a bassa densità, dunque appare come "reale", non il tuo vero sé. Devi convincerti del tuo potere illimitato, Karen. Sei eterna, come tutti, e solo quando la tua Coscienza deciderà di terminare la sua esperienza nell'involucro che identifichi con il tuo nome, il tuo corpo morirà, ma tu ti reincarnerai all'infinito. Devi capire che la morte, come la paura, il terrore ecc, sono illusioni create appositamente per rendervi schiavi. Devi liberare l'energia della tua Coscienza, il potere è già dentro di te»

«Ma io non ho la forza. Aiutami, ti scongiuro»

«Cerca dentro di te. Ti prometto che sentirai un'immensa forza che ti condurrà verso la libertà, mia dolce Karen».

«Aiutami, Sheran!» lo supplicò.

Ma la luce era sparita.

Karen era legata ad un altare a forma di croce e osservava la scena con sguardo atterrito. Due mostri gocciolanti di sangue lottavano furiosamente, contendendosi la preda. Erano Rettiliani e assomigliavano a dei dinosauri che lei aveva visto nelle scuole elementari.

Karen non riusciva a capire cosa stessero divorando, ma forse era soltanto la sua mente che rifiutava di vedere che la preda era un neonato.

I denti dei due mostri stracciavano la carne dell'infante con efferata crudeltà mentre Karen tremava e vomitava di fronte a loro, senza avere la possibilità di liberarsi e fuggire da quell'orrida scena.

La sua anima ferita inverosimilmente, grondava

sangue come l'innocente vittima che era stata privata della vita nel modo più terribile che esistesse.

I due Rettiliani strapparono gli occhi del bambino e li gettarono addosso a Karen che urlò dal terrore quando le caddero in grembo.

Quando ebbero divorato l'ultimo pezzo di carne, i due mostri si dissolsero nel nulla, come se non fossero mai esistiti.

Lacrime copiose le sgorgarono dagli occhi, ma nemmeno quelle servirono a placare la sua tormentata coscienza. Gli orrori a cui era stata sottoposta da troppo tempo erano riusciti a distruggerle ogni aspetto della sua vita, la speranza di tornare ad essere libera e felice era una remota chimera. Aveva ormai superato l'orlo del baratro da un pezzo e tornare indietro sarebbe stato impossibile.

Karen venne slegata da Dick che la riportò nella sua cella e le diede una scodella con della brodaglia, ma lei diede nuovamente di stomaco alla vista di quel cibo poco invitante.

«No, ragazzina, non ci siamo. Devi mangiare, non puoi permetterti di perdere le forze proprio ora che stai per essere promossa a "modello presidenziale". Fra pochi giorni sarai trasferita e dovrai essere in forma smagliante!» la rimproverò Dick.

Karen prese il mestolo che le porgeva e ingoiò un po' del liquido ripugnante. Il suo stomaco si ribellò immediatamente e un conato di vomito inondò il braccio del suo carceriere.

«Lurida sgualdrina!» la insultò in tono sprezzante, dandole un calcio dritto nell'intimo.

Karen emise un urlo agghiacciante che esprimeva tutta la rabbia, l'indignazione, la paura, lo schifo, il rifiuto di tutto ciò che le avevano fatto fino ad allora.

«Maledetta! Ti avevo già detto che non dovevi urlare

a meno che non ti fosse stato richiesto espressamente!» le urlò in faccia.

Le prese un braccio e la strattonò con forza, piegandole il polso fino quasi a romperglielo e poi la trascinò fuori dalla cella. La portò in un camerone dove era posizionata una sorta di piscina in cemento di colore grigio e la appese a testa in giù con delle catene che erano attaccate alle pareti sovrastanti, anch'esse di cemento grigio.

Karen sentì il sangue affluirle velocemente dai piedi verso la testa ma ciò che vide attorno a sé la inorridì.

L'aspetto raccapricciante di quella stanza enorme era dato dal fatto che sulle sue mura erano stati appesi anche dei bambini, i cui lamenti avrebbero straziato l'anima di chiunque fosse capitato in quell'ambiente orrido, ma era evidente che per le "persone" che dimoravano lì, non c'era spazio per sentimenti come l'empatia o l'amore verso il prossimo. Tra quelle pareti regnava solo la paura, la violenza e il crimine a sfondo sessuale.

Alcuni di loro piangevano in silenzio, ma altri esprimevano il loro sgomento attraverso urla spaventose e singhiozzi da straziare l'anima.

Karen si sentì annientata dal dolore che saturava l'aria fino a renderla irrespirabile. Non ci sarebbe più stata speranza di salvezza, ne era certa, ormai aveva toccato il fondo e risalire sarebbe stata un'impresa troppo ardua per il suo corpo distrutto da lunghi mesi di atrocità. Non aveva nemmeno più lacrime che potessero alleviarle la sofferenza.

Preda di un turbamento viscerale si addormentò, anche se nemmeno il sonno riusciva a restituirle un minimo di conforto in quella sua vita lacerata.

«Karen, Karen, svegliati!» le sussurrò qualcuno, toccandole una spalla.

Lei non reagì, voleva solo continuare a dormire, non voleva aprire gli occhi e tornare a quella realtà aberrante.

«Karen, per favore, svegliati!» insistette la voce.

«No, ti prego. Voglio solo morire» si lamentò.

«Non è ancora arrivata la tua ora e nemmeno la mia, perciò apri gli occhi e reagisci» la spronò la voce.

«Chi sei?» chiese lei.

«Come chi sono? Sono Joan, maledizione!» disse la voce e Karen aprì gli occhi di scatto.

«Joan?» esclamò, cercando di mettere a fuoco la figura avvolta dalle tenebre.

«Si, Joan, una sfigata come te» la prese in giro.

«Come hai fatto ad entrare qui?»

«Conosco questo posto come le mie tasche. Ho vissuto qui da quando avevo dodici anni. Mio padre mi ha venduta in cambio della promessa di non essere incriminato per la sua attività di pedofilo e di filmati pornografici a sfondo satanico.»

«Ma se ti trovano qui, ci ammazzeranno entrambe» si impaurì Karen.

«Beh, tutto sommato meglio morte che continuare a sopportare quegli esseri immondi che frugano nel tuo intimo come se stessero cercando qualcosa in un bidone dell'immondizia, sei d'accordo?» rispose filosofica Joan.

«Ho pensato molte volte che fosse la soluzione migliore»

«Appunto, non abbiamo nulla da perdere, a parte quei cazzoni che ci girano attorno tutto il santo giorno. Quindi direi che ora provo a liberarti e ce ne andiamo da questo schifo di posto»

«Se riesci» rispose Karen poco convinta.

«Dovrei. Ho trovato delle chiavi nell'ufficio di quello stronzo di Dick»

Joan armeggiò con le chiavi per aprire le manette che erano attaccate alle catene con cui avevano appeso Karen. Dopo qualche minuto si sentì un click e Joan le sorresse la testa per non sbatterla nel bordo della "piscina".

«Dobbiamo salvare anche i bambini» disse Karen

«Non possiamo farlo adesso. Ci serve aiuto, ora dobbiamo tentare di salvare noi stesse»

«Ma che ti è successo?»

«In che senso?» chiese Joan

«Quando ho provato a parlarti l'altra mattina, sembravi in un'altra dimensione» spiegò Karen

«In un certo senso, si. Non ero io che parlavo, ma la mia mente controllata da anni di programmazione. Non saprei come definirlo, ma la tua voce ha scatenato un risveglio di "coscienza", per così dire» rispose Joan».

«Anch'io ho provato la stessa cosa dopo aver visto lo "zio" che infilava le siringhe negli occhi di quelle anime innocenti. Ho avvertito una sensazione di "attraversamento", quasi come se mi avesse colpita un fulmine»

«Si, idem per me. Ora sarà meglio muoverci, però»

«Ma come faremo a uscire da qui? Quest'inferno è sorvegliatissimo» disse Karen preoccupata.

«Sbagli, cara. A parte qualche eccezione, è la notte il momento propizio per fuggire. Tutti i carcerieri, a parte Dick, sono impegnati in attività "ricreative" fuori dalla scuola. Nessuno si accorgerà di noi, perché faremo il possibile per essere silenziose al massimo» ribattè Joan.

«Se lo dici, tu. Ma dove andremo?»

«Ho una zia che abita appena fuori città, andremo da lei stanotte. E domani lasceremo per sempre l'Ohio».

«Sei sicura che nessuna delle altre ragazze se ci vedesse potrebbe fare la spia a Dick per catturarci e rispedirci qui?» disse Karen dubbiosa.

«Oh, su! Non sei tu quella che voleva andarsene a tutti i costi? Che ti prende, adesso?»

«Niente, hai ragione. Dobbiamo tirare fuori tutto il coraggio e la determinazione per salvarci e poi salveremo anche tutte le altre anime innocenti»

«Andiamo, adesso» la spronò Joan.

Uscirono da quella camera degli orrori e si avviarono silenziose attraverso i corridoi della scuola.

«Dobbiamo cercare di fare il meno rumore possibile» le sussurrò Joan all'orecchio.

Le camere delle "schiave sessuali" erano immerse nel buio e, stranamente, non si sentivano le solite urla agghiaccianti che erano la conseguenza delle indicibili violenze subite da quelle poverette.

Anche la stanza di Dick, il loro carceriere era buia, e dalla porta non filtrava alcun rumore. Joan e Karen la superarono in punta di piedi, con i nervi tesi al massimo per la paura che lui potesse essere svegliato anche dal loro respiro.

Quando furono fuori dal suo raggio d'azione, tirarono un sospiro di sollievo e scesero le scale sempre facendo attenzione a non far scricchiolare i gradini di legno scadente e semi-marcio.

«Usciremo dal retro delle cucine. E' più sicuro dell'ingresso principale» le suggerì Joan parlandole all'orecchio.

«Ma qui dentro non è tutto tappezzato di impianti d'allarme?» chiese Karen sottovoce.

«Ti sembrerà ridicolo, ma le uniche stanze che sono prive di impianti di allarme sono proprio le cucine. L'ho scoperto poco dopo essere arrivata qui, quando ho sentito una delle cuoche che parlava proprio dell'assurdità del fatto che i padroni della struttura non avessero pensato di mettere un impianto di allarme anche nelle cucine, proprio perché a suo parere, sono proprio le stanze più probabili che una persona possa pensare di raggiungere per fuggire, dato che si trovano nella maggior parte nel retro».

«Beh, meglio per noi. Non sapevo nemmeno che questa scuola avesse delle cucine, dato che mi hanno lasciato quasi sempre digiuna o al massimo mi davano della roba immangiabile» commentò Karen.

«Non veniamo trattate tutte alla stessa maniera, mia cara. Questa non è una scuola normale»

«Questo è poco, ma sicuro. E' un abominio in ogni sua singola parte»

«Concordo. Ora muoviamoci, prima che qualcuno si accorga dei nostri movimenti»

«Si, prima riusciamo ad essere fuori di qui, meglio sarà».

Karen e Joan accelerarono il passo ed entrarono nelle cucine e anche lì tutto appariva tranquillo e silenzioso. Raggiunsero la porta che dava sul retro del giardino, l'aprirono con cautela e uscirono nella notte stellata.

Entrambe respirarono a pieni polmoni l'aria fresca della notte, simbolo di libertà dalle restrizioni di quella macabra prigione.

«Guarda, guarda, che bella sorpresa!»

A Karen le si gelò il sangue a sentire la voce del temibile carceriere. Joan era come paralizzata.

«Ma brave, arrivate proprio al momento giusto, non è vero, Ned?» ridacchiò Dick con tono malevolo.

«Certo, due meravigliose prede!» commentò Ned, leccandosi il labbro inferiore.

Un brivido attraversò la schiena di entrambe, che sapevano bene di doversi preparare al peggio.

«Bene, le regole del gioco sono semplici» iniziò Dick, parlando in codice.

I due uomini indossavano delle mimetiche e avevano in testa dei berretti con delle scritte ridicole. Dick aveva in mano un fucile di precisione dal mirino elaborato, mentre Ned aveva un semplice fucile da caccia che sembrava essere piuttosto vecchio.

«Lei è mia» disse Dick indicando Joan.

«Te la lascio volentieri» disse Ned.

Dick prese un fischietto dalla tasca e se lo portò alle labbra, emettendo un sibilo.

Dei rottweiler e un dogo argentino accorsero al richiamo, ringhiando ferocemente verso Karen e Joan.

«Correte e vedremo se non riusciranno a prendervi!» urlò Dick rivolto alle due ragazze.

D'istinto Joan prese un braccio di Karen e la spronò a correre più velocemente che potevano.

I cani partirono all'inseguimento delle due prede.

«Che intenzioni hanno? Vogliono ucciderci definitivamente?» chiese Karen affannata.

«E' un gioco, Karen. Loro lo chiamano "il gioco più pericoloso", il loro passatempo preferito»

«Un gioco? Farci sbranare da quelle bestie feroci?» esclamò Karen inorridita.

«Risparmia il fiato e corri, altrimenti sarà proprio questa la nostra fine» le rispose Joan.

Le loro gambe sembravano volare, e poco dopo si ritrovarono a correre nella fitta foresta adiacente alla scuola.

I cani erano sempre più vicini e le due ragazze rabbrividirono sentendoli ansimare e ringhiare, come se quei suoni simboleggiassero il rumore di una morte sicura e vicina.

«Dove siamo?» chiese Karen proseguendo la folle corsa.

«Nella foresta artificiale del padrone della scuola» rispose Joan ansimando.

«Artificiale?»

«Nel senso che è stato lui a far piantare tutti questi alberi, creando una foresta che prima non esisteva»

I latrati dei cani si fecero più insistenti e Karen pensò che ormai era la fine per lei e per Joan. Come avevano solo potuto pensare di sfuggire a quell'essere abominevole che era Dick? Assurdo e patetico.

Ad un certo punto, le due sfortunate si ritrovarono davanti ad una parete di roccia. La loro corsa era terminata.

«Oh, merda! Abbiamo sbagliato strada!» imprecò Joan a denti stretti.

«E ora che si fa?»

«Niente. Dobbiamo solo pregare che i cani non ci sbranino» rispose Joan sconsolata.

I cani raggiunsero le loro prede e si fermarono davanti a loro che, impaurite, se ne stavano attaccate alla parete di roccia come per proteggersi dal loro attacco.

Gli animali le squadrarono ringhiando, con le bocche schiumanti dalla fatica dell'inseguimento.

Un sibilo riempì l'aria e, come per magia, i cani si ritirarono, lasciando le due ragazze inebetite.

«Non potevamo permettere che due bocconcini come voi, venissero sciupati da quei cagnacci!». Dick e Ned erano comparsi dal nulla. I due ceffi si avvicinarono a Karen e Joan.

«Ora che vi siete divertite a correre un po', passeremo ad attività più tranquille» sogghignarono i due uomini. Le due ragazze rabbrividirono a quelle parole.

I due uomini le presero per un braccio per riportarle alla "Charm School", dove sicuramente avrebbero ricevuto la giusta punizione per aver tentato la fuga.

Ad un certo punto Joan si picgò, facendo finta di avvertire un malore improvviso.

«Ma che diavolo hai?» chiese Dick fermandosi, evidentemente contrariato. Anche Ned e Karen si fermarono.

«Non lo so. Ho un fortissimo dolore allo stomaco, devo sedermi un po'» disse Joan con voce strozzata.

«Ti riposerai quando saremo alla scuola» rispose Dick

«No, per favore. Lasciami sedere un minuto e poi farò tutto ciò che vuoi» lo supplicò Joan.

«Falla sedere. Poi sarà pronta a soddisfare ogni cosa che le dirai di fare, non è vero, zuccherino?» si intromise Ned con fare ammiccante verso entrambe le ragazze.

«D'accordo, ma solo un minuto. Poi ti trascinerò fino alla scuola, mal di stomaco o non mal di stomaco!» acconsentì lui di malavoglia.

«Grazie» disse Joan accovacciandosi sull'erba e senza farsi notare, tastò il terreno alla ricerca di qualcosa. La sua mano toccò un ramo spezzato e lo afferrò. Sembrava anche piuttosto pesante e la sua fortuna era data anche dal fatto che gli uomini non avevano pensato di portare delle torce con loro, visto che erano abituati a districarsi nell'oscurità delle tenebre.

«Forza, è ora di andare, adesso» disse Dick facendola alzare.

«Si, sto meglio ora.»

Joan aspettò che lui si girasse per camminare e quando il momento fu propizio, gli assestò un colpo sulla testa con tutta la forza che aveva in corpo. Dick si accasciò senza nemmeno avere il tempo di lamentarsi.

Fulminea, fece lo stesso con Ned, del resto anche lei era abituata a districarsi nel buio senza mezzi di illuminazione. Anche Ned cadde a terra senza un lamento.

«Ma che succede?» chiese Karen.

«Forza, non abbiamo tempo. Leghiamoli a degli alberi ed andiamocene di qui, il più in fretta possibile!» disse Joan.

«Ma con che cosa li leghiamo?» domandò Karen.

«Con queste funi» disse Joan frugando nelle tasche dei giubbotti dei due malcapitati.

Li trascinarono e li legarono a due alberi e per maggiore sicurezza gli misero del nastro sulle bocche che avevano trovato sempre nelle loro tasche, per evitare che chiedessero aiuto dopo essersi svegliati.

«Ora dobbiamo nuovamente correre, Karen. Pronta?» chiese Joan

«Pronta» rispose lei.

Le due ragazze si dileguarono veloci come il vento verso la libertà.

«Buongiorno» disse Mei alla segretaria

dell'agenzia immobiliare.

«Buongiorno, signori. Avete un appuntamento?» rispose lei in tono professionale.

«Ehm, no, ma avremo urgente bisogno di parlare con il signor Craig» rispose Mark.

«L'agenda del signor Craig è piena per stamattina. Se volete vi fisso un appuntamento per la prossima settimana.» ribadì la bionda senza scomporsi.

«Sarebbe troppo tardi.» disse Mei e Mark le diede un colpetto sulla spalla.

«Come, scusi?»

«No, ehm, la dottoressa Liang si è espressa male. Siamo qui perché abbiamo necessità di comprare nel più breve tempo possibile una casa. Sa, io e la dottoressa ci siamo sposati qualche giorno fa e temiamo che un nuovo lockdown ci impedisca di poter realizzare il sogno di avere il nostro nido d'amore. Sa, mia moglie ed io aspettiamo il nostro primo figlio e vogliamo che cresca in una bella casa con giardino, non in un appartamento.» balbettò Mark.

«Oh, congratulazioni!» cinguettò la biondissima e truccatissima segretaria.

«Grazie!» risposero in coro. Questa volta fu Mei a dare un colpo al braccio di Mark.

«Vedo se posso inserirvi tra un appuntamento e l'altro.» disse con voce sognante, allontanandosi dal bancone e dirigendosi verso l'ufficio di Jonathan.

«Un quadretto idilliaco! Non potevi inventarti qualche altra bugia?» commentò Mei disgustata.

«Ho scelto la via più semplice. Cosa c'è di più convincente di una coppia appena sposata che oltretutto aspetta un bambino?» disse Mark guardandola intensamente e Mei alzò gli occhi al cielo.

«Sai che diventi ancora più affascinante, quando ti

arrabbi?»

«Oh, finiscila!» lo rimbrottò arrossendo.

Quando la segretaria tornò aveva un sorriso da copertina stampato sulla faccia.

«Se volete accomodarvi, il Signor Craig vi aspetta. Dei clienti hanno cancellato l'appuntamento di stamattina» disse

«Perfetto, la ringrazio» rispose Mei trionfante.

«Se volete seguirmi» disse lei avviandosi.

Bussò alla porta e la aprì, facendoli accomodare.

L'ufficio di Jonathan era impeccabile ed austero, con la pesante scrivania in mogano che troneggiava al centro della stanza, le poltrone in pelle nera, i quadri di Monet con le cornici dorate e arzigogolate appesi al muro.

«Buongiorno, signori. Molto piacere, Jonathan Craig» si presentò, alzandosi dalla poltrona.

«Buongiorno signor Craig. Piacere, Mark Evan. Questa è mia moglie Mei» rispose Mark.

«Molto bene. In cosa posso esservi utile, signori Evan?» chiese Jonathan.

«Beh, in realtà sarebbe utilissimo se lei ci potesse dire dov'è andata a finire la dottoressa Karen Forsyth» pronunciò Mei in tono sarcastico.

«Chi siete?» chiese Jonathan senza scomporsi.

«Siamo amici e colleghi di Karen. Da quando è stata trasferita, non abbiamo più sue notizie. Non è da lei sparire così» disse Mei

«Magari è solo molto impegnata» rispose Jonathan, provando a liquidarla

«Non faccia lo stupido. Sono sicura che lei sappia che fine ha fatto, perciò se vuole essere così gentile da informarci, gliene saremo grati» lo provocò Mei

«Non so di cosa stiate parlando, per cui se non vi dispiace, avrei molto da fare. Ho dei clienti che mi aspettano» il tono di Jonathan cominciava ad essere alterato.

«Ehi amico, datti una calmata. Siamo qui solo per chiederti se puoi dirci che cosa è successo a Karen» disse in tono fermo Mark.ci dica

«Perché mai dovrei sapere qualcosa su Karen? E' una vita che non la sento» mentì.

«Ah, sì? A me sembrerebbe il contrario. Prima di essere trasferita, lei stessa mi ha confidato di aver parlato di un qualche argomento con un certo Jonathan» cercò di smascherarlo Mei.

«E perché dovrebbe trattarsi proprio di me? Ci sono centinaia di migliaia di Jonathan, al mondo»

«Lei è davvero spiritoso! Sa, dalla sua faccia mi era apparso più collaborativo. Ma è evidente che mi sbagliavo.» ora era Mei a bluffare.

«Bene, se volete scusarmi, ora avrei un appuntamento con un vero cliente. Quindi, se volete accomodarvi…» li liquidò con un sorrisetto.

Mei si alzò e avvicinandosi fulminea, piantò una siringa nel braccio di Jonathan, che non fece nemmeno in tempo ad accorgersi di ciò che stava succedendo.

«Ahh! Che diavolo?» esclamò più sorpreso che inferocito.

«Le ho appena iniettato un virus letale. Fra un paio d'ore le salirà una febbre altissima, che poi degenererà in febbre emorragica. Nel giro di un giorno o due i suoi organi saranno al collasso e lei potrebbe morire, a meno che…» sorrise Mei

«Maledetta putt…» Jonathan non finì la frase perché Mark gli assestò un pugno sulla faccia e lui cadde a terra.

«Non si trattano così le signore, Jonathan» gli disse

massaggiandosi le nocche indolenzite. Quel bastardo aveva la mascella dura e lui era fuori allenamento.

«Che accidenti volete da me? Vi ho già detto che non so nulla di Karen!» sbraitò inviperito.

«Bene, signor Craig. Visto che non vuole collaborare, non le darò l'antidoto che servirebbe a evitarle una morte certa. Andiamo, Mark. Mi auguro che lei non debba soffrire troppo.» disse Mei facendo finta di allontanarsi insieme a Mark.

«No, vi prego, non voglio morire!» li supplicò impaurito.

«Allora ci dica che cosa hanno fatto a Karen!» ribadì Mei in un tono che non ammetteva repliche.

«L'hanno portata a Dulce» rispose Jonathan.

«A Dulce?» esclamò lei.

«E per quale ragione? Che c'entra Karen con Dulce? Che ruolo potrebbe mai avere in una cittadina come quella?» chiese Mark

«Non intendo Dulce come cittadina, ma come base militare. La base aliena di Dulce.»

«Cosa? Karen si troverebbe in mezzo agli alieni? Lei sta scherzando, vero?» dissero in coro.

«No, affatto. Karen è stata rapita per essere sottoposta ad un progetto alieno. Il progetto Rhea, che porta il nome di chi comanda attualmente la base»

«Ci prende in giro? Ora sono veramente stufa. Vuole dirci che accidenti è successo a Karen? O devo fare io ciò che non ha fatto ancora il virus che le ho iniettato?» minacciò Mei con voce alterata.

«Che mi crediate o meno, è a Dulce che ora si trova la dottoressa Forsyth. O quel che ne resta…» insistette Jonathan.

«Lei è semplicemente pazzo. Andiamocene,

Mark!»

«Vi porterò io da Karen! Ma per l'amor del cielo, non mi lasciate morire! Ho una moglie e due figli che mi aspettano! Vi prego!» ora era in ginocchio.

«D'accordo, ma se scopro che la sua è tutta una farsa solo per ottenere l'antidoto, giuro che lei la pagherà cara!» disse Mei.

«Va bene, va bene, ma la prego ora, signora, mi dia l'antidoto. Comincio a sentirmi male»

«Concesso!». Mei tirò fuori un'altra siringa dalla sua borsa e iniettò il contenuto nel braccio di Jonathan.

«Grazie per avermi salvato la vita!» disse tirando un sospiro di sollievo.

«Prego, ma faccia attenzione a non prenderci in giro, o stia sicuro che se ne pentirà!» Mei non si fidava di quel tipo. Jonathan era un serpente, altro che alieni!

« Quando si parte?» intervenne Mark con fare sbrigativo.

«Direi di partire questa notte. Sarà un viaggio lungo»

«Perfetto. Dove e a che ora dobbiamo farci trovare?»

«Venite qui alle dieci, stasera. Poi raggiungeremo l'aereo che vi porterà a destinazione.» li istruì Jonathan.

«Perfetto. Alle dieci, allora.» disse Mark

« A stasera»

«Non faccia scherzi, signor Craig» lo avvertì Mei ancora diffidente.

«Stia tranquilla, dottoressa Liang» la salutò

Mei e Mark lasciarono l'ufficio di Jonathan.

«Non so come fai a fidarti di quel serpente!» lo rimbrottò lei.

«Senti chi parla! Lo hai punzecchiato a tradimento, quel poveretto ha passato davvero un brutto quarto d'ora!» la prese in giro.

«Se l'è meritato, quello stolto! Cosi impara a

prendermi in giro. Avrei potuto fare ben di peggio che iniettarli un'innocua soluzione salina. Mi dovrebbe ringraziare, gli ho idratato quella pellaccia inaridita che si ritrova!» rimarcò stizzita.

«Mei Liang Beauty and Spa!» rise Mark.

«Cretino! Se non fosse stato per me, a quest'ora saremmo ancora lì a cercare di cavargli qualche informazione. Mi devi una cena, dottor Evan!» disse fingendosi offesa.

«Tutte le cene che vuoi, dolcezza. Ma prima dobbiamo salvare Karen»

«Certo. Spero che non le abbiano fatto del male»

«Mi auguro di no, anche se ho sentito dire delle cose spaventose riguardo a quel posto»

«Tipo?» chiese allarmata.

«Oh, nulla! Roba da fantascienza. Sono solo dicerie fantasiose, credimi» la tranquillizzò.

«Rimarrò con l'ansia fino a stasera!» si lamentò Mei.

«Stai serena, ci sono io a proteggerti»

«Grazie, Mark. Da sola non avrei potuto farcela»

«Ma va! Sei una donna forte e intelligente, dottoressa Liang!»

Mark e Mei tornarono nei loro rispettivi appartamenti e si prepararono per la partenza.

CAPITOLO IX

Le due fuggitive avevano appena superato la Charm School dopo essere scappate dai loro aguzzini e ora erano quasi arrivate alla casa della zia di Joan.

«Manca molto?» ansimò Karen

«No, ci siamo quasi. La casa di zia Sue è ad un centinaio di metri da qui»

«Conosci bene questi posti, vedo»

«Fino a che mio padre non mi ha venduta quando avevo dodici anni come ti ho detto prima, mia zia ogni tanto mi portava qui quando lui era in viaggio per lavoro. Non so come facesse a convincere mia madre a lasciarmi andare, visto che anche lei era succube delle violenze di mio padre, ma quei momenti sono stati gli unici felici in tutta la mia vita» spiegò Joan.

«Devi avere un'anima forte per essere sopravvissuta a tutti gli abusi e al programma di controllo mentale.» ragionò Karen.

«Si è così, anche se a volte sono stata tentata di

cedere le armi. Qualcosa di potente dentro di me, ha impedito che io smettessi di lottare per la libertà».

«In confronto sono stata molto fortunata, sarà anche per il fatto che sono un'adulta. Quindi il loro esperimento è fallito. Il progetto Rhea è fallito, non si può plasmare a piacimento una mente già formata» disse Karen.

«Chi è Rhea?»

«E' una storia lunga, ti spiegherò domani.»

« Sono curiosa»

«E' quella la casa?» chiese Karen la cui vista si era perfettamente adattata a vedere anche nelle tenebre.

«Si, grazie al cielo. Ora busseremo e certamente zia Sue

sarà felice di vederci»

«Di vederti. Io sono un'estranea»

«E' evidente che non conosci la zia. Lei salverebbe il mondo, se le fosse possibile»

«Beh, allora…»

Joan bussò al portone e dopo cinque minuti si sentì una voce che disse:

«Chi è per l'amor del cielo?»

«Zia Sue, sono io Joan, aprimi per favore!» rispose con voce sommessa.

Il portone venne aperto e zia e nipote si gettarono una nelle braccia dell'altra.

«Mio Dio, piccola mia, non posso credere che tu sia qui!» esclamò Sue tra le lacrime.

«Zia, non sai quanto sono felice di vederti!» disse Joan.

Nel frattempo Karen era rimasta in disparte per non disturbare quel particolare momento.

Finalmente le due congiunte si staccarono

dall'abbraccio e Joan presentò Karen alla zia:

«Zia, questa è Karen, una compagna di sventure»

«Piacere di conoscerti, Karen. Entrate, sarete esauste.» le fece accomodare Sue.

Effettivamente la stanchezza si fece sentire e la zia si affrettò a preparare due letti per le sue ospiti.

Karen fu grata di poter riposare su un morbido materasso con delle lenzuola fresche di bucato che profumavano di lavanda e non ci mise molto ad addormentarsi e anche per Joan fu la stessa cosa.

«Buonasera signor Craig» disse Mei.

«Buonasera. Il dottor Evan?»

«Sta parcheggiando la macchina»

«Bene, perché ci aspettano all'aereo.»

«Siamo pronti, non faremo tardi»

«Bene, perché loro non amano le lunghe attese»

«Eccomi, buonasera» lo salutò Mark

«Andiamo. La mia macchina è nel garage dietro il palazzo».

Jonathan guidò fino a che non raggiunsero un campo deserto fuori città dove un elicottero nero e privo di scritte, li attendeva.

«Mi auguro che siate pronti per affrontare il viaggio, sarà piuttosto lungo» disse e i due medici annuirono.

«D'accordo, ma volevo ricordarvi che questa non è una vacanza» puntualizzò.

«Siamo perfettamente consci di questo» rispose Mark

«Siete sicuri?» disse Jonathan cercando di farli desistere.

«Senta, il nostro obiettivo è portare in salvo Karen. Non importa ciò che dovremo affrontare.» rimarcò Mei piccata.

«Vi rendete conto che non avrete a che fare con degli umani?» specificò Jonathan.

«Si, ma anche se dovessimo combattere con delle dannate lucertole, non cambieremmo idea sul fatto di salvare una nostra amica e collega dalle loro grinfie. Ora andiamo, se non le dispiace.» disse Mark irremovibile.

«Perfetto, io vi ho avvisato»

Scesero tutti dalla macchina e i due medici salirono sull'aereo. Jonathan risalì nella sua auto, dileguandosi nelle tenebre.

Un bagliore intenso svegliò Karen nel cuore della notte. Lei aprì gli occhi e girò lo sguardo attorno alla stanza per capire da dove provenisse, ma non vide nulla a causa della luminosità accecante che emanava.

«Karen alzati e vieni qui da me» comandò una voce che le parve familiare.

«Chi sei? E dove devo andare?» rispose lei senza provare alcun timore.

«Esci dalla finestra e cammina davanti a te» la istruì la voce.

Karen obbedì e si alzò dal letto, aprì la finestra e la scavalcò, poggiando i piedi nudi sull'erba. Camminò seguendo la luce e dopo un po' le apparve davanti agli occhi la figura di Sheran avvolta nella sua splendente tuta argentea.

«Mio Dio, Sheran!» disse Karen buttandosi tra le sue braccia, senza pensarci.

«Sono io Karen, non hai nulla da temere adesso» le disse tenendola stretta.

«Ho creduto che fossi morto» disse Karen singhiozzando.

«No, Karen. Io sono a capo della Confederazione Interstellare, ricordi?»

«Si, ma Rhea…»

«Rhea sa benissimo che non può fermarmi, né può fermare il risveglio cosmico»

«Allora perché hai lasciato che mi prendessero?» chiese Karen con un tono un po' risentito.

«Perché la Confederazione vuole lasciare il libero arbitrio all'umanità. E come vedi, hai trovato la forza di reagire alle avversità che si sono presentate sul tuo cammino»

«Ho pensato tante volte che non sarei sopravvissuta»

«Ma lo sei…Ora è giunto il momento di agire, Karen»

«Ovvero?»

«E' arrivato il tempo di mettere fine ai mali che fino ad ora non hanno permesso all'essere umano di capire che ognuno di noi è parte della coscienza universale, dunque di possedere un potere illimitato»

«Cosa dovrei fare?»

«Cosa faremo, vorrai dire. Vieni con me»

«Va bene»

Karen seguì Sheran all'interno dell'enorme astronave spaziale, che si presentava con la classica forma a disco. Dentro era un'apoteosi di tecnologia super avanzata con apparecchiature sofisticatissime che monitoravano ogni singolo angolo di quella meraviglia cosmica.

Sheran sedette al posto di comando e fece cenno a Karen di sedersi accanto a lui.

«I tuoi amici ci aspettano»

«Che significa? Di chi parli?»

«Mi riferisco a Mark e Mei»

«Non capisco dove tu voglia arrivare»

«Stanno andando alla base di Dulce, ma noi arriveremo prima di loro»

«Stai scherzando, ma che…?»

«Hanno convinto Jonathan a dirgli la verità sulla tua sparizione» la interruppe Sheran

«Mio Dio, non si rendono conto del pericolo a cui stanno andando incontro»

«Non preoccuparti. Andiamo, siamo arrivati»

«Che?»

«Siamo a trenta chilometri dalla base. Lasceremo l'astronave qui, proseguiremo a piedi ed entreremo a Dulce da un'entrata diversa dalla quale sei entrata la prima volta»

«Ma come faremo a salvare Mark e Mei?»

«Karen non è il momento per fare delle domande. Seguimi e basta»

«Hai ragione, scusami»

«Stai tranquilla, fai sempre ciò che ti dirò e tutto andrà per il meglio»

«D'accordo»

Scesero dall'astronave e si incamminarono. Il paesaggio era piuttosto brullo e arido, ma Karen era troppo impegnata a pensare ai suoi due amici per farci caso.

Quando arrivarono all'entrata, Sheran digitò un codice sulla tastiera che era nascosta in un incavo sotto la parete di roccia.

«Ora entreremo e ti cambierai i vestiti» disse lui.

«E se Rhea ci scoprisse un'altra volta?»

«Rhea non è qui alla base. Non hai notato nulla, fuori?» chiese Sheran, facendole cenno di seguirlo quando la porta si aprì.

«No, cosa?» chiese Karen

«Sopra le nostre teste c'è un'astronave enorme,

davvero non l'hai vista?»

«No, sul serio. Sono troppo concentrata a pensare a ciò che dobbiamo fare»

«Non preoccuparti, andrà tutto bene. Comunque se ti interessa saperlo, Rhea è su quell'astronave» spiegò Sheran mentre attraversavano un corridoio poco illuminato.

«Perché?»

«Rhea è andata ad accogliere suo padre, Enki.»

«Enki? Questo nome non mi è nuovo» disse lei cercando di ricordare dove lo avesse sentito.

«Enki è il Signore della Terra, ricordi? Il comandante degli Anunnaki» la illuminò lui.

«Mi stai dicendo che sono tornati?» chiese sbalordita.

«In realtà non se ne sono mai andati. Ma il fatto più importante è che Nibiru è vicino alla Terra»

«Nibiru? Vuoi dire che il loro pianeta sta per collidere con il nostro?»

«Enki non ha interesse a distruggere il pianeta terra, ma Rhea potrebbe convincerlo del fatto che potrebbe essere la soluzione per evitare un risveglio totale delle coscienze, perché questo significherebbe la totale ribellione verso il loro dominio millenario» disse Sheran.

«Ma tutti i suoi progetti andrebbero in fumo se la terra andasse distrutta. Sono convinta che Rhea non voglia tutto ciò» ragionò Karen.

«E' una decisione difficile per lei, questo è sicuro, ma una rivolta dell'umanità porterebbe a conseguenze molto gravi per Nibiru. La Terra è una fonte preziosa di sostentamento per la loro sopravvivenza»

«Ma se distruggono il pianeta, è lo stesso, no?»

«Appunto per quello è una decisone complicata. Enki è qui per evitare che Rhea prenda decisioni drastiche. Come ti ho già raccontato, è sempre stato suo fratello Enlil quello che ha creato distruzione sul pianeta per eliminare il problema della ribellione, mentre Enki è stato sempre sfavorevole. Diciamo che Rhea assomiglia a suo "zio"»

Nel frattempo erano arrivati di fronte ad una porta e Sheran digitò il codice segreto per accedere. Lui e Karen entrarono in una stanza in cui c'erano delle tute rosse e dei caschi scuri.

«Dobbiamo indossare queste cose?»

«Sì, così sembreremo delle semplici guardie e potremo muoverci liberamente»

« Ma come faremo a sapere se Mark e Mei sono arrivati?»

«Non preoccuparti, li incontreremo fra poco. Ora cambiamoci»

Indossarono le tute e i caschi e uscirono dalla stanza, incamminandosi di nuovo per i corridoi. Presero un ascensore e salirono al primo livello della base. Quando uscirono, incontrarono altre guardie in uniforme rossa che li salutarono con un cenno del capo. Il primo livello includeva il settore comunicazioni e sicurezza, ed era da lì che Mark e Mei sarebbero dovuti passare per poter accedere alla base. Karen e Sheran mostrarono i loro pass al check point e si incamminarono per raggiungere la zona in cui sarebbe atterrato l'elicottero che trasportava i due medici.

L'elicottero stava atterrando in quel momento e Sheran vide due guardie avvicinarsi per effettuare i primi controlli, perciò fece cenno a Karen di sbrigarsi.

«Siamo noi che dobbiamo scortare il dottor Evan e la dottoressa Liang ai laboratori» disse Sheran alla guardia mostrandogli dei pass speciali che ritraevano le foto dei due medici.

Le due guardie non opposero resistenza e si allontanarono dalla zona di atterraggio.

Mark e Mei scesero dall'aereo e mostrarono i documenti a Sheran.

«Venite con noi» disse lui.

Karen e Sheran li scortarono al check point per i dovuti controlli di sicurezza e dopo che li ebbero passati, entrarono in un ascensore per scendere nel terzo livello dove erano presenti i vari laboratori.

Quando furono all'interno, Karen e Sheran tolsero i loro caschi per farsi riconoscere.

«Oh mio Dio, Karen sei veramente tu?» esclamò Mei

«Tesoro abbassa la voce, altrimenti potrebbero sentirci» rispose Karen

«Ma come hai fatto? Ho avuto tanta paura che ti avessero fatto del male»

«Diciamo che è una storia abbastanza lunga, ma adesso non abbiamo tempo. Comunque sono felice di vedervi, ragazzi»

«Felice di vederti sana e salva, dottoressa Forsyth» disse Mark.

«Grazie»

«Deve scusarci, non volevamo sembrare dei maleducati. Piacere, Mei» disse la dottoressa Liang rivolgendosi a Sheran.

«Piacere, Ashtar Sheran. Ma mi chiami pure Sheran» rispose lui divertito

«Molto lieta, Sheran. Perdoni la domanda, ma lei di dov'è originario?»

«Provengo dalla Confederazione Stellare dei Pianeti»

«Eh?» Mei sgranò gli occhi

«Non fare troppe domande, dottoressa Liang.»

«Mark ha ragione. Ti prometto che usciremo da

questo casino tutti interi»

«D'accordo» sospirò lei.

L'ascensore si arrestò e il gruppetto si avviò attraverso il corridoio, diretto ai laboratori. Un Grigio stava pulendo un angolo del pavimento e non alzò la testa nemmeno per fare un cenno di saluto, con gran sollievo di tutti.

Davanti alla porta di uno dei laboratori, Sheran digitò le varie password per l'accesso e quando finalmente furono all'interno, sia lui che Karen tolsero i caschi.

«Ora vi mostrerò dove sono conservati tutti i file classificati top secret di questa struttura. Li prenderete per farne delle copie e poi distruggerete gli originali» li istruì.

«D'accordo» risposero i due medici

Sheran digitò dei codici su una delle pareti roccia e quest'ultima si aprì, mostrando una stanza nascosta dove erano presenti innumerevoli archivi contenenti dei file che riguardavano tutti gli esperimenti scientifici, genetici e biomedici della base.

«Signori, non spaventatevi. Dovrete copiare solo trecento di questi file, poi distruggeremo tutto il resto» li tranquillizzò.

«Perfetto. Da dove si comincia?» chiese Mark.

«Sedetevi davanti a quei portatili e inserite le vostre chiavette usb» disse Sheran

«D'accordo»

I tre amici presero posto davanti ai computer e inserirono le chiavette.

Sheran portò loro i primi file da duplicare e Mark emise un fischio quando lesse cosa c'era scritto sulle varie etichette che li contraddistinguevano:

«Caspita, ma ho letto bene? Sto per copiare i dati delle epidemie più pericolose al mondo?» chiese rileggendo le diciture che dichiaravano esplicitamente che ciò che teneva in mano erano il virus dell'ebola, della "spagnola", della Sars, della Mers, del vaiolo, ecc.

«Hai letto bene, Mark» disse Sheran

«Accidenti, qui c'è roba per distruggere l'intero Universo, vere e proprie guerre batteriologiche!» esclamò Mei.

«Dunque, è da qui che partono tutte le epidemie virali e batteriche che flagellano il nostro pianeta» continuò Mark

«Ti assicuro, non hai visto nulla in confronto alle cose che ho visto io. Definirle abominevoli è addirittura un eufemismo» affermò Karen

«E' tempo infatti di mettere fine a tutto questo. Siamo solo all'inizio» disse Sheran

«D'accordo, allora bando alle ciance e mettiamoci a lavorare seriamente» comandò Mark.

I tre amici continuarono a duplicare i file che Sheran aveva scelto per loro, mentre lui si occupò di distruggere alcuni documenti che contenevano varie informazioni classificate top secret della base.

Quando ebbero finito, Sheran spense le telecamere di sorveglianza della stanza e disinserì l'allarme.

«Ora useremo delle sostanze acide e le getteremo sopra i supporti originali, in modo da renderli inservibili» disse lui e diede ad ognuno di loro delle tute protettive e dei guanti da indossare per procedere all'operazione.

Appena la sostanza acida venne a contatto con i supporti, questi si sciolsero come neve al sole.

Terminata l'opera di distruzione, i tre amici si tolsero l'abbigliamento protettivo e attesero istruzioni.

«Karen ora devi indossare di nuovo la tuta rossa e il

casco. Anche voi due dovrete vestirvi come noi» spiegò Sheran, tirando fuori altre due tute e altri due caschi da un armadio posto in una parete.

«Che dobbiamo fare?»

«Quello che vi dirò, senza improvvisare nulla»

«Va bene» si scusarono i due medici

«Non preoccupatevi, ora dovrete solo concentrarvi e seguire alla lettera i miei comandi» li tranquillizzò.

Uscirono tutti dal laboratorio e si incamminarono nuovamente per i corridoi. Non si vedeva nessuno in giro, perciò Sheran ebbe via libera per spegnere le varie telecamere di sorveglianza che erano sparse dappertutto prima di entrare nell'ascensore.

«Ora scenderemo nel sesto livello, mi auguro che abbiate uno stomaco forte» disse Sheran

«Beh, siamo medici, quindi direi che siamo pronti a tutto, no?» rispose Mark guardando Mei e Karen.

« Procediamo»

Di fronte alla porta dei laboratori genetici del sesto livello, Sheran digitò le solite password per entrare:

«Pronti?»

«Certo»

La porta si aprì e lo scenario apparve in tutta la sua efferata crudeltà davanti a loro.

«Cristo!» disse Mark mentre i suoi occhi mettevano a fuoco lo spettacolo inquietante delle vasche a cui erano collegate vari tubi da cui entrava uno strano liquido trasparente.

«Ma a che diavolo servono?»

«Sono delle incubatrici, Mark. Anzi, direi che

sono dei veri e propri uteri artificiali» spiegò Karen

«Fammi dare un'occhiata»

«Siamo qui per questo» si intromise Sheran

Mark si avvicinò alle enormi vasche per capire cosa contenessero e ciò che vide lo orripilò, nonostante fosse abituato a vedere di tutto essendo un patologo.

«Ma che razza di mostro è che ha eseguito simili esperimenti?» era disgustato fino alla nausea.

«Questa è opera di Rhea, una rettiliana che non ha nessun tipo di empatia con noi umani» rispose Karen.

«Una che cosa?»

«Un rettile, Mark. I rettiliani sono degli esseri alieni che vivono sul nostro pianeta da centinaia di migliaia di anni»

«Mi stai dicendo che dei lucertoloni vivono in mezzo a noi? Dici sul serio?»

« Magari stessi scherzando»

«Cristo santo!» esclamò quando i suoi occhi misero a fuoco le interminabili file di gabbie contenenti esseri ibridi umano- rettile e tutte le altre specie ibride che erano presenti in quell'orribile sala.

«Ti assicuro che questo è il minimo, nel settimo livello c'è di peggio» disse Karen.

«Bene, ora che avete visto l'opera di Rhea, direi che possiamo cominciare» intervenne Sheran.

«Tu non hai niente da dire, Mei?» chiese Karen all'amica che era rimasta pietrificata dalla scena.

«Mi viene in mente solo una parola, genocidio. Quello che sto vedendo è una vera e propria pianificazione di genocidio» affermò con una punta di amarezza nella voce.

«Definizione appropriata» confermò Karen

«Ora metteremo fine anche a questo, signori» disse Sheran

«Non vedo l'ora» disse Mark.

«Vi avverto che non sarà piacevole, ma è necessario farlo»

Sheran diede loro istruzioni per come scollegare l'alimentazione dalle vasche, dopo che ebbe disattivato le telecamere di sicurezza e disattivato gli allarmi.

I tre medici eseguirono gli ordini anche se fu terribile osservare la morte istantanea degli embrioni non appena il liquido cessava di fluire all'interno delle vasche. Anche se si trattava di specie ibride, erano pur sempre degli esseri viventi.

«Signori, adesso prendete quei contenitori e spargete il liquido dappertutto vicino alle gabbie e alle vasche» comandò Sheran

«D'accordo» risposero all'unisono.

Mark, Mei e Karen si diedero da fare a spargere il liquido in fretta, rabbrividendo quando qualche essere ibrido piangeva come un bambino o tentava di pronunciare parole umane. Gli esperimenti che erano stati condotti in quel luogo sarebbero risultati agghiaccianti persino per dei soggetti schizofrenici.

«E ora che si fa?» chiese MarK dopo che ebbero terminato l'operazione.

«Ora faremo salire la temperatura di questa sala fino a 90 gradi per fare in modo che il liquido evapori» rispose Sheran

«Ma i liquidi evaporano ad una temperatura di 100 gradi» obiettò Mei

«Fidati, ne basteranno 90 per questa sostanza»

«E dopo che succede?»

«Dopo che sarà evaporato, il liquido emetterà una tossina che entrerà nelle loro vie respiratorie e bloccherà i processi vitali nell'immediato» spiegò

Sheran

«Mi auguro non debbano soffrire» disse Karen.

«Non sentiranno nulla, tranquilla» la rassicurò Sheran mentre regolava la temperatura della sala fino ai gradi desiderati. Fatto ciò uscirono dalla sala.

«Dove stiamo andando, adesso?» chiese Mark.

«Poi sarei io quella che non deve fare troppe domande, giusto dottor Evan?» scherzò Mei.

«Ora scenderemo nel settimo livello»

«Non oso pensare ciò che ci aspetta in quel posto»

Appena uscirono dall'ascensore, Sheran si premurò di spegnere tutte le telecamere di sicurezza e disattivare gli allarmi fino all'entrata delle sale criogeniche e quando furono davanti alle porte, digitò le solite password:

«Pronti?»

«Certo» risposero in coro.

Quando si aprirono le porte, Karen e Mei non poterono evitare un brivido che risalì sulle loro schiene alla vista di uno spettacolo così tetro, che alla prima apparve peggio di come l'aveva osservato appena arrivata in quella base criminale.

Le sacche criogeniche che contenevano esseri umani drogati erano aumentate notevolmente e anche le «Cristo Karen, pensavo che tu stessi esagerando stavolta!» Mark ruppe il silenzio

«L'essenza del piano di Rhea, la questione umana!» recitò Karen visibilmente disgustata.

«Un'Agenda nel vero e proprio senso della parola» aggiunse Mei.

«Siamo cibo per quei lucertoloni» rincarò la dose Mark.

«Esatto, e ora metteremo fine a questa Agenda» disse Sheran.

« Qui la cosa mi pare abbastanza complicata»

«Le cose appaiono tutte complicate, se diamo retta alle menti-prigione. Ricorda che sei tu a creare la realtà con i tuoi pensieri e con le tue parole» spiegò Sheran.

«Quindi adesso aprirete tutte le gabbie e tutte le sacche e libereremo queste anime innocenti» continuò lui.

Sheran diede a tutti delle pistole per disattivare i campi elettromagnetici delle gabbie, mentre lui provvedeva a tagliare le sacche criogeniche con un laser a fotoni che era in grado anche di "rompere il vuoto".

Mentre i tre medici aprivano le gabbie, degli esseri "di luce" inter-dimensionali apparvero dal nulla e cominciarono a trasportare i bambini verso l'esterno.

«Sheran, che succede?» Karen e gli altri che riuscivano solo a vedere i bambini che uscivano dalle gabbie trasportati da scie luminose.

«Non avete nulla di cui preoccuparvi, i bambini sono al sicuro. I fratelli della Confederazione vi stanno aiutando a terminare il vostro compito. Ora che il vostro risveglio è avvenuto, possono intervenire per coadiuvare le operazioni di salvataggio, in modo che tutto avvenga in modo rapido.»

«Vuoi dire che stanno riportando i bambini dai loro genitori?» chiese Karen

«Esatto»

«Cosa dobbiamo fare con queste persone?» chiese Mark

«Dopo che si saranno occupati dei bambini, i fratelli della Confederazione penseranno a riportare in vita tutte queste anime e a ricondurle alle proprie famiglie» rispose Sheran.

«Dunque il nostro compito è finito?»

«Non ancora» disse criptico.

Uscirono dalla base e Sheran fece cenno di seguirlo verso l'astronave madre di ENKI, dove si trovava Rhea.

«Stiamo andando dritti nella tana del lupo?»

«Si, Rhea deve vedere con i suoi occhi la propria sconfitta, anche se è sempre stata consapevole che il risveglio degli esseri umani sarebbe avvenuto prima o poi»

«Spiegami una cosa. Il Covid-19 era un mezzo per impedire tale risveglio?» si intromise Mei

«Certo. Le epidemie o le pandemie sono sempre state usate per generare paure e conseguenti egregore, in maniera da sopprimere e assoggettare la coscienza universale di cui l'essere umano fa parte, per impedire che essa ricordi di essere in realtà un potere immortale ed infinito. L'UNO UNIVERSALE, insomma» confermò Sheran.

«Per questo ci hanno sempre occultato anche la questione aliena o degli UFO?» continuò Mei.

«Si, non volevano che voi ricordaste chi siete e da dove realmente provenite»

«Ashtar Sheran!»

Rhea era comparsa di fronte a loro.

«Rhea, è sempre un piacere incontrarti!» ribattè Sheran.

«Beh, per essere una lucertola, non è niente male» sussurrò Mark all'orecchio di Karen

«Guardala meglio, il suo aspetto è solo una copertura vibrazionale. Osservala attraverso l'occhio della tua coscienza e riuscirai a decodificare il suo aspetto reale»

«Ci provo» disse Mark, concentrandosi per

osservarla meglio.

«Caspita, sembra un'iguana gigante!» concluse disgustato dopo che la copertura vibrazionale si era dissolta grazie al potere della coscienza infinita.

Nel mentre, Rhea e Sheran si stavano misurando a vicenda.

«Cosa credevi di fare?» lo schernì lei. Per quanto riguardava Karen, avrebbe voluto picchiarla volentieri, ma si astenne dal fare commenti.

«Ciò che era destinato a compiersi. Non puoi fermare o impedire il fluire naturale della "Creazione", Rhea.» rispose Sheran.

«Che tu sia maledetto!» Rhea era furiosa.

«Sai molto bene che la Confederazione ha lasciato libero arbitrio a tutte le creature dell'Universo, ma voi avete abusato di questo dono per i vostri interessi a danno di tutte le altre creature e adesso è giunto il momento di mettere fine a tutto il male che avete fatto.»

«Credi davvero che io o mio padre ENKI, permetteremo alla Confederazione di distruggere il nostro lavoro?» insistè convinta.

«E' il risveglio della coscienza universale, che lo farà. Non puoi interrompere il processo»

«L'UNO UNIVERSALE! Sei proprio uno stolto! Come fai a parlare di unione in una realtà divisa?»

«Siete voi che l'avete divisa, Rhea. DIVIDI ET IMPERA! Diversamente non avreste mai potuto governare a vostro piacimento.»

«Lo impedirò con tutte le mie forze!» inveì Rhea.

«Ah, si? E tuo padre cosa dice?»

«Mio padre è d'accordo con me»

«Se ben ricordo, ENKI non ha mai voluto la distruzione dell'essere umano. E' sempre stato ENLIL quello che ha creato disordini e conflitti per paura che la superiorità dell'anima umana si ribellasse al dominio che gli era stato imposto.»

«ENKI vuole evitare una ribellione»

«Con il vaccino anti Covid? Ovvero con un siero ad alta tecnologia di nano-piattaforme in grado di modificare il genoma umano e sedare del tutto la coscienza»

«Gli umani non sono mai stati esseri intelligenti. Non di certo come noi! Ciò che sanno lo devono a noi.»

«Oh, certo. Ma voi non possedete l'essenza che caratterizza l'umanità, ovvero la loro anima, di cui avete bisogno per sopravvivere.»

«Certo! Noi abbiamo bisogno delle loro paure, delle loro ansie, dell'adrenalina generata dai loro sentimenti negativi!» si arrabbiò Rhea.

«Stupida!» disse Karen a denti stretti.

«Come direbbero gli umani, ti stai arrampicando sugli specchi, mia cara Rhea! Ma il tuo è un vano tentativo, non ascenderai mai alla Quinta Dimensione. Tu e il tuo popolo sprofonderete nei livelli sempre più inferiori della Quarta Dimensione»

«Sei tu che sprofonderai, mio caro Sheran! Credimi, ho già vinto! Ora scatenerò i miei poteri su di voi e sull'intera umanità!» urlò inviperita.

«Sparisci, serpente che non sei altra!» gridò Karen con tutta la forza che aveva in corpo.

Rhea urlò, mentre il suo corpo si dissolveva diventando un cumulo di polvere.

Un muro d'acqua si abbattè sul pianeta, per ripulirlo da tutto ciò che fino ad allora ne aveva inquinato la purezza, mentre Sheran, Karen, Mei e tutte le anime che erano finalmente ascese alla Quinta Dimensione, si innalzavano verso uno dei pianeti della Confederazione Stellare dove sarebbero rimasti fino a che sulla Terra non si fosse ristabilito l'equilibrio distrutto dalle forze del male. Le loro nuove dimore celesti erano già state predisposte tempo prima e attendevano il loro arrivo.

«Sheran, torneremo sulla Terra?» chiese Karen.

«Si, un giorno le vostre anime torneranno. Dipenderà da voi stessi»

«Che intendi?»

«Ciò che ho detto, Karen. Non esiste il tempo, ma la realtà dipende da quanto le coscienze si espanderanno e riusciranno a creare la realtà che desiderano. Fluite liberamente e tutto scorrerà naturalmente.»

«Hai ragione. Dipende da noi»

«Fluisci, Karen. E' tutto ciò che devi fare.»

BIBLIOGRAFIA:

"Guida alla cospirazione globale e come fermarla" di David Icke

"Il segreto più nascosto" di David Icke

"Schiavi di un sé fantasma" di David Icke

"Figli di Matrix" di David Icke

"I Signori del mondo" di Roberto Pinotti

"Si, molta gente morirà quando avremo il Nuovo ordine Mondiale. Però sarà un mondo migliore per i sopravvissuti.

Henry Kissinger

"Per controllare un popolo devi conoscerne le sue paure. E' evidente che quella più grande è la paura di morire. Una volta che l'essere umano diventa schiavo delle sue paure sarà facile fargli credere che lo stato padrone sarà pronto ad aiutarlo."

George Orwell "1984"

"Non credete a nulla di quanto sentito dire e non credete che alla metà di ciò che vedete".

Edgar Allan Poe

"Chiamatelo Nuovo Ordine Mondiale, New Age, era dell'Acquario o era Luciferina: è certo che i nuovi schiavi ameranno le loro catene… Oh, se le ameranno! E saranno pronti a uccidere pur di mantenerle."

Informazione Alternativa

"La gente non sa che la P2 è stata inventata dagli Stati Uniti, paese in cui l'influenza degli Illuminati è rappresentata emblematicamente sulle banconote da un dollaro. Dei quarantaquattro presidenti che si sono succeduti alla Casa Bianca, solo tre non erano massoni: due di loro, Mc Kinley e Kennedy, furono ammazzati, mentre il terzo fu costretto alle dimissioni."

Ferdinando Imposimato

"Signore e Signori, la parola "segretezza" è ripugnante in una società libera e aperta e noi, come popolo, ci siamo opposti, intrinsecamente e storicamente, alle società segrete, ai giuramenti segreti e alle riunioni segrete.

Siamo di fronte, in tutto il mondo, ad una cospirazione monolitica e spietata, basata soprattutto su mezzi segreti per espandere la sua sfera d'influenza, sull'infiltrazione anziché sull'invasione, sulla sovversione anziché sulle elezioni, sull'intimidazione anziché sulla libera scelta.

E' un sistema che ha reclutato ampie risorse umane e materiali nella costruzione di una macchina affiatata, altamente efficiente, che combina operazioni militari, diplomatiche, d'intelligence, economiche, scientifiche e politiche. Le sue azioni non vengono diffuse, ma tenute segrete.

I suoi errori non vengono messi in evidenza, ma vengono nascosti. I suoi dissidenti non sono elogiati, ma ridotti al silenzio. Nessuna spesa viene contestata. Nessun segreto viene rivelato. Ecco perché il legislatore ateniese Solone decretò che evitare le controversie fosse un crimine pe ogni cittadino.

Sto chiedendo il vostro aiuto nel difficilissimo compito di informare e allertare il popolo americano. Sono convinto che con il vostro aiuto l'uomo diventerà ciò che per cui è nato: UN ESSERE LIBERO E INDIPENDENTE."

John Fitzgerald Kennedy

MORPHEUS:

"Matrix è ovunque, è intorno a noi. Anche adesso, nella stanza in cui siamo. E' quello che vedi quando ti affacci alla finestra, o quando accendi il televisore. L'avverti quando vai al lavoro, quando vai in chiesa, quando paghi le tasse. E' il mondo che ti è stato messo davanti agli occhi per nasconderti la verità.

NEO:

"Quale verità?"

MORPHEUS:

"Che tu sei uno schiavo, Neo. Come tutti gli altri sei nato in catene. Sei nato in una prigione che non ha sbarre, che non ha muri, che non ha odore. Una prigione, per la tua mente."

"Sono uno spirito libero, ad alcuni non piace, ma io sono fatta così"

Lady Diana

"Tutti noi esseri umani dovremmo aiutarci sempre, dovremmo godere soltanto della felicità del prossimo, non odiarci e disprezzarci l'un l'altro. In questo mondo c'è posto per tutti. La natura è ricca.

E' sufficiente per tutti noi. Voi avete l'amore dell'umanità nel cuore. Voi avete il potere di rendere questa vita libera e magnifica, di trasformarla in un'avventura meravigliosa.

Combattiamo per un mondo nuovo, un mondo giusto, che dia a tutti un lavoro.

Ai giovani un futuro e agli anziani la sicurezza.

Combattiamo per liberare il mondo, eliminando confini e barriere, eliminando l'avidità, l'odio e l'intolleranza.

Combattiamo per un mondo ragionevole, un mondo in cui la scienza e il progresso, diano a tutti gli uomini il benessere."

UNIAMOCI TUTTI!

Sir Charles Spencer (Charlie Chaplin)

ARTICOLI TRATTI DAL SITO NEOINGEGNERIA.COM:

ANDREA CRISANTI, LETTERA DI FUOCO SUL VACCINO COVID. COSÌ SMASCHERA AZIENDE, GOVERNO E COLLEGHI
SHARE ON:
23 NOVEMBRE 2020

Il virologo Andrea Crisanti a valanga in una lettera al Corriere della sera. Il docente di Microbiologia dell'università di Padova è furioso con Pfizer e Moderna, le aziende che hanno annunciato l'imminente lancio del vaccino per il Covid: avete preso un mucchio di soldi pubblici, avete il dovere di mettere a disposizione i dati della sperimentazione, è il pensiero di Crisanti. Fin qui annunci spot buoni solo per i mercati finanziari dove avete venduto le vostre azioni. I sui colleghi che lo criticano? Bassetti aveva detto che il virus era sparito, dando il via libera a tutti e si è visto quanto ci ha azzeccato. Quelli del Cts? Bravi loro. Hanno spiegato a tutti come mettersi in sicurezza e hanno fatto finire invece tutti ammalati avendo sul groppone anche migliaia di nuovi morti. La storia inchioderà le loro gravi responsabilità, non le mie parole sul vaccino, scrive Crisanti.

"In una recente intervista a Focus life in risposta alla domanda se mi sarei vaccinato a gennaio ho affermato che non lo avrei fatto fino a che i dati di efficacia e sicurezza non fossero stati messi a disposizione sia della comunità scientifica sia delle autorità che ne regolano la distribuzione. Ho formulato un concetto di buon senso che non esprimeva alcun giudizio negativo sulla bontà del vaccino", spiega Crisanti nella lettera affidata al Corriere che punta il dito sulla "modalità con cui le aziende produttrici hanno comunicato i risultati raggiunti senza accompagnarli ad una adeguata informazione almeno per quanto riguarda la Fase 3".

Le aziende produttrici, invece di condividere i dati con la comunità scientifica, "hanno fatto proclami non sostanziati da evidenze", scrive il virologo che attacca: "Se le aziende in questione sono in possesso di informazioni che giustificano annunci che possono apparire rivolti in particolare ai mercati finanziari, queste devono essere rese pubbliche anche in considerazione del fatto che la ricerca è stata largamente finanziata con quattrini dei contribuenti". Il riferimento è ai guadagni di manager di Pfizer e Moderna che hanno venduto le proprie azioni.

Crisanti risponde poi ai "custodi della ortodossia scientifica" che "non ammettono esitazioni o tentennamenti, reclamano un atto di fede a coloro che non hanno accesso a informazioni privilegiate. 'Il vaccino funzionerà', tuonano indignati. Io sono il primo ad augurarmelo, mi permetto tuttavia di obiettare che il vaccino non è un oggetto sacro. Lasciamo la fede alla religione e il dubbio ed il confronto alla scienza che ne sono lo stimolo e la garanzia". FONTE https://www.iltempo.it/attualita/2020/11/23/news/andrea-crisanti-vaccino-covid-lettera-corriere-della-sera-pfizer-moderna-virologi-governo-speculazione-borsa-25323713/

Ricordate il Remdesivir? Andrea Crisanti a valanga: senza dati non farò il vaccino per il Covid

Vaccino anti-Covid, Paolo Mieli: "Se fossi in età di far figli, aspetterei. La procedura ha avuto qualcosa di sospetto"

IMPORTANTE!: Il materiale presente in questo sito (ove non ci siano avvisi particolari) può essere copiato e redistribuito, purché venga citata la fonte. NoGeoingegneria non si assume alcuna responsabilità per gli articoli e il materiale ripubblicato. Questo blog non rappresenta una testata giornalistica in quanto viene aggiornato senza alcuna periodicità. Non può pertanto considerarsi un prodotto editoriale ai sensi della legge n. 62 del 7.03.2001.

NEWS (ITA)

UNA CLASS ACTION CONTRO IL GOVERNO PER LA GESTIONE DELL'EMERGENZA

SHARE ON:

14 NOVEMBRE 2020

Edoardo Gagliardi

Decine di avvocati di tutte le regioni d'Italia promuovono una class action per richiedere il risarcimento del danno materiale, morale, biologico e di relazione subito dai cittadini italiani, dalle famiglie, dai liberi professionisti, imprenditori e imprese, in conseguenza delle normative emergenziali, illogiche ed illegittime, emanate dal governo italiano in questi mesi.

Se ne è parlato in una conferenza nella sala stampa della Camera dei deputati, a Roma il 12 novembre scorso, in cui sono intervenuti l'onorevole del gruppo misto, Sara Cunial, gli avvocati Edoardo Polacco e Mauro Sandri, per il settore alberghiero Rosa Lotito, Francesco Orlando rappresentate dei ristoratori e albergatori e Tano Simonato, ristoratore.

Al governo di Giuseppe Conte si contesta la decisione . di attuare il lockdown nazionale impedendo lo svolgimento di attività economiche quotidiane, la soppressione di diritti costituzionalmente garantiti. Tra i reati che vengono contestati al Presidente del Consiglio dei Ministri e a tutto il Governo ci sono quelli di attentato alla Costituzione (articolo 283 del codice penale), abuso d'ufficio (articolo 323) e violenza privata (articolo 610).

Byoblu, oltre ad aver seguito l'intera conferenza, ha realizzato a margine delle interviste a Sara Cunial, all'avvocato Mauro Sandri e al medico Mariano Amici, per comprendere meglio come starebbero realizzando questa azione legale.

"Ristoro bis è un contentino, una mancetta ai commercianti e a tutte le categorie devastate da queste misure draconiane" – spiega l'onorevole

Cunial – "Non basta certo il ristoro, noi oggi abbiamo chiesto un vero e proprio risarcimento oggetto di una classe action, è solo il primo passo di una resa dei conti richiesta al Governo".

A proposito del lockdown adottato dal Governo come misura in grado di contenere la diffusione del virus, l'avvocato Mauro Sandri: "I dati scientifici dimostrano la nostra tesi cioè che l'emergenza è scoppiata dalla mala gestione del virus, vale a dire dal disservizio del sistema sanitario nazionale" – e prosegue – "Il lockdown non è una soluzione, non lo è stato prima né ora. Il Governo italiano deve rispondere di aver utilizzato sistemi di contenimenti inefficaci e obsoleti".

Mariano Amici, medico chirurgo si sofferma invece sulla questione dei tamponi: "Questo test viene usato come diagnosi di Covid19, ma è una assurdità, perché il tampone è inattendibile e non è diagnostico. Ad affermarlo è lo stesso inventore che non può essere utilizzato a scopi diagnostici. Perché allora utilizzarlo per dire che ci sono dei positivi? Vanno presi dei provvedimenti".

FONTE
https://www.byoblu.com/2020/11/14/una-class-action-contro-il-governo-per-la-gestione-dellemergenza/ VEDI QUI

IMPORTANTE!: Il materiale presente in questo sito (ove non ci siano avvisi particolari) può essere copiato e redistribuito, purché venga citata la fonte. NoGeoingegneria non si assume alcuna responsabilità per gli articoli e il materiale ripubblicato.Questo blog non rappresenta una testata giornalistica in quanto viene aggiornato senza alcuna periodicità. Non può pertanto considerarsi un prodotto editoriale ai sensi della legge n. 62 del 7.03.2001.

"PANDEMIA" COVID: DISTRUGGERE LA VITA DELLE PERSONE. DEPRESSIONE ECONOMICA INGEGNERIZZATA. "COLPO DI STATO" GLOBALE?
SHARE ON:
15 NOVEMBRE 2020

Michel Chossudovsky

Introduzione

Le zone rosse, la mascherina, il distanziamento sociale, la chiusura di scuole, college e università, niente più riunioni di famiglia, niente più feste di compleanno, musica, arte: niente più eventi culturali, eventi sportivi sospesi, niente più matrimoni, "amore e vita" completamente aboliti.

E in diversi paesi il Natale è sospeso…

È la distruzione di vite umane. È la destabilizzazione della società civile. E per cosa?

Le menzogne sono sostenute da una massiccia campagna di disinformazione sui media. L'"Allarme Covid" è in funzione 24 ore su 24 da dieci mesi, senza sosta e ripetutamente. … è un processo di ingegneria sociale.

Manipolazione delle valutazioni. I test RT-PCR sono fuorvianti.

Quello che vogliono è aumentare i numeri in modo da giustificare il lockdown.

Milioni di test covid-positivi.

Secondo il dottor Pascal Sacré in un articolo intitolato: Il test RT-PCR COVID-19: Come ingannare tutta l'umanità. Usare un "Test" per mettere in lockdown la società:

Questo uso improprio della tecnica RT-PCR è utilizzato come strategia accanita e intenzionale da alcuni governi, sostenuti dai consigli scientifici di sicurezza e dai media dominanti, per giustificare misure eccessive quali la violazione di un gran numero di diritti costituzionali, la distruzione dell'economia e il fallimento di interi settori attivi della società, il degrado delle condizioni di vita di un gran numero di cittadini comuni, con il pretesto di una pandemia basandosi su una serie di test RT-PCR positivi, e non su un numero reale di pazienti.

Il Covid-19 è raffigurato come il "Virus killer".

Falsificare i certificati di morte

Negli Stati Uniti, i certificati di morte sono falsificati su istruzioni del CDC.

COVID-19: La "causa basilare della morte". Questo concetto è fondamentale. È definita dall'OMS come "la malattia o la lesione che ha dato origine al corso degli eventi che portano direttamente alla morte".

I criteri sono stati modificati. Le istruzioni del CDC sono chiarissime. COVID-19 costituirà la causa fondamentale della morte "il più delle volte".

Distruggere la società civile

La gente è spaventata e sconcertata. "Perché dovrebbero farlo?"

Scuole vuote, aeroporti vuoti, negozi di alimentari in bancarotta.

In Francia "Le chiese sono minacciate dai kalashnikov a causa dell'epidemia di Covid-19" (aprile 2020)

Tutta l'economia dei servizi urbani è in crisi. Negozi, bar e ristoranti sono portati alla bancarotta. I viaggi e le vacanze internazionali sono sospesi. Le strade sono vuote. In diversi paesi, i bar e i ristoranti sono obbligati a registrare i nomi e le informazioni di contatto "per sostenere un'efficace ricerca di indirizzi, se necessario".

Il discorso libero è soppresso

La narrativa del lockdown è sostenuta dalla disinformazione dei media, dalla censura online, dall'ingegneria sociale e dalla strategia della paura.

I medici che mettono in discussione il racconto ufficiale sono minacciati. Perdono il lavoro. Le loro carriere sono distrutte. Coloro che si oppongono al lockdown del governo sono classificati come "psicopatici antisociali":

Attualmente, in diversi paesi si stanno conducendo "studi" psicologici del tipo peer-reviewing usando indagini a campione.

Accettate la "grande bugia" e sarete etichettati come "brava persona" con "empatia" che comprende i sentimenti degli altri.

… Esprimete le vostre riserve riguardo… al distanziamento sociale e all'uso della mascherina, e sarete etichettati (secondo il "parere scientifico") come uno "psicopatico insensibile e disonesto".

Nei college e nelle università, il corpo docente è costretto a conformarsi e a sostenere la narrazione ufficiale. Mettere in discussione la legittimità del lockdown nelle "aule" online potrebbe portare al licenziamento.

Google sta commercializzando la Grande Bugia. L'opinione di scienziati di spicco che mettono in discussione il lockdown, la mascherina o il distanziamento sociale viene " demolita":

"YouTube non consente contenuti che diffondano informazioni mediche errate che contraddicano l'Organizzazione Mondiale della Sanità (OMS) o le informazioni mediche delle autorità sanitarie locali relative a COVID-19, anche sui metodi per prevenire, trattare o diagnosticare COVID-19, e sui mezzi di trasmissione di COVID-19". (sottolineatura aggiunta)

Lo chiamano "fact checking", senza riconoscere che sia l'OMS che le autorità sanitarie locali contraddicono i loro stessi dati e concetti.

11 marzo 2020: Depressione Economica Ingegnerizzata. Colpo di Stato globale?

La pandemia è stata lanciata dall'OMS l'11 marzo 2020 e ha portato al blocco e alla chiusura delle economie nazionali di 190 (su 193) paesi membri delle Nazioni Unite. Le istruzioni sono arrivate dall'alto, da Wall Street, dal World Economic Forum, dal World Economic Forum, dalle fondazioni miliardarie. Questo diabolico progetto è descritto con disinvoltura dai media aziendali come un impegno "umanitario". La "comunità internazionale" ha una "Responsabilità di proteggere" (R2P). Un "partenariato pubblico-privato" non eletto, sotto l'egida del World Economic Forum (WEF), è venuto in soccorso dei 7,8 miliardi di persone del Pianeta Terra. La chiusura dell'economia globale viene presentata come un mezzo per "uccidere il virus".

Sembra assurdo. Chiudere l'economia reale del Pianeta Terra non è la "soluzione", ma piuttosto la "causa" di un processo di destabilizzazione e impoverimento mondiale.

L'economia nazionale associata alle istituzioni politiche, sociali e culturali è la base per la "riproduzione della vita reale": reddito, occupazione, produzione, commercio, infrastrutture, servizi sociali. Destabilizzare l'economia del Pianeta Terra non può costituire una "soluzione" per combattere il virus. Ma questo è ciò che vogliono farci credere. Ed è quello che stanno facendo.

"Guerra economica"

Destabilizzare in un colpo solo le economie nazionali di più di 190 paesi è un atto di "guerra economica". Questa demoniaca agenda mina la sovranità degli Stati nazionali. Impoverisce le persone in tutto il mondo. Porta a una spirale di debiti globali espressi in dollari.

Le potenti strutture del capitalismo globale, il Big Money, insieme all' intelligence e all'apparato militare, sono la forza trainante. Utilizzando tecnologie digitali e di comunicazione avanzate, il Lockdown e la chiusura economica dell'economia globale non ha precedenti nella storia del mondo.

Questo simultaneo intervento in 190 paesi è incompatibile con la democrazia. Mina la sovranità degli Stati nazionali in tutto il mondo, senza necessità di interventi militari. È un sistema avanzato di guerra economica che mette in ombra altre forme di guerra, comprese le guerre drammatiche convenzionali (in stile iracheno).

Scenari di governance globale. Governo mondiale nell'era post covid?

Il progetto Lockdown dell'11 marzo 2020 utilizza menzogne e inganni per imporre infine un regime totalitario mondiale, intitolato "Global Governance" (da parte di funzionari non eletti). Nelle parole di David Rockefeller:

"...Il mondo è ora più sofisticato e pronto a muoversi verso un governo mondiale. La sovranità sovranazionale di un'élite intellettuale e di banchieri mondiali è sicuramente preferibile all'autodeterminazione nazionale praticata nei secoli passati". (citato da Aspen Times, 15 agosto 2011, sottolineatura aggiunta)

Lo scenario della Global Governance impone un'agenda di ingegneria sociale e di adeguamento economico.

"Costituisce un'estensione del quadro politico neoliberale imposto sia ai paesi in via di sviluppo che a quelli sviluppati. Consiste nello smantellamento dell'"'autodeterminazione nazionale" e nella costruzione di un nesso mondiale di regimi di delega pro-USA controllati da una "sovranità sovranazionale" (Governo Mondiale) composta dalle principali istituzioni finanziarie, dai miliardari e dalle loro fondazioni filantropiche" (vedi Michel Chossudovsky, Global Capitalism, "World Government" and the Corona Crisis, May 1, 2020).

Simulazione di pandemie

La Rockefeller Foundation propone l'uso della pianificazione degli scenari come strumento per realizzare una "governance globale". (Per ulteriori dettagli, si veda Michel Chossudovsky, 1 maggio 2020). Nel rapporto Rockefeller del 2010 intitolato "Scenari per il futuro della tecnologia e dell'area di sviluppo internazionale" sono stati previsti scenari di Global Governance e le azioni da intraprendere nel caso di una pandemia a livello mondiale. Più specificamente, il rapporto prevedeva (p. 18) la simulazione di uno scenario Lock Step che includeva un ceppo virulento di influenza globale . Lo studio Rockefeller del 2010 è stato pubblicato Il rapporto Rockefeller 2010 è stato pubblicato immediatamente dopo la pandemia di influenza suina H1N1 del 2009.

Un'altra importante simulazione è stata effettuata il 18 ottobre 2019, meno di 3 mesi prima che la SARS-2 è stata identificata nei primi giorni di gennaio del 2020.

L'evento 201 si è svolto sotto l'egida del Johns Hopkins Center for Health Security, sponsorizzato dalla Bill and Melinda Gates Foundation e dal World Economic Forum. (Per maggiori dettagli si veda Michel Chossudovsky, 1 marzo 2020)

Intelligence e "L'arte dell'inganno".

La crisi di Covid è uno strumento sofisticato del potere delle élite. Ha tutte le caratteristiche di un'operazione di intelligence attentamente pianificata utilizzando "l'inganno e il contro-inganno". Leo Strauss: "vedeva nell'intelligence un mezzo per i politici per raggiungere e giustificare gli obiettivi politici, non per descrivere le realtà del mondo." E questo è esattamente ciò che stanno facendo in relazione a Covid-19.

Video: L'Esercizio Pandemico Evento 201. 18 ottobre 2019. Si concentra sull'entità della pandemia. Affronta anche, all'interno della simulazione, come affrontare i social media online e la cosiddetta "disinformazione". (Ascoltate attentamente)

Intervento Macro-Economico. Evoluzione dell'economia globale

Storia dello "Shock Treatment" economico. Dal programma di aggiustamento strutturale (SAP) al "Global Adjustment (GA)".

La chiusura (simultanea) dell'11 marzo 2020 delle economie nazionali di 190 Stati membri dell'ONU è diabolica e senza precedenti. Milioni di persone hanno perso il lavoro e i risparmi di una vita. Nei paesi in via di sviluppo, la povertà, la carestia e la disperazione prevalgono.

Flash back in Cile, 11 settembre 1973.

Come professore ospite dell'Università Cattolica del Cile, ho vissuto il colpo di stato militare contro il governo democraticamente eletto di Salvador Allende. Fu un'operazione della CIA guidata dal segretario di Stato Henry Kissinger, accompagnata da devastanti riforme macroeconomiche.

Nel mese successivo al colpo di stato, il prezzo del pane è passato da 11 a 40 scudi in una notte. Questo collasso ingegnerizzato sia dei salari reali che dell'occupazione sotto la dittatura di Pinochet favorì un processo di impoverimento a livello nazionale. Mentre i prezzi dei prodotti alimentari erano saliti alle stelle, i salari erano stati congelati per garantire "la stabilità economica e per tenere lontane le pressioni inflazionistiche". Da un giorno all'altro, un intero Paese era precipitato in un'abissale povertà: in meno di un anno il prezzo del pane in Cile era aumentato di trentasei volte e l'ottantacinque per cento della popolazione cilena era stata spinta al di sotto della soglia di povertà". Questo è stato il "Reset" del Cile del 1973.

Due anni e mezzo dopo, nel 1976, sono tornato in America Latina come visiting professor all'Università Nazionale di Cordoba, nel cuore industriale del nord dell'Argentina. Il mio soggiorno coincise con un altro colpo di stato militare nel marzo 1976. Sotto i massacri e le violazioni dei diritti umani, vennero prescritte anche riforme macroeconomiche di "libero mercato" – questa volta sotto la supervisione dei creditori argentini di New York, tra cui David Rockefeller, amico del ministro dell'Economia della Giunta, José Alfredo Martinez de Hoz.

Cile e Argentina erano "prove generali" per le cose che sarebbero venute: Il programma di Structural Adjustment (SAP) del Fondo Monetario Internazionale e della Banca Mondiale è stato imposto a più di 100 paesi a partire dall'inizio degli anni '80. (Vedi Michel Chossudovsky, La globalizzazione della povertà e il nuovo ordine mondiale, Global Research, 2003)

Un esempio noto del "libero mercato": Nell'agosto del 1990 il Perù è stato punito per non essersi conformato ai diktat del FMI: il prezzo del carburante è salito di 31 volte e il prezzo del pane è aumentato più di dodici volte in un solo giorno. Queste riforme – realizzate in nome della "democrazia" – sono state molto più devastanti di quelle applicate in Cile e in Argentina sotto il pugno del governo militare.

E ora, l'11 marzo 2020, entriamo in una nuova fase di destabilizzazione macroeconomica, più devastante e distruttiva di 40 anni di " shock treatment" e misure di austerità imposte dal FMI per conto degli interessi finanziari dominanti.

C'è una rottura, una rottura storica ma anche una continuità. È "Neoliberalismo all'ennesimo grado".

Chiusura dell'economia globale: Impatti economici e sociali a livello dell'intero pianeta

Confronta quanto sta accadendo oggi all'Economia Globale con le misure macroeconomiche "negoziate" paese per paese imposte dai creditori nell'ambito del Programma di aggiustamento strutturale (SAP). Il "Global Adjustment" dell'11 marzo 2020 non è stato negoziato con i governi nazionali. È stato imposto da un "partenariato pubblico-privato", sostenuto dalla propaganda dei media, e accettato con l'aiuto di politici corrotti.

Disuguaglianza sociale e impoverimento "ingegnerizzato". La globalizzazione della povertà

Confronta le "linee guida" relative all "Global Adjustment" dell'11 marzo 2020 che riguardano l'intero Pianeta con il Cile dell'11 settembre 1973.

Per ironia della sorte, gli stessi interessi di Big Money dietro il "Global Adjustment" del 2020 sono stati attivamente coinvolti in Cile (1973) e in Argentina (1976). Ricordiamo l'"Operazione Condor" e la "Guerra Sucia".

C'è continuità: Gli stessi potenti interessi finanziari: Le burocrazie del FMI e della Banca Mondiale sono attualmente impegnate a preparare e gestire le" operazioni di debito post-pandemiche "New Normal" (per conto dei creditori) nell'ambito del Grande Reset.

Henry Kissinger è stato coinvolto nel coordinamento del "Reset" del Cile dell'11 settembre 1973.

Il successivo anno è stato incaricato di redigere il "Memorandum 200 sulla sicurezza strategica nazionale (NSSM 200) che ha definito il depopolamento come "la massima priorità della politica estera degli Stati Uniti verso il Terzo Mondo".

Oggi, Henry Kissinger è un convinto sostenitore, insieme alla Gates Foundation (anch'essa impegnata nella riduzione della popolazione) del Grande Reset sotto l'egida del World Economic Forum (WEF).

Non c'è bisogno di negoziare con i governi nazionali o di effettuare un "cambio di regime". Il progetto dell'11 marzo 2020 costituisce un "Global Adjustment" che innesca fallimenti, disoccupazione e privatizzazioni su scala molto più ampia, coinvolgendo in un colpo solo le economie nazionali di oltre 150 paesi.

E tutto questo processo viene presentato all'opinione pubblica come un mezzo per combattere il "killervirus" che, secondo il CDC e l'OMS, è simile all'influenza stagionale. (Virus A, B)

La struttura di potere egemonico del capitalismo globale

Big Money, comprese le fondazioni miliardarie, sono la forza trainante. Si tratta di una complessa alleanza tra Wall Street e l'establishment bancario, Big Oil and Energy, i cosiddetti "Defense Contractors, Big Pharma, i conglomerati biotecnologici, i Corporate media, i giganti delle telecomunicazioni, delle comunicazioni e delle tecnologie digitali, insieme a una rete di think tank, gruppi di pressione, laboratori di ricerca, ecc. Anche la gestione della proprietà intellettuale gioca un ruolo centrale.

Questa complessa rete decisionale coinvolge i principali creditori e istituti bancari: La Federal Reserve, la Banca Centrale Europea (BCE), il FMI, la Banca Mondiale, la Banca di sviluppo regionale e la Banca dei Regolamenti Internazionali (BRI) con sede a Basilea, che svolge un ruolo strategico fondamentale.

A loro volta, le alte sfere dell'apparato statale americano (e gli alleati occidentali di Washington) sono direttamente o indirettamente coinvolti, tra cui il Pentagono, i servizi segreti americani, le autorità sanitarie, la sicurezza interna e il Dipartimento di Stato americano (comprese le ambasciate in oltre 150 paesi).

In corso l'Appropriazione della ricchezza da parte dei Super Ricchi

Si dice che il Virus sia responsabile dell'ondata di fallimenti e disoccupazione. È una bugia. Non esiste una relazione causale tra il virus e le variabili economiche. Sono i potenti finanzieri e i miliardari, che sono dietro a questo progetto che ha contribuito alla destabilizzazione (mondiale) dell'economia reale.

Nel corso degli ultimi nove mesi, hanno incassato miliardi di dollari. Tra aprile e luglio la ricchezza totale detenuta dai miliardari di tutto il mondo è cresciuta da 8 mila miliardi di dollari a più di 10 mila miliardi di dollari,

Il rapporto Forbes non spiega la vera causa di questa massiccia ridistribuzione della ricchezza:

"la ricchezza collettiva miliardaria è aumentata al ritmo più accelerato di qualsiasi altro periodo dell'ultimo decennio".

In realtà è la più grande redistribuzione di ricchezza globale nella storia del mondo. Essa si basa su un processo sistematico di impoverimento mondiale. È un atto di guerra economica.

I miliardari non sono stati solo i beneficiari di generosi " incentivi governativi" (cioè handouts), la maggior parte dei loro guadagni finanziari fin dall'inizio della campagna di paura di Covid ai primi di febbraio è stata il risultato di insider trading, foreknowledge e manipolazione dei mercati finanziari e delle commodities.

La ricchezza complessiva dei miliardari statunitensi è aumentata di 850 miliardi di dollari dal 18 marzo 2020 all'8 ottobre 2020, con un incremento di oltre il 28 per cento. Questa valutazione non tiene conto dell'aumento della ricchezza nel periodo precedente al 18 marzo, che è stato caratterizzato da una serie di crolli dei mercati azionari. (Vedi Michel Chossudovsky, Caos economico e distruzione sociale, 7 novembre 2020)

Il 18 marzo 2020, i miliardari statunitensi avevano accumulato una ricchezza complessiva di 2.947.000 miliardi di dollari. Entro l'8 ottobre, la loro ricchezza era salita a 3,8 trilioni di dollari (3,798 miliardi di dollari per l'esattezza).

Questa upper class miliardaria manipola i mercati finanziari a partire da febbraio e poi ordina la chiusura dell'economia globale l'11 marzo, il cui obiettivo dichiarato è quello di combattere Covid-19, che, secondo l'OMS, è simile all'influenza stagionale.

L'"Economia reale" e "Big Money".

Perché queste politiche di lockdown di Covid sono alla base del fallimento, della povertà e della disoccupazione?

Il capitalismo globale non è monolitico. C'è infatti un "conflitto di classe A" tra i super-ricchi e la stragrande maggioranza della popolazione mondiale.

Ma c'è anche un'intensa rivalità all'interno del sistema capitalistico. Vale a dire un conflitto tra il "Big Money Capital" e quello che potrebbe essere descritto come "Real Capitalism", che consiste in corporazioni in diverse aree di attività produttiva a livello nazionale e regionale. Esso comprende anche le piccole e medie imprese.

Quello che è in corso è un processo di concentrazione della ricchezza (e di controllo delle tecnologie avanzate) senza precedenti nella storia mondiale, per cui l'establishment finanziario, (cioè i creditori multimiliardari) sono destinati ad appropriarsi del patrimonio reale sia delle società fallite che di quello dello Stato.

L'"Economia Reale" costituisce il "paesaggio economico" dell'attività economica reale: beni produttivi, agricoltura, industria, servizi, infrastrutture economiche e sociali, investimenti, occupazione, ecc. L'economia reale, a livello globale e nazionale, è oggetto del lockdown e della chiusura dell'attività economica. Le istituzioni finanziarie Global Money sono i "creditori" dell'economia reale.

"La Seconda Ondata". Un nuovo Lockdown

La seconda ondata è una bugia. Viene presentata all'opinione pubblica come un mezzo per combattere il virus e salvare vite umane.

Questo è ciò che i governi ci dicono. La strategia della paura è andata a gonfie vele, applicata contemporaneamente in diverse regioni del mondo.

Test, Test, Test, Test, Test, Nel Regno Unito, le forze armate sono coinvolte in operazioni di test di massa che utilizzano il PCR, il cui obiettivo è quello di aumentare il numero dei cosiddetti casi positivi.

Se si vive da soli nel Regno Unito, è possibile impostare una " Support Bubble" (vedi in seguito)

È inutile dire che all'inizio di questa seconda ondata l'economia globale è già in uno stato di caos. Mentre i rapporti non riescono a rivelare la profondità e la gravità di questa crisi globale, le prove (ancora provvisorie e incomplete) parlano da sole.

La logica della seconda ondata è quella di prevenire e rimandare la riapertura dell'economia nazionale, insieme all'applicazione della distanziamento sociale, all'uso della mascherina, ecc.

Gli obiettivi riguardano l'economia dei servizi, le compagnie aeree, l'industria del turismo, ecc. Il mantenimento di rigide restrizioni sui viaggi aerei equivale a condurre le principali compagnie aeree alla bancarotta. Il programma di fallimento è stato progettato e imposto. Solo nell'industria del turismo e dei viaggi degli Stati Uniti, 9,2 milioni di posti di lavoro potrebbero andare persi e "tra 10,8 milioni e

13,8 milioni di posti di lavoro … sono a serio rischio".

E la seconda ondata è finalizzata a consentire ai miliardari di raccogliere i pezzi, acquisendo la proprietà di interi settori di attività economica a prezzi stracciati.

Il denaro di cui si sono appropriati nel corso della crisi finanziaria (attraverso una vera e propria manipolazione) sarà utilizzato per acquistare società in bancarotta così come governi in bancarotta.

La governance globale: Verso uno Stato totalitario

Le persone e le organizzazioni coinvolte nella simulazione 201 del 18 ottobre 2019 sono ora coinvolte nella gestione effettiva della crisi una volta che questa è entrata in vigore il 30 gennaio 2020 sotto la guida dell'OMS's Public Health Emergency of International Concern (PHEIC), che a sua volta ha posto le basi per la crisi finanziaria di febbraio.

Il lockdown e la chiusura delle economie nazionali scatenano una seconda ondata di disoccupazione di massa insieme al fallimento ingegnerizzato (applicato in tutto il mondo) delle piccole e medie imprese.

Il tutto è guidato dall'installazione di uno Stato totalitario globale che è intenzionato a spezzare ogni forma di protesta e di resistenza.

Il programma di vaccinazione Covid (compreso il passaporto digitale annesso) è parte integrante di un regime totalitario globale.

Cos'è il famigerato ID2020? È un'alleanza di partenariato pubblico-privato, tra cui le agenzie delle Nazioni Unite e la società civile. È un programma di identificazione elettronica che utilizza la vaccinazione generalizzata come piattaforma per l'identità digitale. Il programma sfrutta le operazioni di registrazione delle nascite e di vaccinazione esistenti per fornire ai neonati un'identità digitale portatile e persistente collegata biometricamente con le zone rosse, le mascherine, il distanziamento sociale, il lockdown, (Peter Koenig, 12 marzo 2020).

"Il Grande Reset"

Gli stessi potenti creditori che hanno scatenato la crisi del debito globale di Covid stanno ora stabilendo una "Nuova Normalità" che consiste essenzialmente nell'imporre quello che il World Economic Forum descrive come il "Grande Reset": Usando i lockdown e le restrizioni di COVID-19 per portare avanti questa trasformazione, il Great Reset è stato lanciato sotto le vesti della "Quarta Rivoluzione Industriale", nella quale le imprese più vecchie devono essere spinte al fallimento o assorbite in monopoli, spegnendo di fatto enormi sezioni dell'economia pre-COVID. Le economie sono in fase di "ristrutturazione" e molti posti di lavoro saranno realizzati da macchine guidate dall'Intelligenza Artificiale.

I disoccupati (e ce ne saranno molti) sarebbero collocati in qualche tipo di reddito di base universale e i loro debiti (l'indebitamento e il fallimento su larga scala è il risultato voluto di lockdown e restrizioni) sarebbero cancellati in cambio della consegna dei loro beni allo Stato o più precisamente alle istituzioni finanziarie che contribuiscono a guidare questo Grande Reset. Il WEF dice che il pubblico "affitterà" tutto ciò di cui ha bisogno: togliendo il diritto di proprietà con la scusa del "consumo sostenibile" e "salvando il pianeta". Ovviamente, la minuscola élite che ha lanciato questo grande Reset sarà proprietaria di tutto. (Colin Todhunter, Grande Reset distopico, 9 novembre 2020)

Entro il 2030, i creditori globali si saranno appropriati della ricchezza mondiale nell'ambito dello scenario dell'"aggiustamento globale", impoverendo al contempo ampi settori della popolazione mondiale.

Nel 2030 "Non possiederai nulla, e sarai felice". (vedi video qui sotto)

Le Nazioni Unite: uno strumento di governance globale basato su un partenariato pubblico-privato non eletto

Anche il sistema delle Nazioni Unite è complice. Ha approvato la "governance globale" e il Grande Reset.

Mentre il Segretario generale dell'ONU Antonio Guterres riconosce giustamente che la pandemia è "più di una crisi sanitaria", non è stata intrapresa alcuna analisi o dibattito significativo sotto la guida dell'ONU sulle reali cause di questa crisi.

Secondo un rapporto dell'ONU del settembre 2020:

"Centinaia di migliaia di vite sono state perse. Le vite

di miliardi di persone sono state sconvolte. Oltre agli impatti sulla salute, COVID-19 ha esposto ed inasprito profondamente le disuguaglianze… Ci ha colpiti come individui, come famiglie, comunità e società. Ha avuto un impatto su ogni generazione, anche su quelle non ancora nate. La crisi ha evidenziato le fragilità all'interno delle nazioni e tra le nazioni, così come nei nostri sistemi per organizzare una risposta globale coordinata alle minacce condivise. (Rapporto ONU)

Le decisioni che hanno scatenato la distruzione sociale ed economica in tutto il mondo non sono menzionate. Nessun dibattito al Consiglio di sicurezza dell'ONU. Consenso tra tutti i cinque membri permanenti del Consiglio di Sicurezza dell'ONU.

V il Virus è ritenuto responsabile.

L'ONU ha approvato il WEF "Reimagine and Reset our World" in un partenariato pubblico-privato.

Torniamo a George Kennan e alla Dottrina Truman alla fine degli anni Quaranta. Kennan credeva che le Nazioni Unite fornissero un modo utile per "collegare il potere con la moralità", usando la moralità, come mezzo per dare un timbro alle "guerre umanitarie" dell'America.

La crisi di Covid è il culmine di un processo storico.

Il lockdown e la chiusura dell'economia globale sono "armi di distruzione di massa". Ciò con cui abbiamo a che fare sono enormi "crimini contro l'umanità".

Joe Biden e il "Grande Reset"

Il "Presidente eletto" Joe Biden è un politico ben preparato, un rappresentante di fiducia, al servizio degli interessi dell'establishment finanziario.

Non dimentichiamo che Joe Biden era un convinto sostenitore dell'Invasione dell'Iraq con la motivazione che Saddam Hussein "aveva armi di distruzione di massa". "Il popolo americano è stato ingannato in questa guerra" (senatore Dick Durbin). Non lasciatevi ingannare di nuovo da Joe Biden.

Acronimi in evoluzione. 11 settembre, GWOT, WMD e ora COVID: Biden è stato premiato per aver sostenuto l'invasione dell'Iraq.

Fox News lo descrive come un socialista che minaccia il capitalismo: "L'inquietante legame di Joe Biden con il movimento socialista 'Great Reset'". Anche se questo non ha assolutamente senso, molti "progressisti" e attivisti contro la guerra hanno appoggiato Joe Biden senza analizzare le conseguenze più ampie di una presidenza Biden.

Il Grande Reset è socialmente divisorio, è razzista. È un progetto del capitalismo globale. Costituisce una minaccia per la grande maggioranza dei lavoratori americani e per le piccole e medie imprese. Un'amministrazione Biden-Harris attivamente coinvolta nella realizzazione del "Grande Reset" è una minaccia per l'umanità.

Per quanto riguarda Covid, Biden è decisamente impegnato nella "Seconda ondata", cioè nel mantenere la parziale chiusura sia dell'economia statunitense che dell'economia globale come mezzo per "combattere il virus killer".

Joe Biden spingerà per l'adozione del "Grande Reset" del WEF sia a livello nazionale che internazionale, con conseguenze economiche e sociali devastanti. Il World Economic Forum (WEF) del 2021, previsto per l'estate del 2021, si concentrerà sulla realizzazione del "Grande Reset".

Un'amministrazione di Joe Biden perseguirà attivamente il progetto totalitario di Big Money: Il Grande Reset.

A meno che non vi sia una significativa protesta e resistenza organizzata, a livello nazionale e internazionale, il Grande Reset entrerà a far parte dell'agenda di politica sia interna che estera statunitense dell'amministrazione Joe Biden-Kamala Harris. È quello che si chiama Imperialismo dal "Volto Umano".

Michel Chossudovsky: Biographical Summary

TRADUZIONE A CURA DI NOGEOINGEGNERIA

IMPORTANTE!: Il materiale presente in

questo sito (ove non ci siano avvisi particolari) può essere copiato e redistribuito, purché venga citata la fonte. NoGeoingegneria non si assume alcuna responsabilità per gli articoli e il materiale ripubblicato.Questo blog non rappresenta una testata giornalistica in quanto viene aggiornato senza alcuna periodicità. Non può pertanto considerarsi un prodotto editoriale ai sensi della legge n. 62 del 7.03.2001.

LA PAROLA COME ARMA: CHE COSA SIGNIFICA IL MARCHIO "NEGAZIONISTA"?

SHARE ON:

18 NOVEMBRE 2020

29 August 2020, Berlin: "Stop the Corona Madness!" is written on the sign of a participant of a demonstration against the Corona measures and the model of a corona virus. Photo: Michael Kappeler/dpa

29 August 2020, Berlin: "Stop the Corona Madness!" is written on the sign of a participant of a demonstration against the Corona measures and the model of a corona virus. Photo: Michael Kappeler/dpa

"La parola sta all'anima come la medicina al corpo". Così il filosofo Gorgia spiega l'importanza della parola. Secondo lui infatti, essa ha una grande potenza ed è una "gran dominatrice": ha il potere di corrompere la mente e di ingannare l'opinione pubblica. Oggi più che mai.

A cosa serve l'epiteto «negazionista»

Wu Ming

«Negazionista» ormai è un appellativo scagliato con

una certa violenza contro chiunque critica l'irrazionalità o iniquità di un provvedimento, contro chi smonta un esempio di mala informazione mainstream sul virus, contro chiunque ricorda le responsabilità del governo o dei presidente di regione, contro chi rifiuta la narrazione dominante incentrata sull'«è colpa nostra, gli italiani capiscono solo il bastone». Persino chi «indossa male» la mascherina, scrive il collettivo Wu Ming, si becca l'epiteto di «negazionista». C'è qualcosa da ripensare, anche nei movimenti.

Chissà se anche gli studenti e le studentesse del liceo Gioberti e delle medie Calvino di Torino, che si ritrovano ogni mattina per fare lezione in strada e per protestare, sono negazionisti (o forse solo bamboccioni?)… Leggi: Aggiungi una sedia in strada. Fto di Acmos

Video "virali" del tizio o della tizia che gliele canta ai «negazionisti»; titoloni sul pericolo «negazionisti»; invettive contro i «negazionisti»; satira sui «negazionisti», grasse risate! I «negazionisti» sono ovunque, ed è colpa loro se le cose vanno male. Ecco allora i nostri eroi, i prodi che li contrastano, gettando loro guanti di sfida: «Vengano in terapia intensiva, i negazionisti!»

Sono sfide a nessuno, invettive contro fantasmi, colpi sparati nella nebbia. Chi sarebbero i «negazionisti»? Sì, esistono frange secondo cui la pandemia sarebbe finta, ma sono ultraminoritarie. In genere, nemmeno chi è aperto a fantasie di complotto su Bill Gates, i vaccini e quant'altro nega che sia in corso una pandemia e che il virus uccida. E allora di chi si sta parlando?

Il termine «negazionista» ha ormai una storia pluridecennale. Coniato negli anni Ottanta per definire personaggi come David Irving, Robert Faurisson o Carlo Mattogno, secondo i quali nei lager nazisti non sarebbero esistite camere a gas né sarebbe avvenuto alcuno sterminio sistematico di ebrei e altri prigionieri, in seguito è stato esteso a sempre più ambiti, diventando un'arma nelle culture wars del XXI secolo.

In Italia, negli ultimi quindici anni, se n'è appropriata la destra per accusare di «negazionismo» chiunque smontasse le sue narrazioni – bufale storiche incentrate su fantasie di complotto antislave – sulle «foibe» e l'«Esodo istriano-dalmata». In quel modo, mentre una narrazione risalente al collaborazionismo filonazista diventava "storia di Stato" con l'istituzione del Giorno del Ricordo, la destra poteva fingere di occupare il "centro" del dibattito sulla memoria storica. In parole povere, poteva denunciare gli "opposti estremismi": c'è chi nega la Shoah e c'è chi "nega le foibe", stessa roba.

E dato che – nonostante l'opposizione di gran parte delle storiche e degli storici – anche in Italia si è introdotta una legge «anti-negazionisti» (lo ha fatto il governo Renzi nel giugno 2016), a essere agitato è anche lo spettro dell'azione giudiziaria. È proprio di quest'anno una proposta di Fratelli d'Italia per estendere l'attuale legge ai «negazionisti dei massacri delle foibe».

L'effetto di framing è quello della Reductio ad Hitlerum: su qualunque tema e questione si attiva un implicito – e a volte esplicito – paragone con il negazionismo della Shoah, e tramite una catena di false equivalenze si accelera il ciclo della Legge di Godwin: in men che non si dica ti danno del nazista, perché se sei "negazionista" – poco importa riguardo a cosa – sei come i nazisti.

Il «negazionismo» come demenza

Da tempo l'uso del termine «negazionismo» segnala un buttarla in vacca, e sarà sempre più così, perché il termine incoraggia l'indolenza, si presta ad accuse pigre. Quel che è più grave, il termine spinge verso la patologizzazione dei discorsi sgraditi e la psichiatrizzazione dell'avversario: se non sei d'accordo con me che la penso "come tutti" allora "neghi la realtà", e chi nega la realtà è un folle o un demente, e coi folli o i dementi non si può ragionare. (n.d.r..segue articolo in tema)

Torniamo all'ossessione odierna per i «negazionisti del Covid»: andando a vedere, si scopre che «negazionista» è un epiteto scagliabile contro chiunque critichi l'irrazionalità e/o iniquità di un provvedimento o anche solo si mostri scettico sulla sua efficacia, chiunque smonti un esempio di mala informazione mainstream sul virus o reagisca sbuffando all'ennesimo titolo strumentale, chiunque ricordi le responsabilità del governo o dei governatori, chiunque rifiuti la narrazione dominante incentrata sull'«è colpa nostra, non ce la possiamo fare, gli italiani capiscono solo il bastone». Persino chi "indossa male" la mascherina si becca l'epiteto di «negazionista».

Il «negazionista» è il nuovo «quello che fa jogging».

Uno pseudo-concetto che fa danni
L'uso indiscriminato ha reso l'epiteto non solo di scarsa utilità per capire quali posizioni si stiano di volta in volta scontrando, ma lo ha reso proprio tossico.

Qualcuno ancora cerca di usare il termine in modo che produca senso. Nella migliore delle ipotesi, si brandisce un'arma concettuale spuntata; nella peggiore, si lancia un vero e proprio boomerang, perché l'effetto di framing è fortissimo e il termine genera inevitabilmente dicotomie, antinomie, pensiero binario.

Arma spuntata. Quando si parla di disastro climatico, dove pure un negazionismo – in senso stretto e in senso lato – è stato a lungo operante, godendo anche di finanziamenti da parte dell'industria dei combustibili fossili, l'accusa funziona sempre meno e sta diventando un cliché, un tic lessicale, una manifestazione di pigrizia, come già in altri ambiti. I negazionisti stanno da tempo ricalibrando i loro discorsi, oggi davvero poca gente sostiene che non sia in corso un surriscaldamento globale. Le argomentazioni speciose riguardano l'entità del fenomeno, le sue cause e il come farvi fronte.

Effetti boomerang e pensiero binario. Anche noi, in coda a un post di qualche settimana fa, abbiamo scritto che chi accusa chiunque di «negazionismo» è il più delle volte negazionista, perché nega ogni evidenza sull'irrazionalità dei provvedimenti e sulle responsabilità politiche nella gestione della pandemia. Un paradosso che abbiamo scelto di non sviluppare, perché sviluppandolo avremmo rilegittimato l'uso del termine e rafforzato un frame pericoloso. Ha provato invece a svilupparlo Giancarlo Ghigi in un articolo uscito sul sito di Jacobin Italia e intitolato «I due contagi».

Ghigi divide l'opinione pubblica in due schieramenti o due «tifoserie»: i negazionisti del morbo e i negazionisti del disciplinamento. L'articolo dice molte cose giuste, ma stabilisce dal principio una falsa omologia: almeno nella società italiana – ma crediamo valga per tutta l'Europa e gran parte dell'Occidente – i «negazionisti del morbo» sono un'infima minoranza, costantemente ingigantita al microscopio dai media e tirata in ballo per esecrare il dissenso, mentre il «negazionismo del disciplinamento» è maggioritario, impregna il discorso ufficiale e dà forma alla narrazione dei media filo-governativi.

Quando Ghigi esorta a «riconoscere il morbo come oggettività», di chi parla? Chi davvero non sta «riconoscendo il morbo come oggettività»? Quant'è utile stabilire un'omologia tra chi negherebbe l'esistenza del virus e chi prende sottogamba la gestione autoritaria e capitalistica dell'emergenza, se il primo atteggiamento è in gran parte effetto di una proiezione gigantografica mentre il secondo è ideologia dominante? Alla fine, l'esito è quello di riproporre gli "opposti estremismi", con l'autore che si pone "nel giusto mezzo". Come ci ha detto un compagno con cui abbiamo commentato il pezzo di Ghigi, «intuisco le buone intenzioni, ma si è come ubriacato della sua stessa dicotomia».

Detto questo, ci è drammaticamente chiaro a chi pensasse Ghigi denunciando il «negazionismo del disciplinamento». Quest'ultimo gonfia il non-detto di una "sinistra", anche e soprattutto "radicale" e "di movimento", che in nome dell'emergenza – vissuta dal principio in modo subalterno – ha rinunciato a esprimere qualunque critica ai dispositivi in atto.

Lo s-piazzamento della «sinistra»

Con poche e lodevoli eccezioni, l'area politica che per inerzia abbiamo continuato a chiamare «il movimento» – un rado reticolo di centri sociali, collettivi universitari, radio indipendenti, librerie, cooperative e segmenti di sindacati di base – si è legata da sola mani e piedi. Lo ha fatto nel momento in cui ha deciso di sposare la narrazione colpevolizzante e securitaria imposta dalla «dittatura degli inetti», e questo è accaduto subito, prima ancora del 9 marzo.

Con l'autunno, l'area è rimasta spiazzata – anche in senso letterale: esclusa dalla piazza – dalle proteste e rivolte contro i dpcm, e adesso prova a far vedere che c'è anche lei, finendo per emettere proclami confusi, contraddittori, inefficaci. L'idea di fondo è ancora che si debba chiedere un «reddito di lockdown». Più è duro il «lockdown» – e lo si auspica duro, per stangare i furbetti dell'aperitivo e i genitori permissivi – più deve essere universale il reddito. La situazione immaginata corrisponde agli arresti domiciliari di massa con lo stato che ci versa un sussidio sul conto corrente.

A parte che questo è un incubo huxleyano, rivelatore di un'idea miseranda di vita umana, qualcuno dovrebbe spiegarci perché e per come ciò potrebbe o dovrebbe realizzarsi. Perché lo diciamo «noi»?

Chi davvero non ha reddito, da che mondo è mondo, si organizza per protestare, lottare e ottenerlo. L'ultima cosa che fa è accettare o addirittura chiedere d'essere recluso.

Qualche giorno fa abbiamo visto gli operai Fiom di Genova scendere in strada e arrivare anche all'attrito con la polizia per protestare contro i licenziamenti, che in teoria sono bloccati, ma fatta la legge trovato l'inganno. In molti luoghi di lavoro i lavoratori e le lavoratrici si organizzano ogni giorno per rivendicare il diritto di fare assemblee sindacali in presenza, negli spazi adeguati, perché i padroni – privati e pubblici – hanno iniziato a negarle o a declinare ogni responsabilità in caso di contagio: sei buono per andare a lavorare ma non per fare l'assemblea sindacale. I riders manifestano ormai con una certa frequenza, con flash mob per strada, cioè precisamente sul loro luogo di lavoro. I cosiddetti intermittenti della cultura e lavoratori dello spettacolo sono scesi in piazza in varie città per ricordare a tutti che stanno alla canna del gas. Per non guardare all'estero, dove abbiamo visto lotte di piazza importantissime in questi mesi pandemici, perfino in un paese devastato come gli Usa, dove il movimento Black Lives Matter ha dato una spallata importante alla presidenza di Trump contribuendo a non farlo rieleggere.

Le lotte le puoi fare se ti prendi lo spazio e l'agibilità per farle, non se ti fai recludere. Se invece il reddito è una rivendicazione puramente ideale, astratta, allora sì, va bene anche chiederlo dal divano. Una "spia" di quanto sia astratto il discorso è che, nelle varie convocazioni e articolesse, si attacca retoricamente Confindustria mentre si fanno i salti mortali per non criticare l'esecutivo, i tempi, modi e contenuti dei dpcm, l'emergenza come metodo di governo. Lo diciamo chiaro: se attacchi Confindustria e non il governo, non stai davvero attaccando Confindustria.

La narrazione colpevolizzante, il costante scarico delle responsabilità sui cittadini, la demonizzazione dell'aria aperta quando il contagio è sempre stato molto più probabile al chiuso, la chiusura di luoghi della vita pubblica e settori del mondo del lavoro dove il contagio era improbabile mentre se ne tengono aperti altri dove è probabilissimo… Tutto questo deriva a cascata dalla necessità, da parte del governo, di non ledere gli interessi di Confindustria. Bisogna far vedere che si fa qualcosa, che si chiude qualcosa, e si adottano provvedimenti cosmetici, apotropaici, diversivi. È così dal marzo scorso, da quando il governo si rifiutò di dichiarare zona rossa i comuni di Alzano e Nembro, in bassa val Seriana.

E così ci ritroviamo a subire il coprifuoco, misura che non ha alcuna giustificazione epidemiologica credibile ma serve a fare "penitenza", come detto con ammirabile candore dall'immunologa Antonella Viola dell'Università di Padova:

«Il coprifuoco non ha una ragione scientifica, ma serve a ricordarci che dobbiamo fare delle rinunce, che il superfluo va tagliato, che la nostra vita dovrà limitarsi all'essenziale: lavoro, scuola, relazioni affettive strette.»

Se il focus della narrazione si è fissato sulla necessità di "fare penitenza", è perché la responsabilità è stata stornata da chi ce l'aveva e dispersa verso il basso.

Ogni presa di posizione che rimanga reticente su questo, ogni ricorso a Confindustria come mero sparring-partner retorico, ogni discorso unicamente incentrato sul «reddito di quarantena» o analoghe formule, ogni tinteggiatura "rivoluzionaria" dell'esortazione a chiuderci in casa è per noi irricevibile. E reazionaria.

«Ne parliamo dopo»… quando?

La cosa che continua a stupirci, nelle tirate moralistiche dei "compagni per la reclusione domestica generalizzata e per la colpevolizzazione dei furbetti", è quanto la facciano semplice, quanto prendano alla leggera – quasi alla leggiadra – l'idea mostruosa di azzerare la vita sociale a tempo indeterminato, quanto siano arrivati a trovare non solo necessaria ma augurabile e persino, implicitamente, rivoluzionaria l'immagine di milioni di persone blindate tra quattro pareti (ma ci sono i social, c'è Zoom, dài, che vuoi che sia!). Stupisce il fatto che non si pongano mai il problema di quanta sofferenza, quanta malattia mentale, quante esistenze triturate e rovinate, quanti passaggi di vita fondamentali perduti, quanta morte ci sia in questo scenario. Perché la morte non è solo la cessazione di un paio di funzioni-base dell'organismo.

I controlli fatti dopo la fine di #iorestoacasa (da

maggio in poi) hanno riscontrato un aumento generalizzato di suicidi, violenze domestiche, femminicidi, vendite di psicofarmaci, depressione, ansia e disturbi alimentari tra bambini e adolescenti, azzardopatia, dipendenza da Internet e da video e molti altri disturbi. Per non parlare dei disturbi che causa e causerà l'aver perso il lavoro, l'attività, a volte la dignità.

Davvero siamo arrivati a credere che «salute» sia soltanto non prendersi il virus? Davvero siamo arrivati a pensare che «vita» significhi così poco, e si riduca al non ammalarsi di Covid? Com'è possibile che si sia giunti a dire che ora si deve pensare solo al virus e di tutto il resto della realtà sociale – forse – ne parleremo «dopo»? Ma «dopo» quando? Davvero si pensa che, se stiamo zitti e muti adesso, «dopo» potremo riprendere discorsi "radicali" come niente fosse? Ma dove, come? Con quale faccia?

Ecco allora che «negazionista» diventa chiunque non accetti di posporre la critica a «data da destinarsi», cioè alle calende greche.

L'uso dell'epiteto si accompagna a un altro espediente: chi attacca Confindustria in modo astratto e retorico – come escamotage per non criticare il governo che di Confindustria tutela gli interessi – accusa di «confindustrialismo» (!) chi invece, coerentemente, critica Confindustria e governo insieme.

Questo capovolgimento della realtà è reso possibile da un'accusa preliminare: quella di «pensare alla libertà individuale invece che alla tutela del prossimo». In base a tale falsa premessa, ogni critica dell'emergenza sarebbe «liberista». A molti si è piantata in testa l'idea che la libertà sia «individuale» e da lì non li smuoverà più nessuno. Nelle scienze cognitive si chiama «pregiudizio di ancoraggio».

La facile apologia di ogni restrizione – anche la più irrazionale e disonesta – sta mettendo in secondo piano, anzi, in terzo, decimo, centesimo piano la devastazione del legame sociale, lo smarrimento di massa, la schizofrenia nei rapporti tra le persone, ma chi lo fa notare… «difende l'individuo».

In realtà è il contrario, il vero individualismo è quello di chi accetta l'escamotage neoliberale per eccellenza, che magari prima della pandemia fingeva di rifiutare: quello di indicare in un comportamento individuale la soluzione a un problema che invece è sociale e sistemico, e va affrontato con l'azione collettiva.

Nel contesto dell'emergenza Covid, accettare questa premessa porta a imperniare il discorso sulla "virtù" individuale, sul fare penitenza dell'individuo, sul sacrificio personale da esibire per far vedere che si è più altruisti degli altri. In questo gioca anche un certo cattolicesimo – il più retrivo e ipocrita, quello descritto in alcuni racconti di G.A. Cibotto – che infatti è eruttato fuori dalla crepa aperta dall'emergenza e adesso scorre sui social, soprattutto tra chi dei «più deboli» – espressione con cui pure si riempie la bocca – dimostra spesso di infischiarsene. Basti vedere la scarsa o nulla attenzione nei confronti di bambini e adolescenti.

«Maligni amplificatori biologici»

In un post del 25 Aprile scorso, commentando la riapertura delle librerie e la prima visita di un paio di bambini alla libreria per ragazzi Giannino Stoppani di Bologna, scrivevamo:

«Questo momento di libertà è idealmente dedicato a chi per mesi ha dipinto i bambini come untori perfetti, potenziali omicidi dei loro nonni; a chi già prima della pandemia li definiva "maligni amplificatori biologici che si infettano con virus per loro innocui, li replicano potenziandoli logaritmicamente e infine li trasmettono con atroci conseguenze per l'organismo di un adulto" (Roberto Burioni, 31/03/2019); a chi ha scatenato il panico sociale contro di loro, spingendo i genitori a murarli vivi dentro casa, in certi casi rimandando perfino importanti visite mediche o terapie per loro essenziali. La pericolosità dei bambini è stata presa per oro colato, anche se i dati sul comportamento del Covid19 sono ancora contradditori. Il 21 aprile scorso, il virologo dell'università di Padova Andrea Crisanti, che ha condotto lo studio sul focolaio di Vo' Euganeo, ha fatto sapere che in quella comunità "i bambini sotto i 10 anni, seppure conviventi con infettati in grado di infettare, non si infettano. E se sono negativi non infettano". [...] Insomma, molti aspetti delle modalità di trasmissione di questo virus non sono ancora chiari, e sarebbe davvero paradossale se un domani dovesse emergere che abbiamo segregato i bambini più piccoli per niente, con un provvedimento dettato dal panico.»

Crisanti ha ribadito il concetto in un'intervista a Radio Capital di qualche giorno fa. Anche un recente articolo apparso sulla rivista Nature conferma che i bambini entro i dieci anni non sarebbero infettivi e che in generale le scuole primarie non sono "punti caldi" per le infezioni da coronavirus.

Dunque abbiamo bruciato metà anno scolastico a una generazione per niente, tanto per chiudere qualcosa che non impattasse sull'economia. Perché dal punto di vista del capitale i giovanissimi sono come gli anziani: improduttivi (Toti dixit). Quindi sacrificabili.

Per i bambini campani è ancora così: niente scuola, mentre si chiama l'esercito a presidiare le strade, come durante un golpe, anziché a costruire ospedali da campo.

In Puglia, dopo la riapertura delle scuole, ordinata dal Tar il 6 novembre, l'assessore alla Salute Lopalco ha parlato di «un errore clamoroso». Repubblica e altri giornali locali hanno subito dato grande risalto ai dati dell'Asl, evidenziando che nella settimana della riapertura, dal 6 all'11 novembre, «il numero di positivi riscontrati in ambito scolastico nell'area metropolitana di Bari è passato da 132 a 243 casi». Ma un simile effetto immediato è tutto da dimostrare. Le scuole infatti, dove sono aperte, stanno funzionando come presidi sanitari, dove i positivi vengono individuati, tracciati, tamponati. Se, riaperte le scuole, aumentano i positivi, può trattarsi di contagi avvenuti proprio nella settimana di chiusura, quando i ragazzini non erano in aula, ma forse in luoghi meno sicuri.

Intanto teniamo gli adolescenti in Dad, dopo

avere varato protocolli nazionali sulla gestione degli spazi scolastici e fatto investire denaro pubblico a governatori regionali e dirigenti per adeguarsi alle nuove normative. Soldi nostri buttati nel cesso. Se fai notare tutto questo, però, sei «negazionista», e ti becchi l'attacco concentrico, i titoloni, i video virali, la memetica d'accatto, le invettive sui social, gli (ex-)amici che ti infamano.

Nel frattempo, è acclarato che:

■ l'Italia non aveva un piano pandemico aggiornato e il rapporto commissionato dall'OMS che denunciava il fatto è stato insabbiato;

■ durante l'estate il governo ha fatto poco o niente per arginare la tanto paventata seconda ondata (ma il ministro Speranza ha trovato il tempo di scrivere un libro intitolato Perché guariremo, la cui uscita in libreria è stata posticipata sine die);

■ in certe regioni le terapie intensive reggono bene, mentre in altre i malati di covid muoiono in corsia;

■ i tanto decantati metodi di "tracciamento" ipertecnologici sono andati in crisi nel giro di due settimane, tanto che nessuno ne parla nemmeno più; ecc.

Ma questo è l'Assurdistan, mica è lecito aspettarsi altro, no? Possiamo soltanto autoflagellarci, e insultare chi pretenderebbe meno inettitudine anziché essere trattato come una pezza da piedi.

Ecco cosa nasconde la «caccia al negazionista».

https://comune-info.net/a-cosa-serve-lepiteto-negazionista/

IMPORTANTE!: Il materiale presente in questo

sito (ove non ci siano avvisi particolari) può essere copiato e redistribuito, purché venga citata la fonte. NoGeoingegneria non si assume alcuna responsabilità per gli articoli e il materiale ripubblicato.Questo blog non rappresenta una testata giornalistica in quanto viene aggiornato senza alcuna periodicità. Non può pertanto considerarsi un prodotto editoriale ai sensi della legge n. 62 del 7.03.2001.

"GRANDE RESET" E "AMAZONIZZAZIONE" DELLA SOCIETÀ: COSA PREVEDE IL PARADISO TERRESTRE DELLA "SUPERCLASS"

SHARE ON:

23 OTTOBRE 2020

Il "Grande Reset" assume i contorni di una rivisitazione dell'ordine mondiale in chiave transumanista e intrisa di una pseudo-religiosità cyber-pagana (una sorta di culto della "Madre Terra" dalle tinte hi-tech): un disegno da "fine della storia" che sembra delineare un futuro in cui il mondo e i suoi abitanti si ritroveranno ingurgitati da una ciclopica fabbrica "green", un alveare umano in cui la maggioranza dei cittadini, quali meri ingranaggi del sistema, avrebbe l'unico scopo di produrre, limitando al minimo svaghi, socialità, consumi. Un incubo per le moltitudini, ma un paradiso per i pochissimi super-ricchi.

Di Cristiano Puglisi

Mentre l'Europa si trova stretta nella cosiddetta "seconda ondata" del Coronavirus, l'Irlanda è il primo Paese del vecchio continente ad applicare un nuovo lockdown. Il dibattito sul rapporto tra la tutela della salute e quella delle libertà individuali è dunque in pieno svolgimento. Un punto, tuttavia, è fermo. Il Covid-19 esiste, circola e infetta. I circoli negazionisti che stanno sorgendo un po' in tutto il continente non sono tuttavia un fenomeno da considerare risibile, perché espressione di quelle fasce sociali portate alla disperazione provocata dalle misure di contenimento più rigide.

Sulla cui inevitabilità, dal punto di vista medico-scientifico, non sembra tuttavia esserci un parere unanime. Da ultimo si citi lo studio, pubblicato sul bollettino dell'OMS, del professor John Ioannidis, docente di Epidemiologia e Salute della popolazione all'università di Stanford, tra i massimi esperti mondiali di analisi dei dati in medicina, per cui il tasso di letalità del Covid-19 (si considerino, peraltro, gli errori medici dovuti all'impreparazione e commessi nella prima ondata, come la confusione tra tromboembolia polmonare e polmonite interstiziale), per le persone sotto i 70 anni sarebbe dello 0,05%, con un decesso ogni 2000 contagiati, mentre, per gli over 70, sarebbe pari allo 0,25%, poco più del doppio di quello di una normale influenza stagionale. Comunque si vogliano leggere questi dati, le differenti e conflittuali prese di posizione degli esponenti più autorevoli della comunità scientifica sembrano certificare, piuttosto, che il lockdown sia una decisione squisitamente politica.

Politica come lo è stata la recente presa di posizione, in un capitolo del World Economic Outlook, del FMI – Fondo Monetario Internazionale, una delle istituzioni simbolo dei potentati finanziari dell'emisfero occidentale e del cosiddetto "Washington Consensus". Ebbene il FMI ha invitato a "riconsiderare la narrativa prevalente sui lockdown", per la quale sarebbe necessario "un compromesso tra salvare vite umane e sostenere l'economia".

Non è una novità. Già lo scorso mese di giugno il FMI aveva proposto sul proprio sito ufficiale un articolo dal titolo "Dal Grande Lockdown alla Grande Trasformazione", firmato dal direttore generale dell'organizzazione, Kristina Georgieva, che si esprimeva in termini sostanzialmente entusiastici in merito alle misure di blocco totale dell'economia e di libertà di movimento delle persone. La serrata delle economie, per la Georgieva, ha aperto infatti a diverse "opportunità". Tra queste la "trasformazione digitale" e la possibilità di muoversi verso una società "più verde", coronamento di quella "Grande Trasformazione" di cui al titolo.

Una narrazione positiva dei lockdown che si sovrappone a quella che è stata proposta dal WEF – World Economic Forum di Davos e, soprattutto, dal suo presidente e fondatore, l'economista Klaus Schwaab, con il concetto di "Grande Reset". Se ne era parlato, in un precedente articolo su questo blog, riportando la lettura fortemente critica che, del "Grande Reset", aveva dato un altro economista, l'ex Banca Mondiale Peter Koenig. Forse, tuttavia, e dati gli eventi che si stanno susseguendo con crescente drammaticità soprattutto in Europa, vale ora la pena soffermarsi maggiormente su questo argomento.

Quello che le istituzioni della galassia mondialista e anglofona definiscono "Grande Reset" o "Grande Trasformazione" (ma, sostanzialmente, si tratta della medesima idea) è un concetto presentato, lo scorso 3 giugno, nel corso di un evento online organizzato proprio dal WEF e che ha visto una serie di appelli appassionati da parte di leader del FMI, della Banca Mondiale, del Regno Unito, degli Stati Uniti, dell'industria e della finanza occidentale al fine di sfruttare l'"opportunità" concessa dalla pandemia per "resettare" il modello economico, sostituendolo con quello che è stato definito "Green New Deal". Tra i convenuti c'era realmente il gotha del mondialismo: dal principe Carlo del Galles, rappresentante del casato reale britannico, a Gina Gopinath, capo economista del Fondo monetario internazionale, passando per António Guterres, segretario generale delle Nazioni Unite.

La discussione intorno al concetto di "Grande Reset" lanciato da Schwaab e soci, sarà al centro del prossimo summit di Davos, che previsto per l'inizio del 2021 ma che, recentemente, è stato fatto slittare al mese di maggio. Per iniziare a capire come il "Grande Reset" immaginato dall'elite globalista e mondialista si possa configurare, tuttavia, è possibile fare riferimento ai concetti espressi dallo stesso Schwaab in un libro intitolato per l'appunto "Covid-19: The Great Reset", scritto insieme al direttore del Global Risk Network dello stesso WEF, Thierry Malleret, oltre che alle anticipazioni concettuali pubblicate proprio sul sito del World Economic Forum. In una recensione al saggio il già citato Peter Koenig, sostiene che Schwaab e Malleret "ammettono, quasi con una certa soddisfazione, che milioni di posti di lavoro andranno persi e continueranno ad essere eviscerati a velocità mozzafiato, e che milioni di piccole e medie imprese se ne andranno per sempre, che solo poche sopravvivranno, ovvero i conglomerati globalizzati". Koenig trova, quindi, nel libro, conferma alle ipotesi critiche che già aveva espresso.

Dal sito del WEF, effettuando una sintesi tra i vari panel virtuali e gli articoli proposti, si può comprendere come il Grande Reset si basi essenzialmente su pochi punti fermi: una completa digitalizzazione dell'economia e del mercato del lavoro; una sostituzione delle fonti energetiche tradizionali con quelle alternative; una "Quarta Rivoluzione Industriale", attraverso le nuove reti 5G e 6G; una riduzione globale delle emissioni.

Il "Grande Reset", insomma, nelle intenzioni dei suoi estensori, è quello che costringerà il mondo a entrare in un modello economico "verde". Lo stesso suggerito da Greta Thunberg e, inoltre, da Papa Francesco nella sua enciclica "Laudato si", il medesimo anticipato da personalità come Al Gore e sostenuto ormai da decenni da ONG anglofone di chiara impronta mondialista come il WWF o Greenpeace. Un modello che piace all'Occidente che vuole emanciparsi dalla dipendenza dalle fonti fossili e dai Paesi produttori, soprattutto in un momento in cui la Cina, primo rivale dello stesso Occidente, è divenuto il primo acquirente mondiale di crude oil, candidandosi così a sovvertire (almeno potenzialmente), il predominio del petro-dollaro negli scambi internazionali.

Questo modello sarà (o, meglio, è già) quello dominato dai colossi del "capitalismo della sorveglianza" (peraltro, Shoshana Zuboff, cioè proprio la docente della Harvard Bussiness School che ha coniato la definizione, ha recentemente messo in guardia dall'appaltare ai giganti privati le app per il tracciamento dei contagi), i sovrani della rete come i cosiddetti "big five" della tecnologia: Facebook, Google, Amazon, Apple e Microsoft, che, con la progressiva digitalizzazione della vita quotidiana sono destinati a penetrare con sempre maggiore invasività e capacità di controllo nell'esistenza degli esseri umani.

Il "Great Reset" si sovrappone, tuttavia, anche al documento '"Agenda 2030", pubblicato dalle Nazioni Unite nel 2015 e comprendente 17 obiettivi di sviluppo sostenibile, riassumibili, come riporta l'autorevole analista William F.Engdahl, nell'ambizione di creare un mondo "con uguaglianza di reddito, uguaglianza di genere, vaccini per tutti sotto l'egida dell'OMS e della Coalition for Epidemic Preparedness Innovations (CEPI), lanciata nel 2017 dal WEF in collaborazione con la Bill & Melinda Gates Foundation". Agenda 2030, sempre citando Engdahl "chiede crescita economica sostenibile, agricoltura sostenibile (OGM), energia sostenibile e moderna (eolica, solare), città sostenibili, industrializzazione sostenibile... Sostenibilità è la parola chiave. Se scaviamo in profondità, è chiaro che si tratti di una parola in codice che cela una riorganizzazione della ricchezza mondiale attraverso mezzi come le tasse punitive sul carbonio che ridurranno drasticamente i viaggi aerei e dei veicoli".

Ecco che, allora, diventa subito chiaro come abbia perfettamente ragione Koenig quando sostiene che il "Grande Reset" (o "Grande Trasformazione" o "Agenda 2030" che dir si voglia) pur ammantandosi, come sovente avviene in questi casi, di concetti utopici, sottintenda piuttosto l'ennesima distopia elitaria, che prevede una sostanziale erosione dei redditi della classe media per consentire sia la riduzione di consumi ed emissioni, sia quella "uguaglianza di reddito" che non può che tradursi, data la struttura del "capitalismo della sorveglianza", in un'uguaglianza verso il basso, tendente a una "amazonizzazione" della società, con conseguente trasferimento del reddito sottratto verso il vertice della piramide. Cosa che, del resto, con i lockdown, è già ampiamente accaduta: secondo un recente report di UBS e PWC, durante la grande serrata dell'economia della scorsa primavera, molti esponenti della cosiddetta "superclass" hanno incrementato i propri patrimoni di oltre un quarto. Solo il patrimonio del patron di Amazon, Jeff Bezos, è aumentato di 76 miliardi di dollari. E anche secondo Forbes il patrimonio dei primi 400 miliardari al mondo è incrementato dell'8% solo nell'ultimo anno. Questo è avvenuto mentre i redditi dei lavoratori dipendenti, nel mondo, hanno subito una contrazione complessiva di 3.500 miliardi. Secondo Josef Stadler, Josef Stadler, capo del family office di UBS, il quadro è tale per cui il mondo post pandemico si presenta con una concentrazione della ricchezza tornata ai livelli del 1905, ossia a quando le battaglie per diritti del lavoro e salari erano ancora agli albori.

Così, il "Grande Reset" assume i contorni di

una rivisitazione dell'ordine mondiale in chiave transumanista e intrisa di una pseudo-religiosità cyber-pagana (una sorta di culto della "Madre Terra" dalle tinte hi-tech): un disegno da "fine della storia" che sembra delineare un futuro in cui il mondo e i suoi abitanti si ritroveranno ingurgitati da una ciclopica fabbrica "green", un alveare umano in cui la maggioranza dei cittadini, quali meri ingranaggi del sistema, avrebbe l'unico scopo di produrre, limitando al minimo svaghi, socialità, consumi. Un incubo per le moltitudini, ma un paradiso per i pochissimi super-ricchi.

Il WEF e i circoli elitari connessi, del resto, non sembrerebbero essere arrivati all'appuntamento con la pandemia impreparati: il 18 ottobre 2019, pochi mesi prima dell'esplosione del Covid, andava in scena a New York l'esercitazione "Event 201", sponsorizzata proprio dal WEF e dalla Bill e Melinda Gates Foundation (che, di una possibile pandemia da Coronavirus parlava del resto dall'inizio dello scorso decennio), basata su questo presupposto: "È solo questione di tempo prima che una di queste epidemie diventi globale, una pandemia con conseguenze potenzialmente catastrofiche. Una grave pandemia, che si manifestasse come 'Event 201', richiederebbe una cooperazione affidabile tra diversi settori, governi nazionali e istituzioni internazionali chiave". Ecco che, allora, lo scenario proposto dall'esercitazione prevedeva "l'esplosione di un nuovo coronavirus zoonotico trasmesso dai pipistrelli ai maiali alle persone e che, alla fine, diventa trasmissibile in modo efficiente da persona a persona, portando a una grave pandemia. L'agente patogeno e la malattia che provoca sono in gran parte modellati sulla SARS, ma è più trasmissibile negli ambienti comunitari da persone con sintomi lievi". Praticamente una profezia.

Fonte https://blog.ilgiornale.it/puglisi/2020/10/23/grande-reset-e-amazonizzazione-della-societa-cosa-prevede-il-paradiso-terrestre-della-superclass/

IMPORTANTE!: Il materiale presente in questo sito (ove non ci siano avvisi particolari) può essere copiato e redistribuito, purché venga citata la fonte. NoGeoingegneria non si assume alcuna responsabilità per gli articoli e il materiale ripubblicato.Questo blog non rappresenta una testata giornalistica in quanto viene aggiornato senza alcuna periodicità. Non può pertanto considerarsi un prodotto editoriale ai sensi della legge n. 62 del 7.03.2001.

***

www.ingramcontent.com/pod-product-compliance
Ingram Content Group UK Ltd.
Pitfield, Milton Keynes, MK11 3LW, UK
UKHW021400190726
13845UKWH00028B/783

9 788195 309832